丽江文旅融合发展再登攀

杨国清 著

当代中国出版社

Contemporary China Publishing House

图书在版编目(CIP)数据

丽江文旅融合发展再登攀 / 杨国清著 . -- 北京：当代中国出版社 , 2024.2
　　ISBN 978-7-5154-1308-2

　　Ⅰ.①丽… Ⅱ.①杨… Ⅲ.①地方旅游业—旅游业发展—研究—丽江 Ⅳ.① F592.774.3

中国国家版本馆 CIP 数据核字（2023）第 239751 号

出 版 人	王　茵
责任编辑	姜楷杰
责任校对	贾云华　康　莹
印刷监制	刘艳平
封面设计	鲁　娟
出版发行	当代中国出版社
地　　址	北京市地安门西大街旌勇里 8 号
网　　址	http://www.ddzg.net
邮政编码	100009
编 辑 部	（010）66572264
市 场 部	（010）66572281　66572157
印　　刷	中国电影出版社印刷厂
开　　本	710 毫米 ×1000 毫米　1/16
印　　张	23.75 印张　1 插页　242 千字
版　　次	2024 年 2 月第 1 版
印　　次	2024 年 2 月第 1 次印刷
定　　价	98.00 元

版权所有，翻版必究；如有印装质量问题，请拨打（010）66572159 联系出版部调换。

(木琛 书)

(和华强 书)

（注：木琛、和华强两位老师是丽江年轻优秀的东巴书法艺术师，他俩的东巴书法作品具有较高的艺术欣赏价值。以上为两幅意为"丽江文旅融合发展再登攀"的书法。由于东巴象形文字的书写反映了古代纳西族不同地区的语言状况，不能直接对应音节文字，书写上稍有不同。）

丽江长江第一湾——石鼓

丽江雪山龙潭

丽江"三江并流"老君山九十九龙潭

丽江古城小桥流水

目 录

序 一 和少英 / 1
序 二 奋进者的思想力作 木基元 / 6
前 言 / 12

第一章 用新发展理念促旅游转型升级高质量发展 / 001
  第一节 保护奠基 / 002
  第二节 开拓崛起 / 009
  第三节 文旅融合 / 014
  第四节 旅游革命 / 021
  第五节 奋进提升 / 034
  第六节 未来展望 / 048

第二章 品味感悟丽江特色文化 / 061
  第一节 在丽江古城感悟特色文化魅力 / 062
  第二节 感悟玉龙雪山文化 / 096
  第三节 玉龙雪山与中外名人的情缘 / 111

第三章　推动丽江全域旅游发展 / 138

　　第一节　保护为基，文化为魂：努力建设泸沽湖旅游大品牌 / 140

　　第二节　着力建设和提升三多节文化品牌 / 155

　　第三节　丽江红色旅游大有可为 / 164

第四章　在全域旅游发展中建设和推出新品牌 / 172

　　第一节　永胜要以"四位一体"建设丽江全域旅游新高地 / 173

　　第二节　丽江全域旅游中的新亮点——康养华坪 / 190

第五章　乡村旅游在乡村振兴中大有可为 / 204

　　第一节　用特色文化撑起乡村旅游这片天地 / 205

　　第二节　积极推动金沙江乡村文化生态油画走廊建设 / 218

第六章　以爱心和诚信带动文明旅游再提升 / 236

第七章　文旅融合发展保护是前提 / 242

　　第一节　丽江古城的保护与可持续发展 / 243

　　第二节　丽江东巴文化的保护与传承 / 253

　　第三节　加强对原生态文化保护的一些思考：以丽江古城及周边古村落为例 / 267

第八章　文旅融合发展的成功典范 / 276
　　第一节　木府：穿越时空的民族文化品牌 / 276
　　第二节　玉水寨：着力开发民族文化产业，推动建设文旅融合发展的一个成功典范 / 288
　　第三节　东巴谷：文旅融合，不断开拓创新发展的典范 / 298

第九章　依法治旅、依法兴旅是保障 / 317

附　录　丽江古城及周边主要文化院落、文化景观名录 / 336
跋　丽江文旅融合发展实践再解读　李群育 / 341
后　记 / 351

序 一

国清主任嘱我为他的新作《丽江文旅融合发展再登攀》作序，我颇有几分诚惶诚恐！众所周知，丽江近些年来走的就是文旅融合发展的路子，并实现了飞速发展。在策划与引领丽江走这条发展新路的领导群体中，国清同志是当之无愧的重要一员，他既是亲历者和参与者，又是领导者和研究者。更为难能可贵的是，国清主任将丽江各项事业的发展、各族人民群众的幸福作为自己终生都须臾不能放下的事业，在离开领导岗位之后，毅然决然地挑起了丽江文化研究会会长、纳西文化研究会会长之重担，马不停蹄地投身于丽江文旅融合发展的事业中，继续在丽江发展的历史画卷上贡献自己的力量……

关于这方面的具体内容，在国清主任这部《丽江文旅融合发展再登攀》以及此前于2011年出版的

《丽江文化旅游崛起解读》等大作中，已经有了较为具体完备的精彩描述和系统总结，读者诸君自然可以通过阅读文本加以细细品味，在这里我就不再赘述了。我特别想讲一下的是国清主任为丽江文化以及纳西文化的繁荣发展所做的一件鲜为人知的"小事"——大手笔培养丽江文化以及纳西文化保护与传承发展急需的高级专门人才。通过这件在丽江文化以及纳西文化发展史上将被人们永远铭记的"小事"，可以看到国清主任一以贯之的那种不事张扬、默默奉献的为人行事作风。

大家都知道，在民间大力培养纳西文化特别是东巴文化保护与传承急需的人才方面，国清主任已经做了不少工作。譬如，把玉水寨建成民间最大的东巴文化传承基地，成立东巴文化传承协会开展相关工作，开办东巴文化传承学校，系统培养年轻的东巴文化传承人，举办东巴文化各种类型的传承班；从2002年开始恢复东巴日（农历三月初五），开展一年一度的盛大东巴法会活动等。很快，他发现仅仅依靠民间力量小规模培养，远远不能满足丽江文旅融合飞速发展的需求。因此，国清主任专门带着研究会的几位骨干来昆明找到我，商谈能否与我供职的云南民族大学合作培养丽江文化以及纳西文化保护与传承发展所急需的高级专门人才问题。这与我多年来想为家乡的建设和发展尽自己一点绵薄之力的想法不谋而合！尽管办这件事过程中遇到了许许多多意想不到的困难，但我完全被国清主任那种咬定青山不放松的精神所感染，决心克服一切困难将此事办成！

首先，我们选取了云南民族大学最具特色的民族文化学院中国少数民族语言文学专业作为预定的招生专业，向上级主管部门申请在这个专业内设一个"纳西族语言文学与东巴文化"方向。其次，丽江方面明确指定由玉龙纳西族自治县和丽江市古城区两家作为具体的合作单位，与云南民族大学签署了每年招收30名学生并在毕业后负责安排工作的协议。此外，云南民族大学还想方设法同云南省教育厅、省招生考试院进行了不知多少次的申请与沟通，终于争取到了对报考这一方向的考生实行降分录取的优惠政策。具体办法就是在国家规定的高考科目外加试一门纳西语口语，然后再把口语测试的成绩算成高考分中的参考分。这样就使得原先高考分仅达到三本或专科分数线、而达不到云南民族大学录取所需的一本或二本分数线的丽江考生，也可以进云南民族大学这所培养各民族高级专业人才的综合性大学读书了！这就较好地解决了原先我们非常担心的该专业生源问题，也为云南民族大学中国少数民族语言文学专业的可持续发展，探索出了一条崭新的路子。2009年，我们根据这方面办学实际总结出来的经验，完成了"中国少数民族语言文学专业人才培养模式改革的探索与实践"项目，令人惊喜的是，该项目荣获云南省人民政府颁发的省级优秀教学成果一等奖。

迄今为止，因这项特殊优惠政策而迈进大学门槛读书的纳西族子弟已达数百人之多。这些人在校攻读期间，国清主任像对待自己的子女那样时时刻刻都关心和爱护着他们：每当与我们通电话或见面时都要问到他们的学习和生活情况，每逢到昆明出差都会在百忙中抽出时间来学校看望他们，同他们谈心，给他们送来温暖……这些学生学成毕业后除了进一步深造去攻读硕士、博士学位以外，绝大多数都回到了自己的家乡，进入东巴文化研究院等单位从事研究宣传工作，为丽江文化特别是纳西文化的保护、传承和发展献计出力。在他们的成长过程里，浸透着国清主任的多少心血与汗水啊！纳西族是一个人口只有30余万的少数民族，却以举世闻名的纳西文化傲立于世。如果不想方设法吸引一批又一批年轻的后继者投身于这项事业，实现一代又一代地薪火相传，丽江文化特别是纳西文化的保护和传承只会是镜中月、水中花。我想，所谓真正的智者，就是能登高望远而见普通人之所未见，愿意做一般人所未做或不屑于做的"小事"的人。我认为国清主任就是这样一位拥有常人所不具备的大格局的智者。

现在，虽然国清主任离开了丽江文化研究会会长、纳西文化研究会会长的领导岗位，但我相信他仍然会一如既往地坚守在丽江文化特别是纳西文化的研究、宣传、传承领域。在今年春暖花开的时节，我应丽江文化旅游学院（原云南大学旅游文化学院）之聘到该校担任领导职务不久，国清主任就偕同新任的丽江文化研究会会长、纳西文化研究会会长和志华先生一道来学校看我，并同其他校领导见面商谈今后双方合作等事宜。仅从这件小事就不难看出，国清主任是一定不会悠哉游哉地休闲度日的！我衷心祝愿他老人家健康长寿，热切地期盼着见到他在丽江文化尤其是纳西文化研究领域有更多的佳作问世!

和少英
2021 年秋于
丽江旅游文化学院
映雪湖畔

(和少英,二级教授,博士生导师。现任丽江文化旅游学院院长,云南文史馆馆员,是国家社科基金会评专家、国家社科基金重大项目首席专家、享受国务院特殊津贴专家。)

序二　奋进者的思想力作

2021年4月中旬，受云南省委宣传部、省社科联的邀请，我参加"云南社科专家丽江行"活动回到家乡调研。德高望重的杨国清同志亲自送来《丽江文旅融合发展再登攀》的书稿，嘱我作序。我先睹为快，自有些许别样的感受。

自2007年从丽江市人大常委会主任岗位退休后，经丽江市委、市政府批准，杨国清同志担任丽江文化研究会会长、纳西文化研究会会长一职。此后10多年的时间里，他认真贯彻学习党的路线方针政策，在中国特色社会主义建设中勇立新功，策划成立纳西、彝、傈僳、白、普米、苗等各民族文化和边屯文化保护研究组织机构，积极组织开展了一系列有关丽江民族文化的重大调研保护活动，为各级党委政府科学决策提供了资政依据，有力地促进了地方经济社会的全面进步。其间，杨国清同志主编了"丽江文化系列丛书"，主要代表作为《守望家园——丽江发展探索与实践》《丽江旅游生态文化随笔》《古城记忆——丽江古城口述史》《文化丽江之梦——打造"文化硅谷"建设世界名市》《丽江：民族团结和睦的家园》《"一带一路"与丽江——茶马古道研究论文集》《丽江简明读本》《生态文化研究论文集》等，在2007—2020年由省内外出版社公开出版。

2011年底，云南人民出版社出版了杨国清的专著《丽江文化旅游崛起解读》。他在书中以一个实践者厚实精深的理论思考，全面总结了丽江坚持文化引领、旅游先导、文化旅游互动，推进科学发展、和谐发展、跨越发展之路的探索与实践，回答了丽江是如何实现华丽转身的问题，生动具体地展现了丽江文化旅游融合发展的脉络与精髓。

近年来，云南省努力打造世界一流"健康生活目的地牌"，瞄准国际化、高端化、特色化、智慧化发展方向，深入推进"整治乱象、智慧旅游、提升品质"旅游革命三部曲，推动全省旅游业全面转型升级。通过在线上抓智慧化提升、在线下抓高质量发展，改善了旅游环境，提升了旅游体验，促进了产业发展。2020年云南省文旅行业在疫情面前危中寻机，坚持新发展理念，努力构建新发展格局，旅游业发展呈现新亮点。丽江市作为云南文化旅游产业的示范区，经过总结经验，发现问题，刮骨疗伤，深入挖掘丰厚资源，不断探索新的增长点，擦亮品牌，经历凤凰涅槃，实现了浴火重生。《人民日报》、新华社等中央媒体于2020年多次走进丽江，对丽江旅游业开拓新路成功转型的做法和经验作了报道,在国内外产生了良好的影响。

摆在我面前的这本《丽江文旅融合发展再登攀》,以理性的观察视角,真实地记录了丽江文化旅游产业的发展现状,提出了"文旅融合"等知行合一的科学命题,思考回答了如何服务地方经济全面进步等若干重大问题。该书以"登攀"破题,强调"不畏艰险、积极进取"之精神,可谓《丽江文化旅游崛起解读》的姊妹篇。展读之后,给我留下了深刻印象。

首先,这是一本调查研究的实录。毛泽东同志说过,"没有调查就没有发言权"。杨国清同志勤读书爱思考,善于听取基层意见和做扎实的调查研究,他从1981年转业回到家乡后,在各级领导岗位上认真履职,勇于担当,为推进地方经济建设和社会进步洒下了辛勤的汗水。杨国清同志主持的《抓住关键环节,掌握工作主动权》等调研报告获得相关奖项,并被收入全国性大型理论文献丛书,他的业绩入选《二十一世纪人才库》等大型辞典。在《丽江文旅融合发展再登攀》一书中,作者详细梳理了丽江历史文化发展脉络,尤其选择木府、玉水寨、东巴谷等个案深入分析,资料丰富翔实,有自己的独立思考,可产生典型引路、带动全局的效果。

其次,这是一次深入历练的思辨。立足于全面贯彻党的十九届五中全会和习近平总书记考察云南重要讲话精神,《丽江文旅融合发展再登攀》一书立足市情,深入研判面临的机遇与挑战,杨国清同志在政治学、经济学、管理学多学科知识的综合应用上不囿陈说,敢于大胆创新和思辨。他通过学习领会中央大政方针，立足本地资源优势，突出主题，努力把高质量跨越式发展要求体现到丽江经济社会发展的方方面面。在正确处理和把握一些重大关系上充分提出了自己的独到见解，旗帜鲜明地提出丽江最大的优势是独树一帜的文化，提出文旅融合发展应将"保护"作为第一要义，尤其是要将丽江古城、东巴文化及各民族村落文化保护作为重中之重。

再次，这是一张周密规划的蓝图。凡事豫则立，不豫则废。"十三五"期间，丽江文化和旅游行业全面完成了目标任务。"十四五"期间为贯彻落实中共丽江市委四届九次全会精神，对标"国际化、高端化、特色化、智慧化"的总要求，围绕建设"世界一流旅游目的地"总目标，按照"三廊一圈、一体两翼、一环多区、四化一流"总布局，丽江提出了着力打造千亿级文化旅游产业，形成"山水联动、路景一体"的发展新格局，力争把丽江建设成为大滇西旅游环线和大香格里拉旅游圈的门户和集散中心。杨国清同志权威解读了丽江全域旅游"一体两翼"等关键词的科学内涵，即以丽江古城为体，金沙江东部三县和金沙江西岸玉龙纳西族自治县为东西两翼的发展思路，提出要牢牢守住丽江古城这块世界遗产品牌，东翼要做大泸沽湖的旅游品牌，做亮永胜边屯文化、华坪康养文化；西翼则要提升三多节文化品牌，推动乡村文化生态油画走廊建设，并带动丽江全市红色旅游的大发展。

最后，这是一份依法治旅的宣言。法治兴则国兴，法治强则国强。前几年国家对依法治旅提出了具体方案，要求将文旅部门建成职能科学、权责法定、执法严明、公开公正、廉洁高效、守法诚信的法治机关，引领旅游行业全面步入依法治旅、依法兴旅的发展轨道，努力形成政府依法监管、企业守法经营、游客文明旅游的良性格局。杨国清同志在书中指出，依法治旅、依法兴旅是丽江文旅融合高质量发展中的积极探索和科学实践，也是今后持续发展的关键所在。在担任丽江市人大常委会主任期间，杨国清同志身体力行推进《云南省丽江古城保护条例》《云南省纳西族东巴文化保护条例》的制定实施，确定每年12月4日为"丽江世界遗产日"，并推进在云南民族大学开办"纳西族语言文学与东巴文化"方向本科班等举措。他强调要以《中华人民共和国旅游法》为抓手，做好丽江依法治旅、依法兴旅的有力保障，并提出了自己的真知灼见。

纵览杨国清同志的新著，"文化""保护""发展"等关键词，一再叩击着读者的心扉；行文间始终贯穿和流淌着一个"情"字，这是对家乡的深情，对民族的大爱，对国家的忠诚。杨国清同志指出，丽江文旅融合发展再登攀，文化保护是前提，经济发展是关键。他强调丽江今后的发展一定要坚定不移地高举文旅融合发展旗帜，要保护好各民族的传统文化，要虚心向文化主体学习，塑造民族精神，构建和谐社会，促进社会进步，这是丽江发展、云南振兴乃至中华民族伟大复兴的动力所在。从这个意义上而言，杨国清同志的新著《丽江文旅融合发展再登攀》是一笔宝贵的精神财富，值得丽江文旅融合发展的参与者认真学习，也值得每一位关心关注丽江发展进步的人士研读借鉴。本书给予读者这样的启示，也是我乐意向大家推荐的一个重要理由。

还在懵懂少年时，我就结识了高大威武的军官杨国清，他的亲和、他的博学在我的人生观形成过程中留下了诸多美好印象。近半个世纪的光阴转瞬而过，其间他作为长者经常关心我的成长进步，我们情同手足，彼此欣赏，互相勉励。劳动创造价值，奋斗成就梦想，我们各自在人生路上留下了一些值得追忆的足迹，也为丽江文化旅游业的发展进步留下了共事合作的印记。而今他年过古稀，我也届花甲，我们各在不同的领域为丽江的经济社会发展奉献绵薄之力。同时我们也时常鞭策对方：要运用自己的知识经验，笃定初心，牢记使命，多做有益于国家和民族的事情，从而不断实现自己的人生价值！

正是这样的缘由，我不揣冒昧应杨国清同志之邀发表以上言论，权当作序。敬请各位方家和读者不吝指正。

木基元
2021年5月1日于昆明大观街
"困而好"学斋

（木基元，西南林业大学社会科学管理办公室主任，教授，兼任文化和旅游部非遗评审专家、云南省文物局专家委员会委员、云南省非物质文化遗产保护专家委员会副主任等，享受云南省政府特殊津贴。）

前 言

2011年底,我的一本著述——《丽江文化旅游崛起解读》出版发行。我从亲历者、参与者、研究者的角度在这本书里较系统地总结介绍了丽江文旅融合发展的历程和做法。丽江曾被西方学者称为"被遗忘的古纳西王国",是中国西南的一个偏僻之地。中共十一届三中全会后,丽江才沐浴着改革开放的春风,从云贵高原和青藏高原的接合部、"三江并流"区域横断山脉的崇山峻岭中走向全国、走向世界,成为我国文旅发展的一面旗帜、一个典范。此后丽江文旅发展虽又经历了许多风风雨雨,面临许多挑战,但发展的脚步没有停止,仍然在前行,仍然在提升,仍然在发展。于是我的这本新著——《丽江文旅融合发展再登攀》就应运而生与读者见面了。

伟人毛泽东主席说过:"世上无难事,只要肯登攀。"这是何等豪迈的诗句。文旅产业发展与其他事物发展一样，有一个渐进和提升的过程，发展永无止境，发展也不可能一蹴而就、一劳永逸。于是丽江从这个理念出发，在成为国内外文旅发展知名品牌之后，根据广大游客的意见和诉求，面对各种批评，直面存在的问题和矛盾，以一种"旅游革命"的精神状态，全力整治旅游发展中出现的问题，进一步擦亮和修复品牌形象，不断转型提升，使丽江文旅融合发展达到一个新境界，不断攀登新的高峰。这一做法受到各方面和广大游客的充分肯定和欢迎。

丽江文旅产业经历凤凰涅槃，实现浴火重生。2020年新华社对丽江旅游整治发展情况作了多次报道，7月8日，《人民日报》在头版刊发文章称赞丽江旅游业转型拓新路，充分肯定了丽江的经验和做法。10月24日，中央文化和旅游管理干部学院、青海省文化旅游厅和丽江旅游职业培训学校在丽江进行了为期九天的培训，展示推广丽江"旅游革命"成果和丽江旅游转型升级经验。11月3日，由文化和旅游部领导主持的全国旅游市场整治工作现场交流会在丽江召开，丽江市、厦门市等地方在会上交流了经验，与会代表在丽江进行了考察。丽江市领导介绍了丽江"深入推进整治乱象、智慧旅游、提升品质旅游革命三部曲，旅游市场整治和推动旅游转型升级"的做法和经验。11月29日，新疆维吾尔自治区旅游民宿评定员培训班在丽江开班。

面向未来，丽江旅游业仍会面临许多挑战，包括现在正在受到的疫情冲击，然而，应当看到的是，丽江文旅融合发展具有无限的生机活力,让人憧憬。丽江得到上天特别的眷顾和垂青,既有自然地理气候特色和优势,是一个立体气候与全球生物多样性甚为突出的地方,又是著名的长江中上游绿色生态屏障;同时有独树一帜的厚重特色民族文化,是具有三个世界遗产和众多文物古迹的地方。这里民族团结、文化多元和谐,这里有蓝天、白云、净土和洁净空气,这里绿水青山、玉壁金川、四时鲜花,这里神奇美丽、绚丽多彩,是人们心中的诗和远方。随着我国全面建成小康社会,人民群众生活不断改善,大众旅游势不可挡。加上今后几年丽江高铁、高速公路快速发展,三义国际机场第三次改扩建,几个通用机场的建设,通达条件更为便利,丽江文旅融合发展前景无限广阔。丽江不仅可以成为青年人的快乐浪漫之都,有识之士和文人墨客的文化体验之都,也可以成为中老年人休闲康养之都,以及国内外游客喜爱和向往的世界精品旅游目的地。

总之,这几年丽江在文旅融合发展中,以存在的问题为导向,以新的理念、新的目标、新的追求为引领,深入开展"旅游革命",不断向上攀登,实现旅游业的不断提升和发展,应该说对全国很多地方有一定的借鉴意义。正因为如此,笔者本着抛砖引玉的想法推出此书,恳请广大读者批评指正。

第一章　用新发展理念促旅游转型升级高质量发展

作为西部欠发达的边疆民族地区,丽江迎来千载难逢的历史性机遇,利好政策叠加。丽江文旅融合发展要实现总结过去、立足现实、面向未来,激活新优势、开创新局面的转变,就需要把握住大势,立足新发展阶段,坚持新发展理念——"创新、协调、绿色、开放、共享",实施"旅游革命"举措,促进转型升级、提质增效,努力实现高质量发展,进而融入国家新发展格局。文旅产业是典型的综合性产业,要充分发挥其引领带动作用。结合丽江的实际,文旅产业要起好转化器的作用,努力促进"绿水青山"转化为"金山银山"、"美丽神奇丽江"转化为"实力丽江",进而推动丽江实现高质量跨越式发展,跟上云南省乃至全国的前进步伐、发展水平,让丽江各族人民不断获得实实在在的利益。

改革开放以来,丽江走出了一条"文化旅游融合发展,保护与发展双赢",从而带动经济社会全面发展的路子,受到党和国家的肯定,同时在全国产生了很大影响,引领了全国的文旅融合发展。回顾丽江文旅大发展的历程,笔者认为大体可分为四个阶段。

第一个阶段为20世纪80年代至90年代初。这是丽江文化旅游发展的酝酿探索阶段,各级政府在保护文旅资源方面所做的工作卓有成效,奠定了进一步发展的基础。

第二个阶段为90年代初期至2008年底。这是丽江文化旅游领域取得突破性进展、蓬勃发展并崛起的时期,也是文旅融合发展取得重大成果的时期。

第三个阶段为2009年至2015年。这是一个巩固发展的阶段,也出现了许多新情况、新矛盾、新问题。

第四个阶段为2016年以来。这是丽江文旅融合发展进入"整治、爬坡、转型、提升、发展"的新时期。其特点是进行一次"旅游革命","刮骨疗伤",整治旅游市场,解决存在问题,同时认真实施文化旅游转型升级,实现整体品质的大提升和产业的大发展。

在中华人民共和国成立72周年的时候,笔者就此作简要回顾和展望,尤其对"旅游革命"及旅游转型升级作一些探讨,是一件很有意义的事情。

第一节　保护奠基

丽江为什么要选择文化旅游融合发展的路子,这是在党的领导下，丽江各族人民解放思想、实事求是，立足本地实际的必然结果，是丽江党委、政府和人民明智而有远见的选择。在20世纪80年代和90年代初思想解放的大潮中，很多人在问："丽江怎样从实际出发，发展特色优势产业，走出一条跨越式发展的路子来？"对此，在党委、政府的领导下，丽江上上下下进行了多次思想解放大讨论。丽江不靠海、不靠边，地处西南边陲内陆地区，交通极为不便，到省会昆明需要走两三天，工业基础又极其薄弱，照搬沿海等地区的做法肯定不行。丽江要走出一条自己的特色之路，就需要勇于进行实事求是的探索和实践。那么，丽江的特色和优势是什么呢？深厚的历史文化积淀，既有"天雨流芳"学习汉文化的传统，又有重视自身传统文化的特点。丽江博大精深的民族文化资源，内涵极其丰富，包括东巴文化、古城文化、土司文化、茶马古道文化、母系大家庭文化等，被西方学者誉为"被遗忘的古纳西王国"，在国内外有较高的文化声誉。加上丽江人的那种文化自信和执着，人们认识到了丽江无与伦比的历史文化、民族文化、生态文化、红色文化和民俗风情的地位作用和现实意义。另外，在这个过程中，人们对丽江得天独厚的旅游资源和地理环境有了与以往不同的认识，比如玉龙雪山冰天雪地，以往都是从负面去认识和看待的，现在从旅游发展的角度去认识看待，它是离赤道最近的海洋性冰川，是一个很了不起的宝。说实在话，20世纪90年代丽江着手发展旅游，云南省许多人士以及社会上是不看好的，是持怀疑和否定的态度的。

丽江处在青藏高原和云贵高原接合部，既有崇山峻岭、高山峡谷、冰天雪地,又有大江大河、平缓的河谷地带,这里地形多样性、气候多样性、生物多样性、民族多样性、文化多样性十分突出,构成了一幅多姿多彩的绚丽画卷。据当时初步考察,具有开发价值的就有一百多个景区景点,其中"两山、一城、一江、三湖、一文化、一风情、一环境"是丽江旅游资源的突出代表。"不识庐山真面目,只缘身在此山中",回顾历史,丽江实现真正认识自身优势和劣势并不是件容易的事情。通过"解放思想、实事求是、把握区情、选择主导产业"的大讨论,丽江义无反顾地选择了以旅游为先导,文旅融合带动经济社会发展的路子,这是对丽江全地区发展具有重要战略意义的大事。

为了更好地认识和了解那段历史和文旅融合发展历程,有必要对这期间发生的重要事件和进行的主要工作进行简要回顾,具体如下:

20世纪80年代到90年代初除了解决认识问题,确定支柱产业和发展路子之外,更多的是做保护抢救文化遗产及保护生态旅游资源的工作,这是做好文旅融合可持续发展的基础性工作。

1980年5月,由丽江地区行署批准成立的丽江东巴古籍翻译整理委员会,开始着手翻译整理工作。

1980年,丽江开始采取措施保护古建筑(包括古寺庙、古桥梁等)。其中,1986年开展的对白沙壁画进行整体揭取还原保护工程是影响比较大的。

1981年5月,经中共云南省委批准,云南省社科院东巴文化研究室成立,和万宝任主任,方国瑜任顾问。

1982年4月，中国社科院宗教研究所所长任继愈专程到丽江考察东巴文化，其间决定资助东巴文化研究室开展工作。

1983年3月底4月初，新中国成立以来第一次东巴达巴座谈会在丽江召开，来自丽江、中甸、永胜等地61位东巴达巴，还有来自中国社科院等多家单位的30多名专家学者与会。这次盛会对此后保护东巴文化及开展相关研究产生了重要影响。

1984年1月，中共中央顾问委员会常委、原红六军团军团长萧克在昆明军区司令员张铚秀（原红六军团十六师四十七营营长）陪同下来到丽江。他们到当年渡江的石鼓等渡口考察，并为木瓜寨、木取独、格子渡、士可渡、巨甸渡等五个红军抢渡金沙江渡口题词。此后又有多批老红军来此探访，在考察过程中他们从多个角度说明红军抢渡金沙江的重大意义。以萧克为代表的老红军的渡口之行，为丽江的红色旅游发展奠定了基础。

1984年6月，鉴于丽江纳西族自治县大东地区森林资源过度采伐导致生态恶化的状况，县人大常委会作出对有关林区实行封山育林的决议，县人民政府于同年12月29日发布实施细则。

1984年，玉龙雪山省级自然保护区正式成立，总面积2.6万公顷。

1985年3月，国家历史文化名城专家组到丽江古城考察。5月，建设部市容园林局副局长甘伟林和清华大学、北京大学、云南工学院等单位相关专家到丽江考察重点风景名胜，认为丽江特有的自然和人文景观，具备建设国家级风景名胜区条件。这两次考察推动了省地县的调查、评估和申报工作。

1985年7月，国务院和中央军委批准将丽江列为对外国人开放旅游的乙类地区，之后许多国家和地区的背包客陆续到访丽江。

1985年8月，丽江地区行署决定成立外事办公室，对外挂行署旅游局、地委行署接待处、行署外事办公室三块牌子，实行一套班子合署办公，把旅游工作列入地区议事日程。

1985年、1988年，丽江纳西族自治县人民政府两次派出工作组，清理、制止乱砍滥伐，查处197件森林案件，对相关国家机关工作人员进行党纪政纪处理，对违法犯罪人员追究刑事责任。

1986年7月17日，云南工学院朱良文教授写信给云南省省长和志强指出："丽江古城目前遭到极大的威胁"，呼吁"千万不要搞建设性的破坏"，请求"及时制止一些蛮干的行为"，认为应采取有力措施，完整保护丽江古城。和志强于8月14日批示：较完整地"保留丽江古城很有必要，这不仅是为了研究颇具特色的纳西民居建筑的需要，也是为了适应开放和旅游所必须。国内外专家多次呼吁，请你们认真研究，务必保留丽江古城"。地区行署及丽江纳西族自治县人民政府认真落实省长批示精神，采取一系列措施，"打通四方街"工程被制止。丽江古城申报国家历史文化名城工作从1982年开始，1986年12月28日经国务院批准被列入国家历史文化名城名录。

1988年5月27日，丽江纳西族自治县人大常委会审议通过《丽江古城保护建设管理暂行办法》，提出保护原则及一系列具体要求，按文物保护区实施保护。

1988年7月，丽江纳西族自治县第七次党代会作出发展旅游业等四大支柱产业的决定。

同月，宣科先生的大研纳西古乐会正式公开演出。

1988年8月1日，经国务院批准，丽江玉龙雪山景区（包括泸沽湖、老君山）被列入第二批国家重点风景名胜区。

1989年底，云南省旅游局把丽江规划为国家一级旅游热线，并作出开发"四区一线"（玉龙雪山、丽江古城、老君山、泸沽湖景区及金沙江沿线）的规划。云南省规划院与丽江地区规划部门随即展开规划工作，该项目于1990年11月2日通过专家评审。

1990年8月28日至9月5日，云南省省长和志强到丽江调研，提出了"打破封闭，死角变通道，重振茶马古道雄风，把丽江放在滇西北以及大西南乃至东南亚旅游经济区的流点上"的发展思路。

1990年9月10日至27日，纳西东巴文化展作为亚运会期间五大展览之一在北京民族文化宫成功举办，费孝通、钱伟长、胡绳、阿沛·阿旺晋美、程思远、司马义·艾买提等国家领导人为展览题词并剪彩。

1990年9月13日，丽江行署决定成立丽江机场筹建工作领导小组。

1990年10月，在中国电影合作制片公司的支持下，英国利佛电影公司到丽江拍摄反映丽江各族人民人文生活、民俗、自然的纪实影片《云之南》。该片由国际著名导演菲尔·阿格兰德执导，在丽江实地拍摄，完成后向全世界发行并引起轰动，深入宣传了云南，特别是丽江。

万事开头难，创业更艰难。20世纪80年代是一个起步的阶段，拓荒的时期，也是一个披荆斩棘、奋力创业的时期。这个时期丽江文旅融合发展主要解决认识问题和保护生态及文化遗产等基础性工作，即全力保护旅游资源，保护文旅融合发展的根基。没有20世纪80年代的艰难起步，没有基础建设和保护的一系列举措，没有对丽江区情的科学认识和宣传，就没有90年代的开发和崛起，更不会有21世纪初期的巨大成果，所以总结丽江旅游发展的历程，这个时期的作用不可小看和低估。

总的是从四个方面入手，都是从基础做起。

一是保护为先。这个时期保护丽江古城、玉龙雪山和老君山，丽江政府采取了一系列重大措施，保护了发展之根本，保住了旅游的"金饭碗"。

二是改善基础。相关部门开始着手改善旅游、交通、水电、接待设施等基础条件。

三是勇于实践。这一时期丽江政府立足本土、增强信心、积极探索，加强对文化旅游资源的深刻认识，增强对丽江生态及文化的自信，科学认识丽江文化旅游资源。事实证明，这一认识具有前瞻性，看到了其发展的美好前景。与此同时，积极申报国家历史文化名城，申报国家重点风景名胜区。其间，丽江政府还对旅游产业发展作了许多探索，这些在今天看来都为丽江文旅融合发展起到了奠基性作用。

四是加大宣传。这方面工作主要体现在提升民族文化对旅游业作用的认识、加大对丽江文旅特色资源的宣传推介两方面。20世纪80年代，丽江旅游没有多大知名度，与昆明、西双版纳、大理有着很大的差距，名不见经传。面对这一情况，丽江人民并没有气馁，而是充满自信、充满激情，满怀信心努力奋斗。在实践中，丽江政府高度重视发挥文化资源的独特作用，尤其是抓住民族文化的魅力不断加以突破，不断取得成功。今天回望丽江树立优质旅游品牌形象的过程，感觉实为不易。

第二节　开拓崛起

20世纪90年代初至2010年，丽江各族人民斗志昂扬、开拓奋进、创新发展，结合实际走出了特色发展之路，创造了文化旅游融合发展模式和辉煌成就。

1991年8月，尤其是1992年4月以邓小平发表南方谈话为契机召开的全区三级干部会议，是丽江地委行署领导下的旅游发展奠基性会议；是思想大解放、精神大振奋，全力推动文旅融合发展的动员大会；也是丽江干部群众统一思想认识、确立主导产业，全力推动经济社会发展的一次重要会议。

1992年12月底，玉龙雪山被列入云南省级旅游开发区并正式挂牌。

1993年2月，丽江地委行署决定撤销与外事部门合署办公的旅游局，成立丽江地区旅游事业管理委员会和旅游开发总公司。4月8日，上述两个机构正式挂牌。

同月，云南省人民政府下发《关于建立玉龙雪山旅游度假区有关问题的批复》。

1994年10月，云南省省长和志强在大理、丽江主持召开滇西北旅游规划会议。这次会议确立了"发展大理、开发丽江、启动迪庆、带动怒江"的发展步骤，"开发丽江"是会议的一大亮点。会议确定了丽江古城申报世界文化遗产，作出实施丽江古城"五四三二一"保护提升工程①，"三江并流"申报世界自然遗产，黑白水林业局等森工企业停伐天然林，实行转产，改善滇西北交通基础设施条件等决定，这是实实在在推动丽江文旅融合发展的里程碑式会议，对推动滇西北乃至云南旅游业发展具有深远意义。

1995年6月，建设历时两年半的丽江三义机场正式通航。

1995年10月，国务院副总理朱镕基视察丽江，指出，要高度重视发展旅游业，丽江很可能发展成为一个重要的国际旅游点。

1996年2月3日，丽江遭受7级大地震，中心城区和震区一片废墟。在各方面的关注和帮助下，丽江人民把大灾难变为大机遇，努力促进大发展，经过三年恢复重建，一个崭新的丽江、

---

① "五四三二一"保护提升工程，指新建古城排水管网系统、街巷照明系统、修缮道路系统、完善消防系统和电力、电信系统线路全部入地。

一个旅游胜地屹立在世人面前。

1997年12月，丽江古城被列入世界遗产名录，类别为文化遗产；2003年7月，"三江并流"被列入世界遗产名录，类别为自然遗产；同年8月，东巴古籍文献被列入世界记忆遗产名录。至此，丽江三个世界遗产申报成功。

1998年丽江地委行署在云南省率先提出建设"民族文化大区"的战略，2003年提出建设"文化旅游名市"的目标，2004年提出"文化立市""旅游强市"等战略，近年丽江市委、市政府又强调"文化兴市"、加强"文化丽江"建设等。这些充分说明丽江一以贯之地高度重视文化的地位和作用，文旅融合发展是丽江始终不渝长期坚持的方针和战略。

1999年5月1日，丽江"2·3"大地震后恢复重建的木府正式对外开放。这座金碧辉煌的建筑和园林是木氏土司府衙，是丽江民族文化的重要载体和标志，历史文化内涵丰富。

1999年5月2日至3日，国家主席江泽民视察丽江，特地到丽江古城、纳西古乐宫、木府等地亲切看望灾区人民，指导丽江工作。

1999年10月14日至20日，中国丽江国际东巴文化艺术节举行，同时举办国际东巴文化研讨会。这年9月《东巴译注合集》出版发行。

2001年10月8日至18日，联合国教科文组织世界中心、亚太地区办公室在丽江举行亚太地区文化遗产管理第五届年会，来自22个国家400多位代表参加会议。在这次会议上，丽江县人民政府向大会提交了中国丽江古城保护行动计划（即"丽江模式"）总结报告。会议充分肯定并大力推广"丽江模式"，认为："丽江是一个活着的见证，它证明旅游业可以给居住在文化遗产地及附近社区人民带来无可限量的经济发展机遇。"文化遗产保护与旅游发展结合（文旅融合）经验的主要内容就是利用遗产地发展旅游业，实现"保护与发展"双赢，造福遗产地百姓。

2002年12月26日，国务院批准丽江撤地设市，确立了丽江长远发展的基础和滇川藏交汇区域中心城市地位。

2003年4月11日至12日，中共中央政治局常委李长春到丽江考察。同月，丽江被列为全国文化体制改革试点城市。随后相关举措不断落实，为丽江的文化事业和产业发展、文旅融合发展注入了新动力，丽江连续三次被评为全国文化体制改革先进单位。

2003年至2006年，在原丽江纳西族自治县古城保护条例、东巴文化保护条例基础上，由丽江市人大常委会牵头并上报云南省人大常委会，制定了《云南省丽江古城保护条例》《云南省纳西族东巴文化保护条例》，使其上升为省级条例，为保护世界遗产制定了省级地方性法规。

2006年3月，云南省人民政府在丽江召开现场办公会议，提出全面提升旅游业竞争力、带动旅游二次创业的要求。

2008年底，在改革开放30周年的时候，丽江被中央列为全国改革开放18个典型地区之一。2008年12月1日，《人民日报》以《高原明珠再放异彩》为题，全文刊载了中央专题调研组关于丽江市的调查报告，这也是《人民日报》"高举旗帜，科学发展"调查报告之十五，充分肯定丽江立足实际的特色发展之路，对全国文旅融合发展产生了很大影响。

2008年12月27日，丽江市委、市人民政府在北京金茂威斯汀饭店举办"科学发展在丽江探索与实践"论坛。其间，有关领导和专家充分肯定丽江的探索和经验。丽江成为文旅融合发展的一面旗帜，旅游的金字招牌。

2010年，根据云南省人民政府现场办公会议精神，云南省边屯博物馆正式开工建设，2013年正式对外开放。边屯博物馆和程海凤羽毛氏文化为永胜旅游业发展注入了文化内涵。

继《纳西古乐》之后，2006年至2014年，《丽水金沙》《印象丽江》《丽江千古情》等民族演艺品牌不断推出，精彩纷呈，长演不衰，深受游客喜爱。演艺产业为文旅融合发展提供了民族文化特色和艺术享受，是丽江文化旅游融合发展中的浓墨重彩之笔。

2009年之后，丽江文旅仍处在巩固发展阶段。在此期间，丽江着重进行了旅游标准化建设，把相关要求落实到了方方面面；作为全国文化体制改革试点城市，推动公益性文化事业和文化产业发展，对文旅融合起到了很好的推进作用；同时为文旅二次创业和促进发展进行了积极探索。此时，丽江声名鹊起，作为旅游热点城市，受到中外游客的追捧。然而，由于长期的高速发展，丽江旅游业也积累了不少矛盾和问题，总体上讲是前进中的问题、工作中的问题，这也是云南省乃至全国在这一领域普遍遇到的问题。但也要看到当时的丽江在思想观念上、认识上、工作上的确存在一些不容忽视的问题，比如优秀民族文化和传统受到冲击，浮躁的情绪、夜郎自大的情绪有所滋长，在管理上表现为工作不够踏实，负责和担当精神弱化等现象。丽江"旅游革命"以及转型升级就是从解决这些存在的问题开始的。

第三节　文旅融合

文化旅游融合发展是丽江的战略举措，是特色之路，从文旅产业角度来讲，也是着力打造建设带动各行各业发展的特色主导产业。文旅产业融合发展，使文化的引领作用和旅游的先导作用得到发挥，从而带动促进丽江经济社会的全面发展进步。

文旅融合是丽江发展的模式，是独特的发展路子，是丽江各族人民探索实践的成果，实践证明是成功的，具有典范意义。文旅融合、互动共赢、以文塑旅、以旅彰文，从而推动文旅高水平深度融合，最终实现高质量发展。

丽江结合实际走出文旅融合发展路子的历程，我在2011年出版的《丽江文化旅游崛起解读》一书中作了比较系统的阐述。如今，我对文旅融合发展又有了新的认识和体会，尤其在文旅融合发展的客观性、必然性、今后的发展趋势等方面，但真正提到理论高度为时尚早，还需要不断探索实践和深化研究。与此同时，这个研究要有更加广阔的视野，更高的站位。我认为探讨文旅融合是有意义的事情,从大的方面讲,对提升文化软实力,让中华文化"走出去"是有现实意义的。2018年以来文旅融合发展成为国家层面推动的战略举措,必将产生深远的影响。丽江率先走出文旅融合发展的路子,其实是顺应时代发展的需要,也是很有典型意义的。

第一,文旅融合发展是由旅游的文化属性所决定的。旅游的属性本质上讲是文化属性,旅游本质上讲是游览文化、体验文化、享受文化。有了文化就有了品位,有了文化就有了魂魄,可获得精神上的感受和满足,文化如水,沁入心田,滋润心灵。

第二,文旅融合发展是由游客不断提升的消费需求所决定的。现代人普遍有较高的文化水平和认知水平,有较高的精神层面追求,还有许多个性化的需求,一般而言,没有品位的旅游是不能满足他们的。很多游客往往追求更高层次的精神文化,追求更多历史文化知识、审美情趣、不同艺术享受及特色文化,这就需要旅游目的地提供更多人文因素、人文体验。

第三,文旅融合发展为文化事业和产业发展提供了广阔平台。党的十八大以来,文化的地位提到了前所未有的高度,文化兴则国运兴,文化在经济社会发展的各个领域的作用越来越显著,文旅融合发展为文化转型发展提供了新思路、拓展了新视野。文旅融合发展让文化走出书本和课堂,走进普通老百姓之中,成为普通群众的一种精神享受,成为经济社会发展的新动能,成为现实的生产力。文化旅游等产业融合,使文化有了广阔的发展平台和空间,也有利于地方传统文化的保护和公益文化事业的发展。

第四，文旅融合发展的成果与一个地方的旅游资源、文化品位、特色优势息息相关。丽江之所以率先走上文旅融合发展的特色之路，主要得益于得天独厚的旅游资源和特色文化。独特的民族文化、历史文化、地域文化、民俗文化、红色文化、自然生态文化等，品位很高，有的具有唯一性，于是丽江文旅融合发展彰显出独特的魅力，产生了广泛影响。

从根本上讲，这是深刻认识区情、立足实际的结果，也是解放思想、探索实践的结果。丽江为何能在全国率先走出文旅融合发展的路子呢？首先是它拥有众多独特的无与伦比的旅游资源禀赋和特色文化。其次是丽江有着源远流长的历史文化传统，当地人对文化有深厚的情结。再次是丽江对本地民族文化的自信和认知，从而在旅游业发展实践中，把文化放在特殊而突出的位置。最后是国内外游客对丽江文化的高度认可和喜爱，独特的民族文化对游客有很大的吸引力。

文旅融合要做到灵魂与载体的融合、文旅资源的融合、文旅产业发展的融合、"文旅+"的拓展融合、文旅单位各部门的配合。坚持深度融合，把文化旅游作为相互融合发展的整体。文旅要实现融合发展，就要始终坚持以人为本，自然为根、文化为魂，保护为先、互动发展，发挥先导、推动发展。其内涵与外延要坚持和突出以下几个重要方面：

第一，坚持以文化为魂。旅游的根本属性是文化属性，旅游从本质上讲就是游览文化、体验文化、享受文化。旅游的差异性就是文化的差异性。自然景观、人文景观都离不开文化属性，文化体现了物质文明和精神文明综合的境界和品位。人在实现物质保障的条件下，往往会产生对精神文化的追求。

第二，坚持造福百姓。以惠及地方和百姓作为文旅融合发展的立足点和出发点，也就是说文旅融合发展的最终目标是服务各族人民群众，惠及地方经济社会的发展和进步。实践证明，文旅产业是一个惠民的产业，覆盖面宽，关联度大，带动性强，对一个地方的发展而言至关重要。这个产业虽然对地方财政收入的直接贡献并不明显，但惠及千家万户，是一个富民的重要路径。比如玉龙雪山景区对推动实现当地老百姓脱贫致富起着举足轻重的作用，该区域成为旅游业带动脱贫致富的典范。丽江古城文旅融合发展，惠及成千上万古城群众，同时文旅产业发展反哺古城世界遗产的保护，这是成功的范例，得到联合国教科文组织的肯定和推广。

第三，坚持文旅融合互动发展。在众多旅游资源中，文化方面的资源起着决定性的作用，文旅融合体现在认识上就是要把历史文化、民族文化、红色文化、民俗文化、生态文化等资源放在突出位置。许多旅游景区景点往往既是自然景观又是文化景观，既是文化项目又是旅游项目，或者以上两者兼具，但这其中文化具有决定意义，是灵魂。

文旅融合体现在文化和旅游的关系上，则表现为以文铸魂、以旅彰文、互动共赢。文化是旅游的灵魂，旅游是文化的展示平台，一个是内在灵魂，一个是外在躯体，二者是一个整体。文化与旅游既紧密联系,又是各自独立的产业。文化为旅游铸就了灵魂,提升了品位和档次,注入了发展的活力;而旅游业的发展则为文化产业的发展提供了广阔空间,拓展了市场,创造了发展机遇和平台,于是文化可展示其无穷魅力。实践证明,旅游可以让传统文化、各种文物活起来,让其充满生机活力。文化、旅游融合互动可以相得益彰。在丽江旅游,观赏美景、畅游古城、品味独特文化,加上夜晚各种群众文化活动及文化演艺活动精彩纷呈,形成了文旅融合的三连环,有媒体对此报道:打破了以往"白天看庙,晚上睡觉"的单调旅游模式,开创了文旅融合的复合型新模式。

第四,坚持保护优先是基础。把保护青山绿水、生态环境及民族文化作为可持续发展的重中之重,始终把保护放在第一位,贯穿文旅融合发展的全过程。丽江在20世纪80年代初开始实施的保护民族文化举措,所制定的保护旅游资源等一系列重要政策,为后来开拓文旅融合发展之路奠定了坚实基础。

第五,坚持品牌战略。始终把打造品牌、建设精品作为融合发展的着力点。文旅融合发展要有亮点,要有响亮的品牌,就必须着力建设精品,精益求精,这是提升旅游业竞争力的战略措施,也是做大做强产业的必由之路。丽江已经陆续推出了一系列文化旅游的精品和品牌,包括文旅品牌、景区品牌、演艺品牌等,如今丽江本身也成了国内外知名的文旅大品牌。

第六,坚持旅游先导。做大做强文旅产业,带动丽江整体发展。做大做强文旅产业固然是重要目标,但丽江实施文旅融合发展的目的还在于发挥这两个领域的先导作用，通过发挥引领融入和带动作用，促进其他产业发展，推动丽江经济社会全面发展。要通过文化旅游融合发展引进新思想、新观念、新办法，还要带来资金、项目、技术、人才等，从而推动丽江真正走出一条跨越式发展之路。

丽江文旅融合发展书写了壮丽篇章，取得了很大成功，并产生了广泛影响，为全国文旅融合发展树立起一面旗帜，成为一个典范，其做法和经验是宝贵的。其成功得益于天时地利人和，是由多个方面因素促成的，重要的有以下七个方面：

第一，党的领导是保障。在丽江文旅融合发展进程中，始终得到党中央、国务院领导的亲切关怀指导和省市委的坚强领导。不少中央领导莅临丽江考察指导，帮助解决困难问题，对各族领导干部和广大群众是极大的鼓舞。历届市级领导班子，尽管一任接一任，换了一批又一批，但文旅融合发展的基本思路没有变，既有连续性又有开拓性，不断有所作为，不断有新的变化和发展。

第二，求实创新是关键。各级干部和各族群众始终坚持解放思想，实事求是，不断更新观念；有一种强烈的事业心和责任感，敢想敢干，勇于实践，敢于担当；以大无畏的精神，结合实际，发挥自身优势，求实创新，创造性地贯彻执行党的路线方针政策，走出了一条具有地方特色的发展路子。

第三，挖掘文化是重点。越是民族的，越是世界的。要善于挖掘和充分发挥本地区民族文化特色优势，要对传统文化进行创造性转化、创新性发展，注入新的时代精神。要努力拓展文化内涵外延，通过结合旅游发展平台，展示其独特文化魅力，让广大游客得到较好的文化感受和体验。

第四，强基补短是前提。要将改善基础条件工作贯穿文旅融合发展全过程，对丽江而言，交通等基础设施始终是发展的瓶颈，是个短板，改善基础设施是前提。所以从20世纪80年代开始，丽江即着力于旅游基础设施的建设和改善，经过坚持不懈的努力，如今水电、机场、铁路、高速公路、旅游景区、宾馆酒店等基础设施改善成效显著。

第五，保护发展是一体。坚持把保护与发展有机统一起来，在保护中发展，在发展中保护。没有保护，就没有丽江古城，就没有良好的生态环境和原汁原味的民族文化，旅游就成了无本之木、无源之水。保护的根本目的是发展，是为了人民，如果不发展，就会失去老百姓这个根基，保护就不可能长久有效。

第六，人民群众是主导。文旅发展与广大人民群众的切身利益息息相关，要让他们参与其中，充分发挥他们的聪明才智。广大干部群众在文旅融合发展中处于主体地位，要制定切合实际的政策措施服务于发展，要支持鼓励广大干部群众积极参与、勇于实践、敢于创新、勇于创业，使各族干部群众成为文旅融合发展的主导力量。

第七，人才队伍是宝库。丽江的成功得益于充分发挥人才的作用。在一个相当长的时间里，丽江文旅发展得到了各方面的关心和支持，尤其得益于中央和各地专家学者的指导和帮助，比如申报三个世界遗产就是在我国顶尖专家学者的帮助指导下取得成功的。同时重视人才、引进人才、培训人才、不断提高文旅从业人员的整体素质也很重要，尤其是通过严格管理，加强教育培训，使他们有较好的思想道德素质和业务水平，服务人民，奉献爱心，树立良好的丽江旅游形象。

我国泰斗级的专家学者费孝通、任继愈、季羡林、谢辰生、吴良镛、周干峙、戴爱莲、吴冠中、郑孝燮、罗哲文、阮仪三、于锦绣、吕大吉等都曾对丽江民族文化的保护传承、开发建设进行了指导和帮助。

第四节　旅游革命

党的十九大以后，丽江文旅经过二十多年的快速发展，进入了一个新的转型提升时期。这是一个全面整治转型、提升发展的时期，实质上是对文旅产业进行革命性的变革，实现文旅产业不断向上登攀，发展方式从粗放型向品质型转变的新时期。

2015年10月9日、2017年2月25日，丽江古城5A级景区先后两次受到国家旅游局严重警告处理。2018年1月3日，国家旅游局向云南省政府、丽江市政府通报了明察暗访的情况，又指出了丽江旅游市场存在的一系列问题。对丽江古城5A级旅游景区的严重警告处分，一石激起千层浪，不仅在丽江和云南，乃至在全国产生了极大的反响。于是丽江成为舆论的中心、网络的焦点，各种负面内容铺天盖地而来，丽江旅游被推到了风口浪尖。一开始，丽江乃至云南许多人对此感到憋屈，想不通，认为这些只是个别问题，也是全国旅游业发展中普遍存在的问题，省外许多地方比丽江、云南更为严重……经过一番讨论，人们开始产生这样的疑问：丽江旅游怎么了？丽江旅游该何去何从？丽江文旅融合发展走到了十字路口。

丽江不进则退，慢进也是退。如何继续前进，拥抱新时代的新机遇，关键在于认识自身的问题、直面自身的问题。认识自我，才能实现自我超越，找到存在问题、解决存在问题，是关系能否继续发展前进的首要问题。在这种背景下，在省市委的坚强领导下，丽江各级干部群众冷静地进行了深刻反思和总结，以问题为导向，从查找存在问题入手，以自我革命精神，扎扎实实贯彻落实省市政府出台的一系列行之有效的措施办法。于是一次气势磅礴的"旅游革命"在丽江这片神奇美丽的土地上迅速展开，并取得实实在在的效果。这是丽江文旅融合发展在新时代的一次登攀和跨越。

统一思想认识，直面存在问题。丽江文旅融合发展的光辉历程和取得的丰硕成果，使得丽江成为全国文旅融合发展的一面旗帜，成为标杆和品牌，这是不争的事实。丽江不仅是丽江人的丽江，也是全国的丽江、世界的丽江。丽江作为大美的象征，承载着国内外游客心灵的寄托，爱之深、责之切，表现在许多方面。在他们的心目中，丽江的一切都应该是最美好的，在许多游客心中丽江是不能有瑕疵的，他们抱有恨铁不成钢的心理也是能理解的。

丽江人只要从心浮气躁中冷静下来，只要有一个求实的态度，就不难看到发展中存在的问题。看到不足才能继续前进，反思问题才能在前进中实现超越。丽江通过二十多年的快速发展，的确积累了许多深层次的矛盾，存在着许多不容忽视的问题，这是不能回避的，也是回避不了的。何况丽江每年游客数量已达四千多万人次，工作涉及许多单位和部门，涉及社会方方面面，这是一个庞大的系统工程，既关系到基础设施等硬件建设，又涉及市场管理、思想道德、精神文明等软件建设，无论从哪个方面看，都有许多问题和不足，许多短板缺陷都是客观存在的、真实的。对旅游市场中出现的种种乱象，诸如打人、欺诈、宰客等丑恶现象，丽江人民也是深恶痛绝的。少数害群之马严重破坏了丽江的美好形象，对此丽江人民是不能容忍的。总而言之，丽江旅游中出现的许多乱象，表现在管理的缺失、工作的缺失等方面，实质上是文化的缺失，思想道德、文明素养的缺失是最根本的。丽江人终于从感到憋屈到主动反思，继而深入查找问题，直面问题，解决问题，实现了思想认识的转变和跨越。思想认识问题的解决，是丽江实现"旅游革命"的前提和基础，也是由"要我改"转变到"我要改"的一个分水岭。

在文旅产业快速发展的过程中，许多原住民离开了丽江古城，他们把房屋店铺出租给外来的客商和经营者。这些外来者我们称之为新丽江人，他们有着现代商业的头脑，市场观念很强，办法也多，精明能干，但他们中的大多数人不了解古城的传统文化，没有经过古城文化的熏陶，于是在一定范围内导致了古城优秀传统文化的断层。加之极少数人唯利是图，更使好的传统没被继承，新的优秀的道德规范无法形成，这是问题的症结所在。

丽江古城的优秀传统文化中，尤为可贵的是诚信文化和商业文明。丽江古城在发展进程中，在茶马古道的商业繁荣中，创造了以诚信为基础的独特的商业文明和道德规范，即以"诚信为本、买卖公平、取之有义、讲究规矩、和气生财、互惠互利"为特点的"靠八"商业经营模式和商业道德规范。这种模式受到全社会和所有经营者的监督，于是人们形成了共同的认识和规则，即商业经营要取之有义，不义之财是最大的耻辱。正因为如此，在丽江整个社会，不义之财和失范行为几乎没有立足之地。那个时候即使存在个别违规违法行为，也会受到监督，可以很快得到解决纠正。

因此，继承和弘扬古城优秀传统文化，以文化人，以德育人，是治本的措施，但这需要长期坚持，长期养成。要解决长期积累的深层次矛盾和问题，实现根本性转型升级，只有常抓不懈才能久久为功。要做到治本和治标相结合，多方配合，多管齐下，尤其需要来一次深刻的"旅游革命"。

何谓"旅游革命"？它主要指在旅游产业发展中，以革命的精神、革命性的举措，进行根本性的改革，实现根本性的转变和转型，从而实现旅游业质的提升和飞跃。

为何要来一次"旅游革命"？这是旅游业发展的必然要求，也是中国旅游业与国际接轨、提升品质、实现国际化标准化、走向世界前列的必然要求。改革开放以来,我们国家的经济迅速发展,人民的生活水平也不断提升,与此同时,对旅游业提出了更高品质的要求。这就需要旅游业进行深刻变革,不是简单修修补补就能解决问题的。从粗放型的观光旅游转向品质型的休闲度假体验旅游,要求旅游业从硬件到软件有个全面的提升,包括市场秩序、软件服务、产品供给、强化管理等方面,这种变革和提升涉及多个方面的利益调整,也关系到丽江经济社会发展大局,需要有革命性的措施和办法。

一、着力整治旅游乱象

丽江全市上下齐心协力,众志成城,始终保持高压的态势,以"零容忍"的态度和"刮骨疗伤"的决心,采用"铁腕"出重拳,集中整治种种乱象。总之,把"旅游革命"的精神贯穿整治的全过程,体现到整治的各项工作和具体措施之中。在整治中坚持做到几个结合,即治标与治本相结合、整治与转型升级相结合、整治与建立长效机制相结合、整治与教育提高相结合。在整治过程中,首先制定整治方案,明确整治目标,列出任务清单,压实工作责任,进一步抓好措施,做到挂账销号。

这次整治不局限于古城,而是面向丽江全市旅游市场,包括玉龙雪山、泸沽湖、老君山、拉市海等景区。在地方各级党委政府坚强领导下,相关工作人员深入贯彻落实云南省政府22条措施、丽江市政府相关措施,排除各种干扰和阻力,整治和处理了旅游市场存在的突出问题。常言道,"重疴要下猛药",如果对存在问题优柔寡断，瞻前顾后，问题就得不到解决，不痛不痒，只会成为"温吞水"。这次整治，决心之大、措施之硬、落实之快、处理之严是前所未有的。

不动一部分人的"奶酪"，不足以震慑，不可能吸取教训，也不利于整治。坚决向旅游市场的乱象开刀，重点治理不合理低价游、灰色利益链、强迫游客消费等问题，着力根除欺诈、宰客等严重问题，采取取消旅游购物店、斩断利益链条等措施，总之，一系列"铁腕"措施受到广大游客和当地人民群众的欢迎。比如，2018年全市共查处各类违规违法案件2624起，处理相关人员1936人，罚款1939.81万元，行政、刑事拘留769人，判刑12人。以丽江古城为例，停业整顿酒吧17家，查处酒托12人；处罚违规拉客揽客等违法行为1469件；规范价格，酒吧酒水价下调40%，对546家标价不规范的酒吧下达了整改通知；拆除低俗宣传标语295个；关停散客服务网点4家，行政处罚违规旅行社7家，罚款66.1万元；整治客栈虚假宣传、超经营范围等问题，结案19件，罚款21.8万元，对4家涉嫌严重虚假宣传的客栈进行了查封。

上述整治措施的实施，使长期困扰丽江旅游市场的问题得到解决，不合理"低价游"得到遏制，非法利益链条被斩断，游客的利益得到维护，旅游投诉渠道畅通，"告状有门有果"，旅游购物能够退货，旅游舆情得到及时处理。丽江旅游市场出现了"一下降三上升"的局面，即旅游投诉大幅下降，下降53.9%；旅游人数上升，旅游收入上升，游客满意度上升。整治后，来丽江旅游的人数和因旅游产生的综合效益显著提升。2019年，丽江市接待游客超过5000万人次，旅游业总收入超过1000亿元，同比都有较大幅度增长。

在旅游整治过程中丽江形成了以下几条经验：（1）在旅游业发展的巨大成绩和荣誉面前，保持头脑清醒，不骄不躁，对标国际一流标准，主动查找问题，直面存在问题；（2）在党委政府坚强领导下，各部门齐抓共管，形成合力，形成"旅游革命"的巨大声势，营造良好氛围环境；（3）整治动真格，高标准，严要求，反复抓落实，不搞一阵风，坚持常抓不懈，有始有终；（4）充分发挥工商、旅游市场、旅游警察等三支队伍的作用，形成依法治旅的合力，快查快处，把问题尽量解决在基层和第一线；（5）在整治中发挥文化的核心作用，着力于人的思想道德素质，注重以文化人、以德育人，提升旅游从业人员的整体素质。

二、着力建立长效机制

建立完善各种规章制度及长效机制，形成有力高效、综合监管协调机制。（1）建立集中统一领导监管机制。从2015年底开始成立由市长为指挥长，常务副市长、副市长兼公安局局长任副指挥长的旅游市场监管综合指挥调度中心，统揽旅游工作全局，加强集中统一领导和监管，及时处理各种问题。参加部门包括：市旅管委、发改委、工商、交通、文广及玉龙雪山、丽江古城管委会等。（2）建立旅游监督常态化机制。实行24小时值班处置机制，由旅游、旅警、工商等部门组成联合执法巡逻队，分10

个小组对全市旅游要素区域进行全天候巡查监管。(3) 建立古城管理局与古城区政府合一的管理机制。做到监管执法统一有效,形成长效机制,理顺古城管理局与古城区、玉龙纳西族自治县的关系,建立完善"1+5+N+1"的旅游市场综合监管机制。(4) 建立完善舆情处置机制。做到"一套机制、一支队伍、一条渠道、一个预案"的涉旅舆情处置机制。部门合作联动,明确舆情监测、分析、报道、应对职责,做到快查快处。

着力搞好工作规范和制度建设。(1) 建立诚信经营评价体系和配套"红黑榜"制度;(2) 做到赏罚分明,树立正面形象,打击歪风邪气,公开曝光存在问题,施行《不文明旅游记录办法》;(3) 发挥行业协会作用,建立行业自律诚信管理体系,实现会员单位自律管理;(4) 发挥第三方监督作用,建立多渠道暗访监督制度。

建立丽江古城一系列具体规范制度。(1) 建立古城房屋租赁合同样本及纠纷调解机制,完善行业准入退出机制;(2) 设立古城游客服务中心"一条龙"服务机制;(3) 设立古城警务亭和志愿服务队伍;(4) 建立古城经营项目准入标识制度、酒吧服务人员实名登记制度等。

建立治安防控体系。古城治安涉及游客的人身安全,旅游安全是旅游业的生命线。丽江古城着力构建社会治安防控体系,在古城核心区创设守点、巡线、防片、管面的警务模式。警力前移,设立若干个警务亭,进行网格化管理。

三、着力推动转型升级

在发展全域旅游的大背景下,旅游业要实现转型升级,就要做到旅游业内在和外在品质的全面提升,努力满足广大游客的需求。提升休闲度假等游客需要的供给能力,旅游交通是转型升级的基础,也是丽江旅游发展的制约因素。近几年,丽江市政府着力提升交通供给水平。2019 年 1 月,丽江开通至昆明、桂林等旅游城市动车;高速公路建设提速,华丽高速、丽香高速、丽香铁路等加快建设,丽江融入滇西旅游大环线的项目正策划推进;丽江三义国际机场 4E 级提升改造工程开始实施。

为适应丽江休闲度假、文化体验的旅游升级,丽江市全面推进丽江古城特色小镇、雪山金茂谷镇、上海复兴集团白沙小镇、大研花巷、解脱林旅游度假村、文化创意园区等建设项目;继续提升丽江古城、老君山国家公园、玉龙雪山、泸沽湖、束河古镇、拉市海、东巴谷秘境等老景区的提升改造项目;新的高端旅游度假项目,包括白沙爱必侬度假村、束河玉龙湾康养度假项目、复华度假酒店等正在实施完善中。

2015 年至 2018 年,丽江市完成 227 座旅游厕所建设,丽江古城完成 17 座 A 级厕所的提升改造。丽江古城实施一系列旅游基础设施改造项目,比如推进全域旅游发展、古城文化景观项目、旅游品牌塑造提升;开展康养旅游建设、智慧旅游建设、古城内标识牌建设、古城照明线路提级改造;完善古城夜景照明灯光、景区绿化美化、河道卫生清淤等。同时,加大整治古城内不协调建筑，对居民户施工修缮、乱搭乱建、修缮材料使用等进行规范整治。

四、着力提升文化内涵

文化是旅游业的灵魂，提升文化内涵是文旅融合发展的核心，也是"旅游革命"的核心，是旅游业转型升级的重中之重。丽江古城在旅游业转型升级中要牢牢把握文化与商业的关系这个关键节点，全力提升文化内涵，彰显文化气息，从而稀释和淡化商业气息，找到文化与商业的平衡点。大力弘扬优秀传统文化，恢复古城诚信文化的优良传统。为从制度上保证商业诚信，制定丽江古城商业业态提升方案，建立诚信评价体系、诚信指数评价办法等。通过建立古城经营准入和退出机制，规划建设主题街区、文化院落、文化景观、民俗体验、文创产业等系列项目。从2019年4月1日起，网吧、电子玩具、明火烧烤、歌舞厅、现代建筑材料等16类项目禁止进入古城。已建成文林村民俗文化及民族团结示范项目，利用古城公房扶持民族文化特色经营项目，共18个院落7996平方米，提供铺面24户28间，经营与东巴文化等有关的本地民族文化产品。

丽江古城推出方国瑜纪念馆、历史文化展示馆、周霖艺术馆、纳西东巴文化体验馆等18个民族文化展示项目，还有贺龙指挥部等红色文化项目，极大丰富和提升了古城文化内涵。在此基础上，正在建设的徐霞客纪念馆、洛克纪念馆、十月文学馆、流官府、文庙、武庙等，使丽江古城在民族文化的基础上增添了多元文化的内涵。

为传承古城优秀传统文化，增进新老丽江人互信互融，除开展古城传统文化及商业文明的学习培训外，丽江还大力开展系列民俗和节庆活动，比如喜迎新春、欢乐元宵、三多节、端午节、花雨东林火把节、七月十四放河灯、和美古城、情系中秋等活动。在欢乐文化活动氛围中，游客、商户、原住民之间互动交流大大增加，情感进一步融洽，文化认同度不断增高；新丽江人传承古城文化、保护古城的意识以及做古城新主人的自豪感和责任感不断增强。

打造发展古城文化新业态。近年来推出的"纳西创世纪""大研花巷""遇见丽江""马帮出行""东巴婚俗"以及"特色美食""户外乐园""摩梭婚俗""鹰猎文化"等文化体验新业态，大大丰富了丽江旅游的文化内涵，丽江还将进一步开发红色文化体验、天文科普、研学旅游、中老年康养等新产品。

发展文化产业，尤其要把民族文化融入文化创意产业。在创业园区的建设、创意产业的设计理念及内容上赋予民族文化特色，如民族服饰、东巴木雕、东巴纸、银器、蜡染、烙画、泥塑、土布包、丽永瓷、刺绣、石雕等产品。

组织开展一系列国内大型文体赛事活动。比如开展格兰芬多国际自行车赛、斐讯国际马拉松、金茂半程马拉松、老君山国际越野挑战赛、茶马古道徒步挑战赛、国际武术节、全国中老年广场舞大赛等，丰富古城文化活动内容，使古城文化气息日益浓厚。

五、着力建设数字化信息平台

坚持以"一部手机游云南"建设为抓手,积极推进数字化基础设施建设,让新一代信息技术与旅游业深度融合。2018年,丽江市数字基础设施建设完成投资9.63亿元,宽带普及率、通信网络基础设施建设及智能终端普及率处于云南省较高水平。同年,丽江市新建4G站480个,县城、乡镇和村委会实现4G全覆盖,主城区、机关、企业、民居实现光纤到户全覆盖,所有乡镇、村委会实现光纤宽带网全覆盖,农村宽带用户接入能力达100兆,做到高速畅通、服务快捷。

2019年1月23日,中国电信、中国移动在丽江古城开通云南省首个5G网络试验基站。

"一部手机游云南"和智慧旅游全面推进并取得成效。丽江市A级景区全部上线"一机游平台",制作上线23个城市及景区名片;丽江主要景区实现旅游信息发布、线上购票和刷脸入园、电子门禁、实时监控、自助导游导览、视频感知和物联感知、智能停车找车、智慧厕所、导览服务机器人、网上订票、自助帮助服务和评价功能等;完善了丽江古城监控系统,安装摄像头317个,首个智能急救站和智慧厕所在古城投入使用;2018年6月1日至2019年3月6日,丽江市通过"一部手机游云南"平台处理投诉1165件,办结率99%。

六、着力引导媒体使舆情可管可控

网络媒体是一把"双刃剑",既可以发挥正能量,产生积极正面的影响,也可以裹挟判断产生负面影响。近几年丽江在应对舆情,建设向上向善的网络文化,发展和壮大网络正能量文化方面作出积极探索和实践。网络负面内容和错误信息铺天盖地而来,如何应对,丽江一开始的确没有经验,也一度处于被动。为了提高这方面应对能力,丽江市从网络基础知识的培训开始,首先让相关工作人员充分掌握了解网络媒体发展新情况、新内容、新形势,提高应对的知识和技能。通过培训,各级干部及新闻舆论工作者的能力和水平得到提高,网络知识和网络素养基本功逐步加强。通过学习和提高,在网络舆论压力面前,相关人员能够做到不慌、不怕、不躲、不拖、不堵、不枉、不纵,从容应对。

加强与主流媒体的沟通合作,发挥好第三方核心权威发声平台的作用,在重大网络舆情舆论引导工作中,为丽江发声助力。2018年,丽江市紧紧抓住中央媒体报道丽江长江经济带保护发展经验这个契机,全力配合服务,着力树立丽江正面形象,发出正面声音,取得很大成效。

建立完善舆情引导联合发声平台,做到网络舆情可管可控。培养多层次网络骨干和网评员队伍,加强管理和培训,提高他们监测、引导和应对网络舆情的能力和水平。

欢迎媒体监督,善用媒体,善管媒体。(1)通过网络新媒体,宣传正面典型,树立丽江正面形象。(2)通过"一月一主题,一月一亮点"的正面宣传,充分展示丽江特别是古城的文化内涵、人文景观、管理动态、好人好事、先进典型,形成强有力的网络舆论正能量。

丽江所进行的"旅游革命"及其带来的深刻变化得到国家文化旅游管理部门和云南省政府的充分肯定,2019年12月初,不仅撤销了处分,而且在中央媒体上宣传报道了丽江经验和做法,树立了正面形象。丽江文旅融合发展的品牌形象修复后,游客纷至沓来,丽江在广大游客心目中仍然是充满神奇魅力的诗和远方。在旅游形象逐渐转好的过程中,丽江获得了大量荣誉。2018年,丽江古城景区荣获"大国之旅·中国景区旅游综合服务能力指数评选'综合大奖'";2019年3月15日,荣获"2019年美丽中国文旅影响力品牌"称号;2019年11月16日,荣登"中国国家旅游年度榜单";2019年12月22日,丽江荣获"首批中国最佳品质旅游胜地"和"新时代·中国文旅康养十大名城"两大殊荣。

第五节 奋进提升

2015年以来,在各级党委政府的坚强领导下,在各级干部和广大群众的奋发努力下,丽江旅游业进行的革命性变革,决心之大、措施之严、工作之实,前所未有。当前丽江旅游革命性整治提升势头不能减,要继续深入巩固发展。文旅融合发展,要继续奋勇前行，向着更高目标继续登攀。要抓住当前有利时机乘势而上，顺势而谋，努力开创丽江文旅融合发展新辉煌。

一、彰显文化，打造亮点，着力从文化上提升

提升文化在旅游中的地位和作用，是奋进提升的要义所在。充分发挥文化赋能作用、引领带动作用，给广大游客提供更多更好的独特产品，满足他们的文化享受，这是淡化旅游商业化的根本措施。党的十八大后，丽江在让文化"走出去"，把文化"请进来"，深入挖掘，改进表现形式，推出新项目、新内容方面做了许多实事。

2015年5月，东巴文化展走进国家博物馆。2017年12月7日，《云南丽江纳西族一百五十卷东巴经手抄本》入藏国家博物馆仪式举行。[1] 国家博物馆馆长吕章申向捐赠方丽江市颁发了收藏证书并致贺词，中国文联副主席丹增在入藏仪式上讲话。东巴经手抄本是由35位云南、四川新一代东巴通过3年艰辛努力完成的。当天下午，国家博物馆召开了"文化丽江"建设研讨会。2019年1月15日，丽江举行了项目总结表彰大会。

2017年6月13日，"纳西族史诗《黑白战争》连环画展"在国家图书馆展出，同时展出了丽江市东巴博物院收藏的近百件东巴珍贵文物及国家图书馆收藏的东巴经书。这是难得的东巴文化展示活动，展览取得了巨大成功。

---

[1] 《纳西族东巴经手抄本入藏国博》，《人民日报海外版》2017年12月8日。

从 2017 年 8 月开始，国家艺术基金项目"纳西东巴画艺术百年展"在丽江首展后陆续到北京、成都、杭州、桂林等地展出。

2017 年以来，丽江以纳西族火把节为载体，以"文化大研、和美邻里"为主题，开展民族团结、多元文化融合示范村建设，并以文林村为示范点。之后以此为契机，继续推动"花雨东林"民族文化走廊建设。从义尚文林村至大研古城大石桥一带集中反映了"改土归流"之后丽江古城多元文化融合发展的历史脉络及乡土记忆，有流官府、文庙、武庙等众多文物遗迹。文林村居民与外来商户为邻，并和睦共处，展示了丽江古城包容和谐的文化内涵及民族团结精神，这是具有典型意义的。

2017 年至 2019 年三多节期间，丽江文化研究会、纳西文化研究会以及玉龙纳西族自治县成功举办了三多文化研讨会。研讨会围绕三多文化内涵与外延、历史和现实，三多文化与民族团结进步示范区建设，三多文化旅游品牌建设，搞好三多节日品牌建设等内容进行研讨，取得丰硕的学术成果，对纳西族三多节成功申报国家非物质文化遗产项目起到了促进作用。

2017 年 11 月，丽江文化研究会、民间艺人协会联合在丽江举办东巴书画高级研习班。研习班为期一个月，和文光任班主任，邀请一批著名专家授课，他们创作的东巴书画作品曾在韩国展出。2019 年 7 月，金东焕先生等韩国著名书法家作品邀请展在丽江木府举行。

2017 年以来，丽江文旅与影视创作融合，作品《云上石头城》《迷失的彩虹——古坠归来》等丽江题材电影参加金鸡、百花等多个电影节评奖，并获多个奖项。2020年5月，革命题材电影《红麦》在丽江开拍。

2018年5月10日，周霖艺术纪念馆在丽江开馆。徐霞客纪念馆、徐霞客木增塑像、徐霞客与金沙江塑像等先后落成，东巴文字体验馆等一批文化景观建成并对游客开放。

2019年7月12日，"十月文学馆·丽江古城"开馆仪式举行。之前，2018年6月19日，北京"十月文学院作家居住地"在丽江挂牌，此举大大增加了丽江古城的文化内涵。

2019年10月3日，丽江古城历史文化展示馆正式开馆，广大游客在此可领略到丽江古城悠久的历史文化及文化内涵。

从2019年开始举办的"爱在丽江·中国七夕情诗会"爱情诗接力赛，截至2021年已举办两届。活动由十月杂志社与丽江古城共同承办，逐渐成为爱情诗品牌赛，提升了丽江文化影响力和美誉度。

2019年12月，揭示木府文化内涵的论著《木府通论》出版发行并举行座谈会。2020年5月，《木府风云》大型山水情景实景演出在东巴谷景区推出。以上有助于提升丽江古城木府文旅品牌品质。

2020年7月31日，首届丽江"名城·名家·名画"写生与艺术双年展在丽江古城举行开幕式。在中国美术家协会主席范迪安的带领下，三十余位艺术家在丽江进行了为期一周的写生创作活动，并举办了画展。以此为契机，丽江与艺术家们将共同建设国际艺术中心和写生创作基地。

二、推动文旅产业深度融合创新发展达到新境界

文化是旅游业的灵魂,旅游是文化发展的外在平台。文化旅游融合发展犹如一幅图画,文化是"神",旅游是"形",相辅相成,是一个整体。要发展旅游业,就要做到形神兼备,相得益彰。文旅融合发展没有边界,融合的深度和广度可以继续拓展,融合发展前景广阔。休闲旅游和体验旅游,其实就是体验文化、享受文化,是认知文化和分享文化的重要形式。文化犹如水,可以渗透到旅游的每个细节,要以文化重塑旅游资源和产品,提升旅游的内在品质。继续推动文旅深度融合发展,开辟新形式,达到新境界,就要结合实际,实实在在做几件事。

要继续坚持文化自信。文化自信是丽江文旅融合发展取得成功的决定性因素。丽江民族文化和区域文化独具特色,优势明显,丽江文化资源有其不可替代性,有的东西具有唯一性。三个世界遗产,众多国宝级文物保护单位和非遗项目,还有其他独特的历史文化、民俗文化、生态文化、红色文化等都具有很高的品位。越是民族的则越是世界的,我们必须在全面审视和把握自身特色文化中坚定文化自信,这是重要前提和基础。

要继续推动重要文化景观和项目的建设。如赋予丽江青山绿水、楼台亭阁、古建民居、旅游特色村镇等更多的精神文化内涵,提升各旅游景区、各类演艺节目的文化特色和品位。同时要继续推动重要文化景观的建设,比如丽江古城流官府、文庙、武庙、文化小镇、传统村落、主题公园以及几大文化场馆等。

要继续推动文创产业开发。丽江的优秀传统文化是文创产业发展的独特优势。弘扬优秀传统文化就要对各民族优秀传统文化进行创造性转化和创新性发展，只有文化土壤日益肥沃，才能孕育出绚丽的文创之花，才能把固有文化转化为现实生产力，这也是文创开发的价值和意义所在。北京故宫博物院在文创产品的开发上取得很大成功，综合效益显著，其文创收入远远超过了门票收入，这是很好的经验和启示。丽江古城在文创产品的开发上也积累了许多好的经验，比如创意源于东巴文化巴格图的"丽江萌娃"，荣获中国最具品牌价值文旅 TP 就是一个例证。丽江的文创产品开发前景无限。

要继续搞好民族节庆及会展文化。丽江有众多的民族节庆资源，要与文旅产业发展有机结合起来，提高游客的参与度。三多节已成为丽江各民族共同欢庆的节日品牌，影响力逐步扩大并不断提升；摩梭人的转山节很有特色，可作为节日文化品牌打造建设；小凉山火把节系列活动、永胜三川坝荷花节、华坪鱼米河文化旅游节系列活动等举办多年，逐渐得到广大群众和游客的认可；丽江古城文林村开展的"花雨东林"、纳西火把节，还有正月十五棒棒会、玉龙雪山七夕节、东山庙会等，都很有开发价值和前景，又能发挥正能量，要组织好，宣传好，与旅游结合好。搞会展也是丽江的优势，很有发展开拓的空间，要继续做大做强，打造出有影响力的品牌。

要继续推动开展国际国内文体赛事，建设好新的文化品牌。比如这几年开展的国际马拉松和自行车赛事，其影响力在逐步扩大。还有全国中老年广场舞大赛连续在丽江举办三届，受到国家体育总局、中国老年人体育协会及云南省政府的肯定，产生了广泛影响。以上都是文旅体结合的好形式，对推动丽江文旅产业发展产生了积极作用。总之，通过各级党委政府支持，充分发挥民间社会和企业的作用，各种赛事活动就可以蓬勃开展起来，助力文旅融合发展。

三、以创建全国文明城市为平台建设文明旅游风景线

着力创建全国文明城市，是一项庞大的系统工程，也是一个文化建设和旅游发展的大平台。2021年，丽江市入围2021—2023年创建周期全国文明城市提名城市名单。这是丽江创建文明城市工作取得的重要成果。从全国知名旅游胜地的角度讲，创建文明城市是旅游发展的必然要求，也是旅游转型升级的内在要求，建设文明旅游要用好这个大平台，要主动融入其中，做到文明城市和文明旅游相互促进、相得益彰。

一般而言，文化是文明的内在价值，文明是文化的外在表现。要让文明之花盛开在丽江大地，让文明成果惠及丽江各族人民群众和广大游客，丽江广大党员干部和公职人员就要率先垂范，体现文明素养，发挥好示范引领作用，这是很重要的。同时要宣传发动广大市民行动起来当好"主人"，推动具有丽江特色的文明服务、志愿服务等活动，使其品牌化、特色化、制度化、常态化。"爱我古城""爱我丽江"就要树立良好的形象，要把文

明礼貌、遵守公德、尊重游客、服务游客作为市民的重要职责。

文明旅游是一道亮丽的风景线。旅游整治和提升的根本目标也在于形成文明旅游的大环境，而提升全社会的文明素质是个系统工程。文明旅游说到底就是要做到所有公民文明素质的整体提升，用文明旅游引领旅游者和服务者。游客固然是"上帝"，但应该是有素养的"上帝"，而不是居高临下、颐指气使、吹毛求疵的"强人"；旅游的从业人员，包括导游和景区、酒店、商铺等行业服务人员，应该是文明的使者、爱心的使者，把爱心洒向游客，做仁德的示范者。

要把建设文明旅游作为重要抓手。整体人员素质不高，服务质量差，服务不到位、文明形象差是不少地方旅游业存在的问题。游客大声喧哗、随地吐痰、语言生硬，甚至贪占小便宜等情况时有发生。这几年上述问题虽然有较大的改观，但依然不容忽视。解决好文明旅游问题是一项长期的任务，关键是践行社会主义核心价值观，提高全民文化素养、思想道德素养。要实现文明旅游，就需要在社会主义核心价值观的引领下，以文化人、以德育人、以文明启发人。

丽江是著名的旅游胜地，国内外游客对丽江有很高的期待和要求。作为丽江人，我们代表着丽江的形象。对游客而言，我们是主人，我们是服务者，我们应该具备文明的素质，要有较高的德行和修养。曾经的欺诈、唯利是图、不讲信誉、态度恶劣等不良行为，对旅游地区及其服务业是最大的伤害。旅游者和服务者之间要用文明风景线连接起来，在文明旅游的引领下做到相互尊重、彼此包容,讲究诚信、讲究规矩、讲究秩序,使两个方面都统一于文明旅游之中。

四、落实全域旅游新布局,拓展旅游发展新空间

随着大众旅游时代的到来,全域旅游成为旅游发展的必然要求,也是丽江文旅融合发展转型升级的重大举措和内容。

全域旅游是指把一定区域作为完整旅游目的地来建设运作,以旅游业为优势产业统一规划布局,实现区域资源有机整合,优化公共服务,推进产业融合发展,实现社会共建共享,以旅游业带动和促进经济协调发展的一种理念和模式。全域旅游有利于不断提升旅游现代化、集约化、品质化、国际化水平,更好满足旅游消费需求。

全域旅游是在我国各族人民生活富裕起来,对生活品质提出了更高要求,不少群众有参与旅游的愿望和条件的基础上产生的模式,也是旅游业深化发展、转型升级,旅游市场大众化的应对措施。牢固树立和贯彻落实新发展理念,加快旅游供给侧结构性改革,着力推动旅游业从门票经济向产业经济转变,由观光旅游向休闲度假旅游转变,由团队游向自驾游转变,由导游主导向网络引导转变,由被动体验向互动参与转变,由个别名胜景点景区游向全方位游转变,从封闭的旅游自循环向开放的"旅游+"转变。这就产生了全域旅游的新概念、新模式。

由于独特而丰富的文化旅游资源,拥有的文旅融合创新发展经验,以及对全国旅游的引领作用,丽江被列为全国全域旅游的

示范区。结合丽江实际,全域旅游怎样搞好布局发展,这是值得深入思考和研究的问题。笔者认为,在丽江市原来提出的"一体两翼"发展布局基础上,需要进一步拓展和深化,思路要更加开阔,地域要进一步拓宽。要以丽江市一区四县作为总体布局,统筹考虑,整体规划,既要发挥各自优势和特点,又要互相联动;既要分步骤实施,又要做到全面深入推动。

随着2022年底丽攀高速公路的全线建成开通,丽江古城到泸沽湖,丽江到维西,宾川到永胜、到宁蒗高速公路的建成,丽江高速公路网逐步连通,以丽江市区为中心带动各地发展的格局逐步形成。这种格局可以概括为"强化一体、发展两翼、四面腾飞"的一区四县全域旅游发展新格局。丽江一体是全域旅游的大本营,是继续前进的基础,还有很大的发展余地,其辐射和带动作用至关重要。玉龙纳西族自治县东西部区域也就是"最美金沙江油画走廊"可打造成世界级旅游胜地。永胜灵源箐、程海湖、边屯文化、金沙江大型电站库区等构成丽江旅游的后发优势。华坪丰富的热区资源、芒果等热带水果,红色文化资源,花傈僳民族歌舞等民族文化资源有其独特性,有自身优势,发展康养避寒旅游开发有后劲和余地。宁蒗泸沽湖和永宁坝的旅游开发才开了个头,加上具有世界影响力的母系大家庭文化,以及小凉山毕摩文化,其发展前景无可限量。

全域旅游还有个与周边州市互动发展的问题,这就要围绕中共丽江市委、市政府提出的金沙江绿色经济走廊、丽川经济走廊、空中经济走廊、大香格里拉旅游经济圈"三廊一圈"的总体发展思路，主动与大理、迪庆、攀枝花、凉山、甘孜等地区合作，形成更大的滇川藏交汇区域旅游圈；而丽江则要始终保持在这个大旅游圈的中心地位。

五、"文旅融合+科技支撑"，努力推进智慧旅游的建设和发展

文旅融合发展和转型升级离不开科技的支撑。这几年通过提升科技的支撑，在旅游发展和丽江古城保护、管理、建设中数字化技术得到广泛运用，整个旅游业因此产生了质的飞跃和提升，新的文化项目和业态不断涌现，对文旅演艺产业和民族文化创意产业产生了巨大的推动作用。总之，"文旅融合+科技支撑"是旅游业转型升级和发展的强大动力。

就文旅发展而言，科技支撑则要更多体现到智慧旅游的建设和发展上来。

智慧旅游是个新命题，是信息通信技术发展到一个新阶段的产物。智慧旅游的建设与发展最终将体现到旅游体验、旅游管理、旅游服务和旅游营销等方面，做到让城市更加美好，服务更高效，游客更满意。2018年以来，丽江着力推进智慧旅游的具体工作，如智慧旅游、一店一码平台建设，同时以"一部手机游云南"为抓手推进智慧旅游的发展，丽江在"一部手机游云南"建设工作过程中名列全省第二位，但这项工作仍处于起步阶段。

智慧旅游的基础是信息化建设，丽江在这方面建设滞后，老城区无线网络覆盖面不广，信号稳定性差，卡壳现象时有发生，

各类信息化平台、手机 App 平台不够先进，景区大数据发布平台渠道少、内容不全面等问题仍然存在。

推进丽江智慧旅游要从打基础做起，包括建设智慧小镇、智慧平台、数字园区、数据中心等系统。系统建设这方面已取得许多好的成效，依托丽江古城数字小镇建设平台，按照"1+1+N"总体架构，重点突出管理、服务、旅游、文化、创意五个方面工作，努力打造创新、智能、生态一体化数字小镇目标。积极推进具体项目建设，完成 15 个 5G 站建设，建成 2 个智能急救站，5G 体验不断对外开放，完成综合指挥管理平台和消防项目。丽江 A 级景区旅游厕所、停车场、旅行社、旅游汽车公司、古城商品零售企业等已全部上线"一部手机游云南"平台，843 名导游通过考试考核成为上线导游，丽江机场高速公路实现"无感支付"。玉龙雪山、泸沽湖、东巴谷、玉水寨、观音峡等景区实现人脸识别、刷二维码等形式入园。

丽江智慧旅游领域建设虽然取得较大进展，但这只能说有了一个良好的开端，建设和发展任重道远。智慧旅游最终要体现到旅游体验、服务、管理、营销等诸多方面，关键在于信息化的基础建设和能力建设水平的提升。

科技与文旅产业的融合是智慧旅游的重要支撑。丽江古城是云南省数字化小镇建设的试点，这也是丽江开展智慧旅游建设的一大机遇。丽江要在夯实基础、提高信息化水平上多下功夫，努力走在全省全国的前列。通过数字化小镇建设推动智慧旅游的发展，与此同时，智慧旅游的发展也促进了智慧城市的建设。

六、与时俱进，不断推出旅游发展新业态

紧贴时代的发展，根据广大游客的不同需求，适时推出旅游新业态。2018年，中共云南省委、省政府作出全力打造世界一流绿色能源、绿色食品、健康生活目的地"三张牌"的战略部署，并取得良好开局。丽江文旅融合发展可融入"三张牌"的建设，在绿色能源建设方面，金沙江六个大型梯级电站的建设，可源源不断提供清洁能源，为文旅产业、高科技信息产业等载能产业发展提供有力保障。高原生态农业发展是丽江的优势强项，得天独厚的自然地理气候条件为生态农业发展提供有力支撑，绿色蔬菜、绿色水果、绿色山珍等绿色食品应有尽有，其中丽江出品的野生菌、花椒、雪桃、芒果、沃柑、软籽石榴、火龙果、食用玫瑰、木梨等成为市场抢手货。

健康目的地建设和健康养生旅游新业态可高度融合。丽江康养产业刚起步，发展前景十分广阔，蓝天白云、清新空气、小桥流水、森林草地，加之丽江被国际组织评定为"亚洲空气质量最好的城市"，玉龙雪山、老君山被评定为"天然森林氧吧"，又有天然生态食品，丽江成为休闲度假和康体养生福地，具有先天的优势。

丽江受到青年人群体的喜爱和追捧，他们无疑是丽江旅游的主力军。但丽江客源市场远不止此，还可拓展，可以吸引更多的中老年人游客。随着经济社会的发展，我国十多年来连续上调养老金，老年人腰包逐渐鼓起来了，他们对精神文化生活的要求

更高了，闲情逸致更多了，丽江对中老年群体的吸引力不可不重视。那种认为丽江海拔高，不利于中老年人生活是一种误解，实际情况恰恰相反。

从 2017 年开始，丽江连续三年举办全国中老年人广场舞（民族舞）大赛，深受全国各地中老年朋友的青睐。他们踊跃报名，每届都有 1300 多人参加。这些中老年人既参加歌舞赛事活动，又参加旅游活动，大家感觉良好，对丽江赞赏有加。这一赛事的成功举办，说明丽江对中老年人是很适应很温馨的，搞休闲度假、康养产业离不开这个群体，主要是搞好宣传，消除误解。

研学旅游是旅游业发展的新业态，近年来，研学旅游备受游客青睐，给云南特别是丽江带来新机遇。丽江有独特的红色旅游资源，有丰富的民族文化资源、自然生态资源，天然具有研学旅游的优越条件。积极推动研学旅游新发展，是发展丽江旅游的一个新方向。

研学旅游不是一般意义上的游山玩水，更是一种心灵之旅，是思想之旅、精神之旅，它的底色是红色，核心是精神。研学旅游的过程，要寓教于游，做到让各种资源发挥作用，使游客受到教育和启迪，受到红色精神的洗礼。丽江众多的独特红色文化资源是一笔宝贵财富，至今还未得到深度开发和利用。要重视丽江红色资源禀赋与其他旅游资源的结合，着力打造全国红色爱国主义教育示范基地和研学旅游的重要目的地。

此外，丽江可以依托高美古天文观测基地开展天文科普旅游，利用假期开展青少年夏令营活动，利用茶马古道开展徒步游活动，还可以发展乡村民俗文化体验游、森林探险旅游等新业态。

第六节　未来展望

　　风雨过后是彩虹。当前，丽江迎来前所未有的发展机遇，这次的机遇和国家大战略——支持西部的发展紧密相连。丽江通过对旅游业进行革命性整治和转型升级，旅游业发展出现了质的提升、大的飞跃，加上国家发展带来的新机遇，丽江旅游前程无限光明。丽江一定要抓住这个千载难逢的历史性机遇，牢牢抓住习近平总书记对云南提出的殷切希望，即云南要"主动服务和融入国家发展战略，闯出一条跨越发展的路子来，努力成为民族团结进步示范区、生态文明建设排头兵、面向南亚东南亚辐射中心，谱写好中国梦的云南篇章"。习近平总书记还说："云南少数民族文化是中华文化的重要瑰宝，要积极加以支持和发展。"文旅融合发展与这个大局息息相关，要努力围绕这个中心任务推动文旅产业的提升和发展，在新时代创造新业绩、开拓新局面。

一、擦亮品牌，继续争当全国文旅融合发展的排头兵、示范区

　　品牌是无形的资产，具有强大的力量，对文旅产业的带动作用十分巨大。通过几十年的发展，丽江走出一条文旅融合发展的

路子。丽江还打造了世界遗产城市与发展旅游相结合,让当地民众受益的丽江古城保护发展的"丽江模式",受到联合国教科文亚太组织的肯定和推广。同时还建设了玉龙雪山、丽江古城等著名景区,产生了很大的品牌效应。

今天祖国大江南北文旅融合发展势不可当,出现了一个千帆竞发、百舸争流的新局面。丽江处在一个竞争和发展的大潮之中,各地在实践中创造了许多好的经验,这对丽江而言是一个很大的鞭策和挑战。丽江人要勇立潮头、勇于创新、奋勇争先、擦亮丽江品牌,要继续争当全省全国文旅融合发展的排头兵和示范区。这不仅是发展和奋斗目标,更是一种责任和担当,也是丽江各族人民共同的心声和期待,同时也是国家对丽江的要求,是广大国内外游客对丽江的希望。丽江一定不要辜负各方面的殷切希望,要勇于肩负起这样一种责任。

争当排头兵和示范区谈何容易,这是一副千斤的重担,关键在于做到不满足、不停顿,勇于攀登高峰。一是要做到站在玉龙山顶看世界,看清全国各地发展的态势,主动鞭策我们自己前进,而不是做井底之蛙,在成绩面前沾沾自喜、自以为是。二是要使丽江文旅品牌不断有所创新、有所提升,进而更有特色、更有魅力、更有竞争力、更有示范意义。丽江品牌的提升关键在于突出民族文化和地域文化特色,在特色上下功夫,也就是说要在传统文化创新和文化创意上下功夫,同时着力于多产业融合,与多产业融合创新发展。丽江文旅与演艺产业融合,与影视产业融合,产生了《印象丽江》《丽水金沙》《宋城千古情》等演艺品牌，同时产生了《千里走单骑》《木府风云》等影视品牌。下一步关键在于与农业、绿色、康养等产业搞好融合，拓宽视野，加大力度，提高效益。三是既要总结我们自身的经验，更要善于学习借鉴全国各地好的经验和做法，从而提升和丰富我们的品牌。四是要有丽江民族文化自信和旅游资源禀赋的自信，扬长避短，大胆开拓前进。

二、助推跨越发展，提升综合经济实力

文旅融合发展，起好先导和带动作用，促进经济的跨越发展，为提升综合经济实力服务做贡献，这是文旅融合发展的根本指导思想，这方面是丽江的短板、一个突出的问题，要全力解决好。

丽江还处在"美丽的贫困""富饶的贫困"之中，综合经济实力不强，财政弱小困难的情况还未得到根本改变，文化旅游业一枝独秀支撑不起经济社会发展的大格局。市委指出：名气大、实力小，资源多、发展慢，旅游强、工业弱，山水美、贫困深是丽江市情，许多短板有待补齐。同时还强调："丽江是一个巨大的有待开发'新风口'和'财富宝地'，蕴藏着万亿级的投资机遇，未来大有可期。"（2020年9月26日《丽江日报》）这是一个切合实际的判断，也是一个勇于面对现实的结论。解决实际问题，往往要从认识问题入手，当前还有些人把发展旅游和发展工业对立起来，把"青山绿水"和"金山银山"对立起来，这是实践中需要继续深入解决的问题。今天我们讲的工业化是新型工业

化，有科技含量高、资源消耗小、环境影响小、带动面宽、就业岗位多、综合经济效益好等特点。这样的新型工业化，对丽江而言也是不可逾越的阶段。大力引进和发展科技含量高的新型工业项目，是一项紧迫的任务，也是实现跨越发展的必然选择。

丽江是金沙江中上游的绿色屏障，是长江经济带生态良好的地方，全市森林覆盖率超过72%，玉龙纳西族自治县则达到74%，所以把"青山绿水"转化为"金山银山"，这是一项根本性的任务。怎样转化？发展产业是关键，比如绿色生态产业、中药材产业、林下产业等。在发展这些产业过程中，乡村振兴是抓手。

发展新型工业，把"青山绿水"转化为"金山银山"，就要发挥文旅的特殊作用，即先导作用、带动作用、助推作用、融合发展作用等。在发展转化过程中文旅的作用不可忽视和低估，包括壮大旅游经济本身，没有效益的旅游是不可持续的。文旅成为跨越发展的强大动力，成为提升综合经济实力的助推器，这是发挥文旅效能的一项根本任务。反过来，通过提升一个地方的综合实力，又可促进当地的文旅发展和品牌提升。

通过主动服务和融入国家和省的发展战略，从根本上改善交通、水利、基础设施等条件，是实现旅游转型升级、实现经济跨越发展、提升综合实力的治本之策。

丽江在融入国家及省的发展战略中有着特殊的优势。丽江在历史上就是南方丝绸之路和茶马古道的要冲，今天仍然是古道上活着的重镇。始于成都至西昌、盐源、永宁到丽江达大理，再到东南亚、南亚，这条古道虽崎岖难走，却是一条直线快速通道。这条历史通道给四川往东南亚提供了一个便捷的选择，比绕道昆明再转大理快捷很多。现在国家正考虑建设的西昌到盐源直达丽江的高速铁路，不到300公里，西昌到盐源连接丽江的高速公路也在考虑建设中，再加上攀枝花到丽江的高速公路和铁路，丽江至香格里拉到林芝的滇藏铁路也在建设中，这些项目建成后丽江的交通条件将从根本上得到改变，丽江将成为成都和重庆的后花园，丽江旅游的大格局、新格局将会形成。

丽江在长江经济带发展战略中处于特殊的地位。长江流经丽江615公里，沿岸生态状况良好。近千年来，丽江对长江上游生态保护作出了重大贡献。然而，丽江经济发展滞后、实力不强，处于守着青山绿水、端着金饭碗讨饭吃的状况，"美丽的贫困"是必须面对和破解的一个难题。如何破解，关键在于积极融入国家长江经济带发展战略，还要结合乡村振兴战略，总而言之，把"青山绿水"转化为"金山银山"是丽江的使命和希望所在。实现这个转变，必须依靠发展文旅产业和绿色产业。丽江域内的金沙江流域旅游资源十分丰富，旅游和绿色产业发展前景广阔。

当前正在实施的"滇西大旅游环线"建设，是云南文旅发展的大思路、大项目，对丽江是一次大机遇，打造四通八达的交通网络，滇西北是个重点，确立滇西北的中心地位，进入滇西环线是必不可少的，也是"一带一路"建设的重要组成部分。要以综合大交通的思路统一谋划和发展铁路、高速公路、民航、水运、邮政、物流等综合交通枢纽建设，补齐丽江至兰坪至怒江、丽江至维西、丽江至稻城亚丁等地交通短板，把丽江建设成为滇川藏交汇区域交通枢纽、大香格里拉生态旅游圈集散中心和重要门户。

实现文旅产业与一二三产业的大融合是发展壮大支柱产业的必由之路。"文旅＋水利""文旅＋林业""文旅＋农业""文旅＋小城镇"等，通过深化融合，发展新业态，进而形成新优势。比如丽江市委、市政府提出，沿金沙江流域要加快建设100个农旅结合、三产融合、绿色发展的乡村振兴示范村，这是很好的思路。多年来丽江在发展乡村文旅产业、生态绿色产业方面积累了许多好的经验，有不少典型的村镇，陆续发展以种植油橄榄、热带芒果、软籽石榴、雪桃、火龙果等为特色的园区。典型引领，把村庄转变为产业园区、旅游景区、休闲度假园区，把农产品变为旅游产品，在一定范围内起到了很好的示范作用。下一步主要做好以点带面，沿金沙江一线要因地制宜地全面深入推动发展。

服务和融入国家战略，有个主动争取、主动融入、主动作为的问题。要把本地区第一手资料主动提供给上级，要主动汇报，下情要上达，同时上下结合，主动搞好服务，坐等是等不来相关的政策、资金、项目的，这也是一条很重要的经验。守株待兔只能误国殃民。国家在长江经济带发展和生态保护相关政策的落实上，在重大项目的扶持上，是有很大的空间和余地的，这就需要地方积极争取、主动对接，力求有个较大的突破。

三、要朝着文旅发展大目标、大格局努力奋进

要围绕"三廊一圈"经济发展大格局,进一步确立和落实文旅融合发展的大目标、大格局。

丽江市委、市政府提出了"三廊一圈"经济社会发展总体布局,这一布局和丽江文旅融合发展的奋斗目标是一致的,二者要相互融合、相互促进。

为什么可以把丽江打造成为滇川藏交汇区域文旅融合发展中心,其可行性和依据是什么?这是由历史和现实多个方面因素决定的,其中决定性因素是历史文化、自然地理等特色优势。历史上丽江曾长期处于这个区域的中心地位,也是国家治藏稳藏的桥头堡。我国现代著名康藏研究学者任乃强先生说,摩西创文字、立制度、兴政化、约束附近诸族,俨然一帝国。此乃开辟康滇间地之第一动力也。[①]在中央政府的支持下,木氏土司自明永乐二十年(1442年)开始向藏区扩张,到明崇祯十二年(1639年)青海蒙古首领攻打康区,木氏土司在这个区域的统治才结束,共197年历史。一直到新中国成立前夕,丽江与昌都藏区及康巴藏区仍联系紧密,文化与茶马古道密不可分。当年在巴塘有个名为"东藏共产主义者联盟"的地下党组织,与滇西北地下党有着很深的关系。藏族领导干部平措汪杰和杨岭多吉就是从这个组织出来的,1949年6月,地下党丽江中心县委为平措汪杰同志办理

[①] 任乃强:《西康图经》,西藏古籍出版社2000年版,第506页。

了重新入党的手续。新中国成立后,丽江仍然是稳定藏区的桥头堡,对滇川藏交汇区域发挥着重要影响。改革开放以来,丽江成为文化旅游融合发展的一面旗帜,对这个区域的引领带动作用显著。就自然地理气候和基础设施建设条件而言,丽江在这个区域里也有明显的优势。丽江正成为这个区域文旅融合发展的大本营和引领者。

改革开放以来,丽江凭借独特的自然和人文资源优势,旅游产业异军突起,打造出亮丽的品牌,成为国内外著名的旅游胜地。其间,丽江在实践中充分发挥民族文化的灵魂作用,促进文旅融合发展;在发展中注重保护生态及民族文化,创造出独具特色的发展模式。当前丽江发展又处在转型升级的关键时期,国家文旅部门对丽江抱有很大的期待,国内外游客也十分关注丽江的发展,丽江必须要有更高的奋斗目标,对标国内外一流水准,不懈奋斗,继续攀登,继续前行。

丽江文旅融合发展没有止境,没有终点,当前丽江需要全方位提升,尤其需要继续推进旅游革命、在民族特色文化上下功夫。国家文旅部门对丽江提出了建设国际民族文化旅游目的地的要求,以文化的提升带动旅游品质的提升,这是发展的必然趋势。挖掘提升文化内涵是一个永恒的话题,大有文章可做。文化提升要渗透到旅游的全过程,渗透到旅游的六大要素,使游客广泛参与并做到感同身受。各民族优秀传统文化要结合时代,结合实际,有个创造性转化发展的问题。文化创意产业要发展,离不开文化的赋能,将民族文化思想艺术内涵注入产业和产品,使其具有文化的品位、文化的灵魂。比如三个世界遗产就是丽江文化的集中代表，要实现其内涵的阐释，与产业的结合，同时让游客在旅游过程中通过多种形式得到深刻的体验，还有许多事情要做。营造民族文化的氛围，让游客感受多元文化的特色，既要有传统文化，又要有民族特色的现代文化；既要有原汁原味的东西，又要有融入现代科技手段的展示。

建设重要国际旅游目的地，不仅需要一流的硬件设施，而且需要一流软件的建设。我们说内在品质的提升，说到底就是文化品位、文化素质的整体提升，这方面丽江还有不小的差距。达到一流标准要付出艰辛的努力，并非一朝一夕的事情，要做到弘扬正能量，倡导真善美，营造文明旅游大环境。总之，要把丽江建设成美好丽江、诚信丽江、文明丽江、人文丽江、和美丽江，使之成为国内外游客精神文化的家园。

四、丽江人要保持那一种大无畏进取精神

丽江人要"不忘初心、牢记使命"，始终保持一种创业精神、奋斗精神、拼搏精神、创新精神、担当精神，这是丽江文旅融合发展取得成功的关键所在，也是继续前行、继续攀登，再创新业绩、再创新辉煌的希望所在。

回顾过去，在改革开放新时期，丽江结合实际走出一条特色发展之路，创造了文旅融合发展的辉煌业绩。展望未来，丽江面临着诸多挑战，任重道远，肩负着更大的使命，承载着国内外游客新的期待。无论过去、现在或未来都要保持那么一股劲、那

么一种精神,这是我们获得成功的底色。"丽美千秋、江汇百川、披星戴月、奋勇争先"的丽江精神是最可宝贵的,那种在大地震面前"震不垮、压不倒,在废墟上站立起来,创造更加美好未来"的勇气和韧劲也是最为珍贵的。进入新时代,我们更需要这种勇气和精神,勇于担当、敢于创新、脚踏实地、埋头苦干,在新征程上创造新业绩——建设中外游客更加向往的旅游天堂和世人心目中的诗和远方。

结　语

2020年9月22日,在征求"十四五"意见建议的教育文化卫生体育领域专家代表座谈会上,习近平总书记明确指出:"文化产业和旅游产业密不可分,要坚持以文塑旅、以旅彰文,推动文化和旅游融合发展,让人们在领略自然之美中感悟文化之美、陶冶心灵之美。"[①] 说明了丽江文旅融合发展探索和实践是正确的、成功的,而且要在实践中不断总结,勇于面对矛盾和问题,不断前行,努力攀登新高峰。

1979年1月6日,邓小平同志提出:"旅游事业大有文章可做,要突出地搞,加快地搞。"[②] 在邓小平同志的高瞻远瞩和亲切关怀指导下,我国现代旅游业开始起步,随即迅猛发展。文旅产业异军突起,很多人都参与其中,这是此前人们所没有预料到的

---

① 习近平:《在教育文化卫生体育领域专家代表座谈会上的讲话》,《人民日报》2020年9月23日。

② 《邓小平论旅游》,中央文献出版社2008年版,第5页。

事情。随着我国经济社会的不断发展,人民群众的生活水平不断提高,于是旅游越来越成为普通老百姓的需求,成为他们生活的组成部分。

许多专家学者预言,21世纪将是旅游产业大发展的世纪。旅游的发展离不开文化,文化为旅游铸魂赋能,影响旅游的全要素,能产生新的价值,提升旅游的品位和档次,使旅游产生革命性变革,与此同时,旅游使文化更具有生机活力。文化是旅游魅力的象征,更是旅游价值增值的重要源泉,能拓展新的发展路径和空间,让文旅更贴近社会和普通老百姓。文旅融合成为一个整体,更贴近人们的灵魂。文旅产业将成为21世纪新的生产力,新的经济增长点。文旅产业将成为21世纪最大的产业,最具活力的产业,最贴近老百姓的产业,也是关系到人的幸福健康的产业。总之,文旅融合发展之路将越来越宽广!

与任何事物的发展都不会一帆风顺,都会有着曲折坎坷一样,文旅产业的兴起和发展也面临着许多矛盾和问题。文化产业涉及面极宽广,又涉及人们的切身利益,因此产业发展和提升更有难度,更需要在曲折中前进,更需要在前进中不断解决问题。所以,对丽江旅游市场的整治不可能一次完成、一劳永逸,需要人们在不断整治中前进,在前进过程中不断解决遇到的新问题。

改革开放以来,丽江旅游成为全国亮丽的品牌,文旅融合发展特色之路产生了很大影响,这是不争的事实。各地往往以丽江为标杆,评判本地旅游业发展的成果,丽江的许多做法和经验也因此在各地开花结果。笔者认为,丽江这几年所进行的"旅游革命"，对旅游市场秩序进行的革命性整治，对旅游业进行的转型升级，对文化内涵的再挖掘再提升等，对各地也会产生一定的示范作用。

冷静反思自身的问题，深入认识自身存在的问题，直面存在的问题，以问题为导向，这是不容易做到的，但没有这一条，就解决不了问题，旅游品质的提升将是一句空话。丽江在"旅游革命"中，那种壮士断腕、刮骨疗毒、义无反顾的勇气和做法，在治理过程中是必不可少的手段，是解决突出问题的正确做法。

从长远来讲，文旅产业的发展进步要有治本之策，利用法律和制度解决问题，同时要多管齐下、多方配合形成合力。

一要做到加强党委集中统一领导，形成强有力的集中统一监管机制。没有这一条，很难形成多部门的合力，许多政策措施难以到位，协调配合没有力量。要坚持解放思想，改革创新，与时俱进。在新时期解决新的矛盾和问题要有新东西，旅游革命和转型升级必须要有新思路、新机制、新办法，在创新中前进，在创新中提升和发展。

二要做到依法治旅、依法兴旅。治理和发展离不开法治，离不开法律规范，这是治本之策。这几年的实践证明，法律的手段才是最有力的手段，法律的效果才是最好的效果，没有法治就没有震慑力，形不成压倒性的态势。

三要以德育人，建设文明旅游的风景线。思想道德的建设是最根本的建设，文明旅游是最美的风景线，文明旅游要与弘扬和践行社会主义核心价值观结合起来，营造和形成文明旅游的大环境、大平台，建设文明旅游的行为规范，养成遵守文明旅游规范的思想风气和环境。以德育人结合实际，关键在于文明服务、贴心服务、温暖服务、爱心服务，让四面八方来客感到丽江的温暖和爱心，感受到文明的力量。

四要做到以文化人。文化润物无声，犹如流水滋润心灵。丽江最大的优势是文化，她有着优秀的传统文化，有着众多的传统美德。这些优秀文化根脉蕴含的思想观念、人文精神、道德规范，对解决现实社会中存在的问题有重要价值和作用，要结合实际搞好传承，结合思想搞好教育，实现以文化人，要做到尊重人格，塑造人品，张扬人性，弘扬正气。

第二章　品味感悟丽江特色文化

　　丽江的重要资源优势之一是独树一帜的文化。改革开放以来，文化始终是贯穿丽江发展的一条主线、一面旗帜，也是丽江的旅游发展之魂。

　　丽江拥有三个世界遗产，有众多的国家级文物保护单位、非物质文化遗产。丽江是一个文化的宝库，是各种文化资源富集的地区之一。丽江有源远流长的历史文化，包括独特的民族文化、古老的"人与自然是兄弟"的生态文化、少数民族聚居区极具代表性的红色文化等。这里的文化独特性、多样性、包容性特别突出，比如古老的东巴文化、摩梭母系大家庭文化、彝族的毕摩文化、傈僳族的毕扒文化、普米族的吾昔文化等。其中，东巴文化被称为"人类童年时期的原始宗教文化"。藏文化、白文化、纳西文化则在历史上构成了喜马拉雅东南缘滇川藏广大区域的代表性文化，产生了很大影响。丽江还有考古发现的10万年前的"丽江人"、新石器时期的遗存、古老的石棺墓、金沙江两岸的古岩画等。

本章主要从文旅融合角度阐述丽江古城和玉龙雪山的文化内涵，这两处文化是丽江区域文化和各民族文化的缩影，极具代表性。丽江古城和玉龙雪山都是国家5A级旅游景区，也是广大游客喜爱的地方。近几年丽江通过旅游转型升级，大大加强了丽江古城和玉龙雪山文化景观建设，让广大游客品赏到其中更多的文化内容和内涵。

第一节　在丽江古城感悟特色文化魅力

丽江古城位于滇西北三江并流区域，是镶在长江第一湾腹地——玉壁金川上的一颗璀璨明珠。丽江古城是纳西族先民的智慧结晶和杰作，是体现人与自然和谐关系的典范。丽江古城作为国家历史文化名城、世界文化遗产，是中华文化的瑰宝，具有很高的文化价值和学术价值，是人类共同的宝贵财富，具有跨越时空的永恒魅力。

丽江古城是令人向往的旅游胜地，对国内外游客有很大的吸引力，不少游客一而再再而三地来到这座古城。它的魅力是什么呢？说到底是独树一帜的文化。许多游客都有着这样的感受，来到丽江有一种异样的感觉，与其他地方有很鲜明的区别，感受也与众不同。笔者认为，这种异样的感觉，其实是一种无形的文化。差异性、独特性就是不同文化的体现。

习近平总书记指出:"对传统文化中适合于调理社会关系和鼓励人们向上向善的内容,我们要结合时代条件加以继承和发扬,赋予其新的涵义。"① 丽江古城文化是以纳西文化为代表的多元传统文化,这一文化很重要的特点在于它具有很高的当代价值和时代意义,与时代精神相契合,与社会主义精神文明理念相契合,这是很值得深入挖掘并加以弘扬的。对外来者和外地游客而言,感悟一个地方的文化要有感性接触和理性认识过程,也即不断认识、不断体验、不断感悟深化。走马观花虽有感受,但往往是不深入的、表面的。像丽江古城这样文化意蕴深厚广博的地方,来一次不够,需要长时间慢慢品味和感悟。

一、古城简况

丽江古城由大研古城、束河古镇建筑群、白沙古镇建筑群3个部分组成,总面积7.23平方公里,其中世界遗产地重点保护的区域为3.8平方公里。1986年,丽江古城被国务院公布为国家历史文化名城;1997年12月4日,在联合国教科文组织第21次世界遗产大会上被批准列入世界遗产名录。这次大会使丽江古城与平遥古城一道成为世界文化遗产城市。

丽江古城的主体是大研古城。它以四方街为中心,取以新华街、五一街、七一街、新义街、光义街五条主要街道为经络的格局。街道依山傍水,空间时而封闭,时而开朗,组成了一个通

---

① 《习近平关于社会主义文化建设论述摘编》,中央文献出版社2017年版,第143页。

达全城的路网。主街道的中心部位留有广场，其中以四方街为最大。四方街不仅是大研古城的中心，也是历史上滇西北地区的集贸和商业中心。其西侧的制高点是科贡坊，为风格独特的三层方楼。西侧是西河，东侧为中河，西河上设有活动闸门，利用西河与中河的高差冲洗街道。这独特的卫生设施在国内外都属罕见。[①]

古城街巷全部用五花石铺就，具有雨季不泥泞、旱季不飞土的特点。城北为商业区，以四方街为中心，六条干道呈经络状向四面八方延伸，临街设有商业铺面。城东为旧时流官府衙所在地，现存的有书院、流官府衙、文庙、武庙。城南和东南仍有商业街区，今主要是比较密集的居民区，民居建筑鳞次栉比，街巷道路纵横。

丽江古城一直是滇西北的首府，发挥着区域政治、经济、文化教育中心、滇藏贸易、中印贸易枢纽作用。1996年丽江申报世界遗产时，丽江大研古城内居住6269户居民，共25379人，其中纳西族16999人，占总人口的67%。[②]（这是实际的统计数字，是准确的。改革开放以来，因疏散古城密集人口，当地政府安排三批在新城区自建房，加上商业开发，搬离古城的人口不少，丽江古城历史上人口一般在3万左右。）其中有30%的居民还在古城内从事铜银器制作、纺织、酿造、饮食等民族传统手工业和商业活动。

---

① 李锡、李文韵编著：《丽江古城申报世界遗产纪实》，人民出版社2018年版，第20页。

② 李锡、李文韵编著：《丽江古城申报世界遗产纪实》，人民出版社2018年版，第17页。

丽江古城始建于什么年代？一般认为建于宋末元初，已有八百多年历史。丽江古城在申报世界遗产论证中也坚持了这一观点，主要立足于大研古城建城的历史。丽江古城从总体上讲包括白沙古镇、束河古镇、大研古城三个部分，白沙古镇历史更早一些，它们之间有着历史文脉的延续性和城市的历史统一性。纳西族先民在汉代已进入金沙江上游区域，丽江坝子是金沙江东部纳西族聚居地区一个中心。木氏先祖叶古年率纳西族尤、束部落在此地崛起，木氏土司在唐代任职三赕总管，发祥于白沙岩脚一带，白沙是唐代三甸总管设置治所的地方。藏语有"桑川""三赕""三甸"等称谓，最初指的是白沙一带，之后扩大至丽江坝子一带或纳西族区域。白沙古镇周边至今还有许多文物古迹遗存，包括建于唐代的北岳庙，隋唐时期这里曾是当地的政治、经济、文化中心之一。唐代汉文献和藏文化中记载的三赕城是真实存在的，指的应该是白沙或者现在丽江古城附近区域。

也有学者认为，根据《蛮书》《旧唐书》等唐代史料记载，唐朝调露二年（680年），崛起于西藏高原的吐蕃势力扩张到川西南及滇西北，进入丽江一带，并在今古城区义尚办事处文林村至文治村一带之间建三赕城。此地也是后来元代通安州所在地。总之，在白沙古镇一带，或者通安州治一带，丽江古城始建于隋唐是站得住脚的。中国历史上有不少历史文化名城的位置，是随着历史发展的变迁不断有所变更的，之间相隔十几里地或几十里地也是常有的事情。

二、纳西及多元文化的载体

在丽江古城申报世界遗产文本中，把丰富多彩的民族文化作为重要内容，包括重要建筑群和壁画，丽江军民府与木家院、玉泉明清建筑群、白沙宗教建筑群、白沙壁画等；神秘的纳西族东巴文化（包含东巴象形文字、东巴古籍文献、东巴绘画、东巴各种祭祀仪式、东巴法器等）；还有丽江古城周边宗教建筑寺庙，包括佛教、道教等多种宗教，其中北岳庙和五大寺最为著名。

丽江古城是纳西族的聚居地，是纳西族历史文化活着的博物馆。丽江古城被专家学者认为是我国保存最完好的四座古城之一。这里至今完整保存着纳西先民创造的许多古老文化遗迹——古城、古街、古巷、古河道、古井、古桥、古建筑、古民居、古寺庙、古书院、古石板路，还有其他许多非物质文化——古老的东巴经书、古老的祭祀活动仪式、古老的音乐舞蹈、节庆活动、绘画艺术、彩绘工艺、传说故事等。古城居民的生产生活、语言服饰、民俗年节等集中体现了纳西族各种活态文化现象。

丽江古城从本质上讲首先体现了纳西族古老东巴文化的理念，这一文化已渗透到古城的文化血脉之中。丽江古城集中体现了纳西族的古老历史文化、生产生活、民族风情、文明理念、文明形态。这一文化和文明形态的最大特点是体现人与自然、人与社会、各民族间的和谐精神、和合关系。做人要以善为本，要崇德扬善。倡导为人处世善良、和合、和美、质朴、诚信、热情、五和六德等。这些道德特质铸就了古城的千年文脉。

东巴文化作为纳西族古老的主干文化，已渗透到纳西人社会生活的方方面面。那种认为"东巴不进城"的观点是站不住脚的，有失偏颇。方国瑜先生在对童年生活的回忆中，对丽江古城的东巴们开展祭祀活动、做法驱鬼、给人治病等场景有生动的描述。今天东巴文化在边远山村仍保存完好。改革开放后，东巴文化的传承重心重新回到城市。丽江古城人与自然和谐的本质特征，应该说源自东巴文化中人与自然关系和谐共融一体的理念。

主体文化与多元文化并存是丽江古城的一大特色。丽江古城是一座兼收并蓄的城市，在这里，滇西北和滇川藏交汇区域各民族的优秀传统文化与东巴文化共存共荣。丽江古城是各民族百姓心目中的神圣之地和中心城市。在历史长河中，尤其在木氏土司统治的近五百年时间里，木氏背靠中央王朝，顺应中央王朝的战略和旨意，不断增强实力，大力发展经济，加强各族人民文化交流，使丽江成为这一区域的政治经济文化中心。著名学者任乃强先生深入考察这一地区后提出推动这个区域发展的三大动力，认为摩西"创文字、立制度、兴政化、约束附近诸族，隐然为一帝国。此乃开辟康滇间地之第一动力也"[①]。说明木氏土司和纳西文化在这一区域的影响巨大。

自唐代以来，丽江深受吐蕃文化、南诏文化、中原汉文化的影响，加之丝绸古道、茶马古道上南来北往的马帮聚集在丽江古城，给古城带来了不同民族的多元文化。其间，丽江古城也包容

---

① 任乃强：《西康图经》，西藏古籍出版社2003年版，第506页。

了来自全国各地的百家姓氏，包容了各兄弟民族的同胞，也包容了各种文化宗教艺术。不同的文化、不同的文明、不同的宗教在丽江古城并存，它们求同存异、和谐与共，使丽江成为一个民族团结共融的典型范例。

三、人与自然是兄弟

丽江古城是体现人与自然和谐的城市，是人类崇尚自然、顺应自然、利用自然、呵护自然的典范，真正体现了纳西古老东巴文化的精髓。

丽江坝子北高南低，是一个坡型的坝子。丽江古城位于坝子的中央，选址和布局顺其自然。狮子山（又称黄山）在坝子中央拔地而起，高出坝子三四百米。丽江古城背靠玄武，依山筑城，这就避开了北边玉龙雪山吹来的寒风，古城气温比北边地区高出两三摄氏度，即使北边雪山冰天雪地，古城里也很少下霜结冰。古城的中心部分在狮子山与金虹山之间的平缓地带，且向东南延伸，这就有了广阔空间，"居庐骈集，萦城带谷"，有了城市的规模和气势。

水给古城带来了灵气，带来了生机活力。丽江古城巧妙利用象山脚下黑龙潭及清溪一带的泉水，于是泉水叮咚穿城而过。历史上黑龙潭出水量很大，新中国成立初期丽江第一座发电站就是利用黑龙潭泉水建设的。由于是北高南低的地形，泉水顺着坡型河道一路欢唱着、哗哗地流入古城。泉水在古城入口处的双石桥（现名玉龙桥）分流，分为三股，形成西河、中河、东河的格局。

这三条大河纳西语分别叫坞伯大河（西河）、阿溢灿大河（中河）、窑肯大河（东河）。三条河穿城而过，每条河又分成若干小溪流，这样就形成了丽江古城"家家流水、户户垂杨"的格局。民居依山就水沿河而建，充分利用了河水带来的灵气和便利。

山被称为靠山，是人类依靠和稳固的基础。丽江古城的建设也体现了汉文化中的堪舆，狮子山就是古城的玄武靠山。站在古城的制高点，即狮子山的万古楼，向四面眺望：山高水长，奇山丽水便奔来眼底。古城离玉龙雪山直线距离仅十五六公里，巍峨的玉龙雪山拔地而起，高耸入云，城与山相依相望。玉龙雪山是纳西族战神三多的化身，三多也是丽江纳西族和其他各族人民的和平之神、保护之神。古城的西边是高耸入云的文笔峰，而丽江坝恰如一个砚台，寓意纳西族文脉昌盛。纳西族崇文重教，创造了独特的民族文化，在学习汉文化过程中不仅开阔了视野，而且丰富了文化内涵。

黑龙潭依托的象山，犹如一头大象卧在城北边。而纳西族自古即崇拜大象，认为大象是吉祥之物、美好之物。古城北依象山，山脚下清泉涌流不息，滋润着古城的居民。

东南边不远处是东坝子，有蛇山、龟山和马鞍山，东边远处的震青山是一座充满灵气的山。于是就形成了龟蛇横纵、漾江蜿蜒、龙腾虎跃的绝好风水。

丽江古城周边的村庄，掩映在绿树和灌木丛中，到了春天，桃红柳绿，遍地月季蔷薇，油菜花金灿灿，蚕豆花白粉粉，引来成群的蜜蜂。坝子里沟渠纵横，水流很多，水面很宽，绿树丛中鸟儿在歌唱，美丽的坝子把丽江古城映衬在诗情画意之中。

四、见证古道的商贸重镇

丽江古城的形成和繁荣得益于西南古丝绸之路和茶马古道。有学者认为这里印证了"马蹄踏出的辉煌"，是很有道理的。丽江古城在历史上处在两条古道的要冲，是马帮带来了兴旺繁荣和辉煌。古城因商贸而兴，因商贸而盛，是西南古丝路和滇藏茶马古道的历史见证。古丝路与茶马古道既有联系也有区别，都是以马帮运输为主。

根据有关专家的研究论证，西南丝绸之路是比北方丝绸之路还要早的古道，这已形成共识。而丽江则是这条古道上具有举足轻重作用的一个节点。民族学家李绍明、李星星指出：南方古丝路之"西夷道"及"牦牛道"从成都开始，至西昌分成两条干线，东干线自西昌经德昌、会理入云南（即汉之灵关道一段）；西干线自西昌经金河、平川、盐源入云南（即闻盐道）。闻盐古道，系指从今凉山州首府西昌经盐源、宁蒗到丽江的古道。[①] 从宁蒗到丽江，可走永宁到奉科过金沙江再到丽江，也可从宁蒗到永胜再到丽江。这条古道虽然难走一些，大山大水，但是一条捷径，只要到了丽江，再到大理到保山（腾冲）出缅甸就极为顺畅了。这条古丝路在历史事件中可得到印证：纳西族从甘青高原迁徙到金沙江中上游和丽江一带大体上走的就是这条古道；在四川东部纳

---

① 李绍明、李星星：《麽些闻盐古道今昔》，杨尚孔、白郎主编《四川纳西族与纳西族文化研究》，中国文联出版社 2006 年版，第 139、138 页。

西族和丽江金沙江上游纳西族之间，各民族往来大体都走这条古道；忽必烈南征大理，木氏迎降于金沙江畔，也是走这条古道。

滇藏茶马古道可追溯到汉代，始于唐宋时期，兴于明清，辉煌于二战期间。这条古道从版纳、思茅、临沧等茶叶产区到大理下关经丽江到拉萨转尼泊尔、印度，成为著名的滇藏茶马古道，也是一条国家间的商贸大通道。研究茶马古道的学者多认为丽江是必经之地、中转之地，由于自然、地理、气候、人文等因素，丽江成为茶马古道上的中转站。南边从热区来的，往往在丽江中转，接上丽江马帮再往藏区；从西藏来的马帮，到丽江后再周转，以适应热区气候。丽江马个头小、脚杆短、耐寒、韧劲好、灵活、便于转弯，善于走崎岖山路。而纳西族与藏族有着天然的历史文化联系，在藏区信誉度很高，往往可以在藏区内通行无阻。藏区来的马帮到丽江后也要进行周转，因需适应气候水土。据《边政公论》记载，通往国外陆上海上交通中断，只剩茶马古道通行，所以在抗战时期有 2 万多匹马跋涉在滇藏雪山古道上，其中多数是纳西族、白族马帮。这个时期丽江成为货物供应地和商品流通集散地，古城有商号 200 多家，商贸市场繁荣，城内堆满了国内外在此中转的货物。金融业也得以发展，国内各大银行都来到丽江，在古城先后设置了 11 家金融机构。

2002 年 8 月 22 日，"茶马古道与丽江古城"文化研讨会在北京举行，费孝通、任继愈、谢凝高等著名专家学者与会。他们认为，丽江古城是历史上连接滇、川、藏的茶马古道重镇，是至今仍然存活着的古城。费孝通先生、任继愈先生欣然作了"茶马古道重镇丽江大研古城"的题词。

今天我们走进丽江古城,仍然可以看到茶马古道的斑斑遗迹。这是一座丝绸之路和茶马古道上保存完好,古风、古貌、古韵依旧的历史文化名城,仍然可以让游客感受古道"商品集散地"、"多元文化交融地"和"连接滇川藏政治、经济、文化走廊要冲"的历史辉煌。

丽江古城作为商贸重镇、滇川藏交汇区域的商贸中心,在上千年的商贸经营活动中创造了独特的商业文明和形式。历史上形成的"靠八"制度就是突出代表。"靠八"是纳西语,汉语可理解为互信可靠的"房东",所以说"靠八"制度就是"房东"制度。这种制度是以诚信为基础,以良好道德信誉为前提,建立的长期互惠互利友好关系。

"靠八"可起到中介经纪人的一些作用,可为商业活动提供旅店、住宿以及其他各方面便利条件。在纳西族历史文化中,藏族、白族、纳西族长期交往,被称为是"一母所生的三兄弟",以此文化内涵为基础,藏族商人首先在丽江古城建立起了"靠八"关系,这一关系一旦建立,只要互信就成为长期或终身的关系。即使不是商家,普通人家也可以在古城或周边建立起"靠八"或"老庚"的关系,这在历史上普遍的。

藏族马帮进入古城住进"靠八"旅店后,放心地将马匹和货物交由"靠八"老板打理,双方相互信任,心照不宣。这种情形在俄国人顾彼德的作品中有过记录。"靠八"不限于藏族和白族,也发展到汉族和其他兄弟民族,成为一种制度。根据文献记载,这一制度在明代就已形成，在抗战时期得到快速发展。这一制度可以说是丽江古城千年商贸活动中所创造并逐步形成的商业文明形式。

以此为基础，人们在商贸活动中坚持以诚信为本，信誉至上，讲求商业良心、商业道德，倡导崇德向善、失德为耻、攫取不义之财为耻的社会伦理道德规范。这些优秀传统规范约定俗成，被整个社会高度认可，无形中形成一种制度监督的力量，加上村镇街道有专门监督人员，所以保证了古城商业活动中的道德规范持续发挥作用。

五、木氏土司的爱国情怀

丽江古城是一座充满家国情怀的城市，见证了木氏土司忠于国家、维护国家统一的爱国主义情怀，也体现了纳西族一脉相承的爱国主义传统。

不到木府等于没有到过丽江古城，这说明木府在丽江的地位。丽江人常说，"一座土司府，半部民族史"，这是有道理的。木府是丽江和纳西族历史文化的大观园，从中可以感受到纳西文化的精髓。进入木府，一座座建筑气势恢宏，宫殿巍峨瑰丽，呈现了徐霞客所说的"宫室之丽，拟于王者"。这座土司府衙给人以很多文化意涵和体验，木氏土司的忠义之执着、爱国情怀之贞笃更是感人至深。

明万历四十八年（1621年），明神宗御笔颁赐木氏土司"忠义"，并准予建坊。时间上与《皇明恩纶录》有所出入，但都属于明朝后期。这一时期,中央政府处于多事之秋,驻守边陲的木氏土司以国家利益为上,向中央政府献银两万两和一批战马作为军费。明神宗极为欣慰,敕谕云:"朕甚嘉悦,特颁敕奖谕,仍许省城自建坊表,以示朝廷优礼至意!"遂有忠义坊,它其实就是木府的第一大门。

进入木府,大门两侧的一副对联特别引人注目——"凤诏每来红日近,鹤书不到白云闲"。此联来自木氏六公之一的木泰诗词《两关使节》。木泰是纳西族用汉文创作的第一位诗人。诗中用"凤诏""鹤书"表达中央政府的指示和声音,体现木氏对得到中央政府信任支持的期盼和喜悦之情。这首诗也真诚地表达了木氏土司对中央政府的忠诚和对国家的热爱。

进入木府,每栋建筑上都有皇帝钦赐的匾额,它们是"诚心报国""益笃忠诚""贞诚笃厚""乔木世家""辑宁边境""西北藩篱""南国干城"等,充分说明忠诚于国家是木氏代代相传、一以贯之的最高原则和政治规矩,不是权宜之计。

土司木懿的故事就很说明问题。康熙四年(1665年),吴三桂在云南昆明反叛朝廷,在做谋反准备时,考虑到木氏土司的政治影响力及其与藏区的特殊关系,用尽拉拢打压之能事,要木懿参加叛乱,但木懿不为所动,他宁肯为国捐躯,也不叛变朝廷。无奈之下,吴三桂将其押往省城昆明囚禁七年之久。在朝廷平叛过程中,继位的木尧土司,积极协助朝廷军队追剿吴三桂叛军,"调集夷民万余,谨守堵剿","怀忠抱义,为国效力"。

木氏土司统治丽江和滇西北滇川藏交汇区域470年(1253—

1723年），历经元明清3个朝代，传世22代，这是丽江和纳西族发展的重要时期。木氏土司的家国情怀不仅对纳西族，甚至对这个区域的少数民族都产生了重大影响。同时木氏土司不仅代表了一个人或一个家族，而且代表了整个纳西族，体现了纳西族的政治品格。历史上，纳西族从土司到民间，从贵族到普通百姓，心向中央政府，有很强烈的家国情怀，历史上从未发生过叛乱，从没有背离过祖国，这也是纳西族的智慧之道、生存发展之道。

国家认同和诚心报国是纳西族的爱国主义传统。近代以来，纳西族虽然人口很少，但义无反顾地参加了多次抵御外侮、保卫祖国的战斗，不少人为国捐躯。比如参与了抗法战争、甲午战争、抗击八国联军战争、护国战争、抗日战争、抗美援朝战争等。抗日战争时期有3000多位纳西儿女奔赴前线，其中有1000多人为国捐躯。据史料记载，台儿庄大捷就有100多位纳西族勇士战死沙场。丽江古城黑龙潭公园抗战烈士纪念碑就是一座丰碑，也是这段历史的见证。

六、"天雨流芳"的文化情结

"天雨流芳"木牌坊是丽江古城的一大景观，其寓意深刻，与石牌坊（忠义坊）相对应。木牌坊是纳西族努力学习中原汉文化，坚持中华文化认同，文化包容情怀的宣示。四川著名学者谭继和先生到丽江古城考察时感慨地对笔者说："丽江古城不仅保存了纳西文化的传统，也保存了许多汉文化的传统，中原汉文化的许多东西、许多意境在丽江古城得以保存和展示，在此还可以看到巴蜀文化、秦淮河文化、齐鲁文化的影子。"这个评价是很深刻、很有见地的，也是切合实际的。丽江古城从一个侧面反映了纳西族学习和保存汉文化的成果。

"天雨流芳"是一个奇妙的融合。从纳西文化的角度讲，"天雨流芳"是"去读书吧"的意思；从汉语角度讲，意思是丽江广得上天的福泽和恩惠；从历史的角度讲，则意为皇恩浩荡、惠及边陲。"天雨流芳"不仅是木氏土司等上层的认识，也成为丽江民间社会的一种共识，成为纳西族精神文化的追求。既重视和保持自己民族的优秀传统文化，又孜孜不倦地学习中原先进文化，对外来文化持开放包容的态度，这是纳西文化的一大特色，也是丽江古城文化的一大特色。重视教育、崇尚文化、广纳博采、始终不渝，这也许是纳西族创造"大文化"的秘诀所在。

木氏土司在边地少数民族地区倡导学习中原汉文化，且身体力行，成果丰硕，在汉文化方面达到很高的造诣。于是"天雨流芳"和"诗词歌赋、琴棋书画"成为丽江古城的一道亮丽风景，代代相传，长盛不衰。纳西族地区的男人以此为荣，读书学习逐步形成风气。丽江古城因此文化气息浓郁，文化内涵不断积淀和提升。《云南土司传》中说，"知诗书好礼仪，以丽江木氏为首"，这个评价是很真实贴切的。

木氏土司从元代开始学习汉文化，到明代在辖内许多地方建立了学校，为纳西贵族子弟学习汉文化创造了条件。木氏土司为了学好汉文化，不惜花重金从中原请来先生对子女进行辅导，以提高他们的汉文化水平，其中木氏六公在学习汉文化方面卓有成就，功底深厚。他们所创作的诗词歌赋、道德之章收入《四库全书》和《云南丛书》等典籍之中。其中木公有《雪山始音》等六部诗集计一千多首诗，分别收入《四库全书》和明代《列朝诗选》中。木增一生写下一千多首诗，还有几十篇辞赋，也收入《四库全书》和明代典籍之中。纳西族著名作家、诗人木丽春先生评论说："木氏土司先祖创造本土文字的文明，其后代又用汉文创作了脍炙人口的经世佳作，这些东西是一脉相传的灿如银河的智慧河流。"①许多学者对木氏六公诗文还作了很高的评价，认为"文墨可比中州"，"与中原共旗鼓"。木氏六公与中原各名家交往很多，他们多是以文会友，这些名家有徐霞客、陈其涵、张志淳、李元阳、杨升庵等。

清代到民国时期，丽江纳西族等少数民族学习汉文化的风气越来越盛，创办了有名的书院，尤其在平民百姓子弟中也出了不少人才。从这一时期丽江古城有两件文化盛事载入史册可见一斑。

清末"废科举，设学校"，丽江一批有识之士热心推行新政新学。光绪二十九年（1903年），丽江知府彭继志与地方知名人和进士（即和庚吉）等商议，要创办丽江府中学堂，并以府属各县所输出骡马，按额收税款作为中学堂经费。经光绪三十年筹办后，丽江府中学堂于次年正式开办。当年在府属各县招收普中一个班、初级师范一个班（学制均为四年），和庚吉为府中学堂首

---

① 木丽春：《丽江古城史话》，民族出版社1997年版，第112页。

任监督。

光绪三十三年,彭继志创办《丽江白话报》,由纳西族著名学者和积贤任社长,并延请在丽江中学堂任国文老师的赵式铭任主笔。赵式铭是剑川人,白族,近代文化名人。《丽江白话报》除社长和积贤、主笔赵式铭外,还有一批撰稿人,他们是丽江本土学者周冠南、周漠、赵荃、王竹淇等。《丽江白话报》宣传维新变法、富国强兵思想,对发展文化教育、启迪民智等发挥了重要作用,是云南最早,就全国而言也是较早的白话文报纸之一。这份报纸为月刊,每月中旬发行,每期一册,每册一二十版。报纸一开始在滇西北发行,后因受云南省提学使叶伯皋的赞誉,最多时在全省发行两千多份,产生了很大影响。

七、水城之敬水爱水文化

丽江古城是一座水城。"城依水存,水随城在",以水为脉,以水为魂。街道铺面随水蜿蜒,使丽江古城成为"家家户户有流水"的令人向往的城市。

纳西族在漫长的历史中,形成了独特的水文化。水是一切生命的母体,水是吉祥福泽之源,水孕育了生命,水孕育了纳西族。"愿流水满堂"是纳西族的祝福语,敬水、护水、爱水是纳西人的本分和责任,敬水、爱水、护水的理念已融入纳西族文化之中,融入纳西人的精神世界,融入生活民俗,成为一种信仰。当地人认为,水是由自然之神署神掌管的,所以人们一到春天就要祭水神、买头水,人死后要向署神买洁净之水净身,灵魂才能回到先祖们的居住地。

纳西人的水文化情结源远流长。这个民族的先祖们居住在河湟流域一带，繁衍于青海湖周边。他们向南迁徙来到大渡河、安宁河、雅砻江流域，再到金沙江、澜沧江、怒江三江并流区域，丽江古城的水源也成为漾渠之头。

纳西族古老的东巴文化中，把大自然的万物看作与人类相对应的署类兄弟，署界之神掌管着大自然，大自然万物又由各自的署神掌管，每个水源地都有署神灵。基于这样一个理念，纳西族社会形成了一套关于水的理念和护水制度。每年大年初一第一件大事就是祭水神、买头水。人们一般都是鸡叫头遍起身，到泉水边、水井边先祭拜自然神，祭献贡品后才取水。这是纳西族地区大年初一的规矩。水有水的节日，农历二月八，许多纳西族地区在这个节日里祭拜山水之署神，比如中甸三坝白水塘在这天就热闹非凡。

丽江古城的三月龙王庙会，其实是从春天纳西族地区祭拜水神和自然神演变而来的。纳西族地区在历史上就有农历三月祭山神水神、到大自然中踏青赏花的习俗，这其实也是民间的重要节日活动之一。

每年立夏节令期间，当地人都要到各地热水塘沐浴，或进行蒸气疗。在进行上述活动之前，首先要祭拜自然神署。这就是每年立夏节的神泉会，纳西话叫"郎柯郎"，是个用矿泉水洗澡、蒸浴、游玩的节日。凡是有热水塘的地方到立夏节前后都会热闹起来，人们成群结队地去赶神泉会。这个时节泉水会有些变化，变得更咸一些、味道更浓一些，对人的肠胃、皮肤、眼疾、疫湿、无名疾病都有治疗作用。许多当地人都喜欢到石头兰香去赶会，这里有个好的热水塘神泉，笔者在童年时期就参加过兰香神泉会，热闹非凡的景象至今印象深刻。丽江的黄山、中济、大东、金沙江边等多地都有热水塘，民间各地都要过这个节。各地过节都要先祭拜掌管泉水的署神，历史上还举行过隆重的祭水神典礼。

丽江古城是纳西人敬水、爱水、用水、护水的典范。人们从理念、制度、各种禁忌方面形成一整套东西。人类不得污染水源地，不得污染河水，不能乱捕水中的鱼、蛇、蛙等动物；不能破坏水源地周边的树木、花草，不能在水边乱讲不干不净的烂话，等等。如果违反了这些禁忌和规矩，自然神署就要发怒，就要对人类进行报复，就会给人类带来各种灾难、带来疾病、带来不吉利。总之，上天有眼，破坏了规矩，署神就会报复你。在丽江古城对水的敬仰和护佑行动成为居民普遍自觉的行为。

丽江古城的"三眼井"是一个创造，科学、合理、卫生、方便。第一眼井是饮用水，第二眼井洗洁蔬菜等食用物品，第三眼井浆洗衣物。每个"三眼井"都有警示牌或用水公约、用水的制度，而且形成了全民的监督机制，发现违背公约和规矩的事情，大家都会出来制止，进行管理。

在丽江古城七一街下段至今保存有《永远遵守碑（古城水系民间保护碑）》，这个碑是历史的见证，对研究古城水系保护、古城与周边农村乡里关系、地方传统习俗等方面都具有重要史料价值。这个碑重申严禁古城居民在河上修造建筑物等行为，严格保证居民、村民饮水便利，田园灌溉畅通，严厉谴责"自恃富豪，图一家人之便利，置万民饮水灌溉于不顾"的可耻行为。同时碑中也说明，在清同治十年（1871年）、光绪二十四年（1898年）时官府都有告示，都有规定，可见流通水利、保护河水而济民生是丽江古城的一大文化传统。

八、古城无处不飞花

丽郡从来喜植树，古城无处不飞花。户户庭院、家家养花是丽江古城的一大特色，也是纳西人家的生活方式和民俗传统。丽江自古地广人稀，周边又有浩瀚的原始森林，老百姓建造房屋有着得天独厚的优越条件。古城居民建筑有三坊一照壁、四合五天井、一进两院、前后院、跑马转角楼等形式的庭院，普通百姓一般也有个三坊一照壁的庭院。古城居民建筑一般以土木结构为主，也有砖木结构，老百姓普遍认为土木结构，尤其是土墙更为牢实。养花种绿、美化庭院是丽江古城的真实写照，是纳西人与生俱来的一种情结。

丽江自然地理气候条件优越，适宜各种绿树和花卉的生长，云南八大名花在丽江都能很好地生长。在丽江，除了梅花、杜鹃、十里香、兰花、茶花、海棠、菊花、牡丹极宜生长外，还有紫藤、黄杨、梅桩、仙客来、月季、蔷薇、玉兰、桂花等，尤以山茶、杜鹃、兰花、报春花、十里香、贴脚海棠等花卉驰名省内外。纳西人家喜欢养花种绿与上述优越条件分不开，同时还有更深层次的因素,和这个民族的历史文化根脉和传统相联系。绿树怀抱、花开庭院是美好生活的象征,也是吉祥和顺的象征。每逢年节,纳西人家都要用几束花、几种绿树枝叶敬献神灵,插在大门口或插奉在神坛上。每年春节,山里的村民背着山茶花、腊梅等到街上叫卖,在这个节日家家户户的花瓶里都要插上这些花。有清代纳西族诗人杨品硕诗为证:"过年物事已全具,待购山茶一簇花。"撒秧时节,人们会在盛满稻种的箩筐上插上几束桃花;秧田放水时节,人们会在秧田的口子上插上绿树枝条和几束花;撒谷种和栽秧时节,自古就有插花和插绿树枝条的习俗。清明节上坟,家家户户都要把绿柳枝条插在坟头上,插在山神树前,还要从山上采集各种颜色的杜鹃花、山茶花摆放在坟前。

农历二月八是纳西族的三多节,除了祭拜三多神和各地山神水神外,人们主要是踏青赏花,走向田野,亲近大自然。年年岁岁,岁岁年年,在这个节日里,青年男女们纷纷来到野外,享受百花盛开的春天的快乐。这一天丽江古城和坝子里的人们特别喜欢到玉峰寺观赏万朵山茶花和开满树枝的十里香。农历三月开始,古城里月季花、蔷薇花次第盛开,攀爬在树上和墙上,空气里花香袭人。沿河的月季更是倒映在河里,景色迷人。

在丽江古城每年有两次花节花会,且已形成传统。每年春天,由正月十五棒棒会开头,这是一个传统节日,历史上称米老会,是米老们带来的喜庆之会。米老即月老,是促成好事婚事的热心人。民间一般在冬天办喜事,到正月十五新郎新娘要去赶集,购买竹木农具和耕作的用具,预示着新人们在新的一年里正式成家立业。正月十五一般也是春天花香正浓的时候，新郎新娘也要买上苗木和花卉装点生活，美化庭院。"改土归流"后，正月十五棒棒会逐步演变成人们准备竹木农具、生产用具的盛会，同时也是苗木花卉的交易大会。到了农历三月间还有龙王庙会，逐步演变为三月物资交易大会，也是苗木花卉盆景的交易大会。在春天的交易会和市场上，各种苗木、树根、树桩、兰花、盆景很多，尤其老梅树根、杨木树根、野棠梨树根、野樱花树根、木瓜树根等很有名气，甚受居民们欢迎。

丽江到了秋天，天气变得温暖潮湿，又有许多花卉争相盛开。尤其是各种菊花纷纷登场，它们花期长、品种多，于是秋季菊花展就开始了。这个时候，古城里家家户户把盛开的菊花摆放在门前和街道上，到处色彩缤纷，千姿百态，美不胜收。来自四面八方的人们，特别是文人墨客都会来赏花品菊，一时间热闹非凡。

清代纳西诗人和松樵在他的《丽江杂咏》中写道："海棠古树簇城南，照影红沉白马潭。时有游人三五聚，树边花下坐清谈。"生动描绘了丽江古城纳西人养花种花赏花的闲情逸致。古城的绿色绿树、花事花景给外地游客带来了诗情画意，带来了美的享受，令他们流连忘返。

九、善与和的文化基因

善与和是纳西民族文化的主根脉，是丽江古城的文化根脉。于是丽江古城成为一片博爱的乐土，成为和谐温馨的地方，是人们的心灵栖息之地。

我国著名建筑学家阮仪三先生指出:"丽江古城的和谐、宁静、健康、快乐正是我们城市发展所致力追求的理想,也是她遗产价值的真实所在。"①

丽江古城以纳西文化为代表的各民族优秀传统文化中,善和为根、民族团结、社会和谐的文化基因源远流长,深深扎根于这片神奇美丽的土地,使其开花结果,这是难能可贵的精神宝库。古老的纳西文化认为,追溯大地最古老的时候,各民族是一母所生,犹如中华大地上有一棵参天大树,这棵大树上长出许多枝枝杈杈,代表着不同地域的兄弟民族,他们同根共源,都离不开这棵参天大树。

东巴经典《创世纪》记载,人类始祖崇忍利恩娶了天女衬恒褒白为妻,妻子生下三个儿子,通过祭天三个儿子讲出了三种话,一坛美酒变成了三种味。骑马方式有三种,穿的衣服三个样式。大儿子成了藏族,去住到朵肯盘地方。小儿子成了白族,去住到日饶满地方。二儿子成了纳西人,说不忘祖先迁徙的来历,要按祖先规矩祭天地,成为祭天的民族。这个故事说明,不同的民族、不同的语言、不同的服饰,虽居住在不同的地方,但都是一母所生,是一家人。

玉龙雪山下,白沙古镇的北岳庙,又称三多庙,是祭供三多神的地方。三多是玉龙雪山的化身,是纳西族的保护神,也是滇

---

① 和仕勇主编:《世界文化遗产丽江古城突出普遍价值保护管理研究》(内部资料),2011年,阮仪三《序言》第6页。

西北各民族的保护神,三多的两个妻子分别属于白族、藏族。三多是各民族共同信仰、共同祭拜的神祇,他对所有子民都能一视同仁、公平公正、护佑有加。

在古老文化的熏陶下,纳西族地区在社会生活和民俗活动中始终倡导善良、和合、和谐、和美的精神,人们普遍认为天地间要和,做人要做善事,人与自然要和,社会关系要和,人际关系要和,家庭间要和,民族间要和。有了问题和矛盾,也要以善为本,和和气气协商解决,良善、和合是做事之道、做人之本。这就是丽江古城所形成的善、和的文化基因。有了这种文化根脉,就为处理人际关系、民族关系、宗教关系、外来文化与本土文化关系提供了精神文化支撑和依据。

丽江古城千百年来都是一片和谐美好的乐土,是很有人情味的地方,是民族团结、和睦、相亲相爱的一个典范。在丽江古城历史上,滇西北以及滇川藏区域26个民族和睦相处,没有民族间歧视,相互通婚;在明代丽江居民主要为木、和二姓,到明朝后期和清代,很多中原人陆续到丽江落籍,成为丽江人,丽江古城渐渐有了百家姓。据调查,民国时期丽江有128个姓氏;据20世纪90年代统计,丽江有227个姓氏。① "以汉变夷,以夷变汉",丽江古城的纳西族是由许多外来各民族各姓氏族群演变而来的。丽江古城包容了各种文化和各种宗教,包括汉传佛教、藏传佛教、道教、儒家文化、基督教、本土的原始宗教东巴教等,

---

① 唐有为:《丽江姓氏考》,和湛主编《丽江古城》,云南民族出版社2003年版,第387页。

它们相安无事、和平共处，各种文化在丽江古城都有一个平等的地位。厚重的文化积淀使丽江古城成为很多人共同的精神文化家园，成为人们心灵憩息的地方。

十、顶天立地的纳西女人

丽江古城的纳西女人以勤劳、坚韧、能干、贤惠、担当、孝顺著称，她们的才干和天赋在这里得到充分发挥。纳西女人们像一座大山，她们的脊梁顶起了大半个天。

纳西族古老经典认为，是男人和女人共同开出了天地，开天辟地有开天九兄弟、辟地七姐妹。在纳西族的古老文化中，女人为大、母亲为大的理念是根深蒂固的。世间万事万物中大的东西始终与女性和母亲相联系，小的东西则与男人和男性相联系。所以在长期社会生活中，不仅不存在对女人的歧视，反之女人多处在主导的地位。泸沽湖畔的摩梭人是纳西族的重要组成部分，至今妇女地位是至高无上的。纳西族其他地区早已进入一夫一妻制的父系社会，但在观念上在实际生活中仍留下深深的历史印痕。正如光绪《丽江府志》中所记载的，即使在丽江古城，女人可以管得住男人，"同类仇杀，妇女登场一劝即止"。古城是丽江接受中原汉文化最早的地方，儒家思想在元代后对丽江产生了深刻影响，尤其是"改土归流"后，许多中原风俗不断传入。且在"改土归流"之后，由于当时的府县都强制推行中原习俗，所以男尊女卑、包办婚姻等做法在古城也流行起来。但正如光绪《丽江府志》中所指出的"化民成俗之意微矣"，"女人为大、母亲为大"

的理念作为传统文化根脉，在丽江仍存在一定的影响。

纳西族一个方面坚持自身优秀文化传统，同时又注重学习中原先进汉文化，抛弃自己民族的陈规陋习，这种现象被学者们称之为纳西文化的"双轨制"。所以从客观上讲，纳西族地区依然在一定程度上保持了纳西女人的尊严和地位，尤其在家庭中的主导地位一直普遍保留下来，纳西族女人的许多优秀品格仍然得以弘扬。笔者认为，在纳西族传统文化中，女性为大、女性为尊、女性为主，但又不歧视男性，构成一种具有特色和魅力的和谐家庭关系的文化现象。

从纳西族地区和丽江古城的情况看，男女之间是有分工的，男人一般要干些繁重的体力劳动，比如起房盖屋、上山砍木料、下田犁田耕种、外出帮工做生意、赶马帮、走茶马古道、担负保卫国家任务等。在丽江古城，男人们除做上述一些事外，在家致力于琴棋书画、读书做学问，或带娃娃是普遍的情况。纳西女人们做的事情比男人们要多得多，一般的农活女人都要做，上山下地都有她们的份，与日常生活相关的事务她们都要管。在丽江古城打理生意、做买卖、家庭理财、儿女婚事、礼尚往来等都由女人操持，女人掌管财钱，女人很辛苦，家庭大权掌握在她们手里。纳西人家真正的家长是女人，纳西男人自古养成清闲自在、尊重女人做事、不掌管实权的习惯。而纳西女人们一般也是谨慎的，她们很聪明智慧，在外人面前，女主人是很低调的，她们很会照顾男人们的面子。她们把男人尊到很高的地位，甚至请客吃饭女主人都不上席。关于纳西女人，丽江古城有两件事情很说明问题。

一是抗战时期,丽江古城商贸繁荣达到了顶峰,经营商贸多是纳西女人。俄国人顾彼德在这一时期受国际工合组织派遣来到丽江,一待就是九年。他写下了《被遗忘的王国》一书,对丽江古城情况和民风民情作了全景式记录。他说,纳西女人学习商业的各种复杂情况,并且当着商人、土地和货币兑换经纪人,店主和生意人。她们鼓励自己的丈夫休闲和领娃娃。没有妇女们的干预和帮助,在丽江什么也不能获得或什么也买不到。男人们根本不懂自家商店里的货物或货物以什么价格出售。租房子或买地,人们不得不去找那些懂行的女经纪人。① 还说,没有女经纪人的指点,没有脸色红润的姑娘(胖金妹),那么主人就不会进行生意洽谈和兑换货币。纳西女人这个群体成为古城的经营者,而做生意的男人则行走在茶马古道上,这是很真实的。

二是"诗干堆"——杀猪巷女人们的奇闻轶事。改革开放初期,她们的事迹出现在一些国内外报刊上。"诗干堆"意为屠宰者住的地方,也即杀猪巷。这巷里的人以屠宰为业,从事这个职业的是清一色女性,纳西语称她们为"诗干美",即从事屠业的女人。她们比一般纳西女人更勇敢,更泼辣,做事更加干净利落。再彪悍的男人,即使是旧时的大兵都不敢招惹她们。在屠宰场,她们的工序有拉猪、捅刀、烫毛、剖肚、取油等。之后她们将猪拉到四方街猪肉市场,刀口准确无误,买多少斤两,一刀砍

---

① 顾彼德:《被遗忘的王国》,李茂春译,云南人民出版社1992年版,第27页。

下去，不差几零。她们挥舞刀子时气势逼人的样子，是一个奇观。她们同乡村野外有着密切的联系，有时从乡下或山里买到猪后还要赶回城里。这一群体的故事在当地广为流传。

新中国成立前，丽江鹤庆、剑川等地属丽江府或丽江专区，这些地区都有这样的民谚："娶个丽江婆（或鹤庆、剑川婆），抵得十头骡"，这是对高原女人的高度认可和赞美。

十一、多姿多彩的民族风情

在丽江古城，人们可以感受到浓郁的多姿多彩的民族风情，它们既独特又具人性化。大部分民俗活动具有广泛的群众基础，是全民性的活动。在此，笔者仅介绍其中的"化赍"、打跳、古乐演奏等内容。

"化赍"是一种古老的民间借贷聚会活动，在丽江保存至今并不断发展，被赋予时代的内涵。赍最初是秦汉时期西南地区少数民族所交赋税的名称，后演变成民间相互筹集资金，解决家庭临时困难的一种形式。在纳西族地区，尤其是丽江古城，则成为亲朋、同事、同学间聚会娱乐的一种形式。一般是七八个，或十来个，交赍钱，轮流接赍，人人平等，如急于用钱，或有困难者可提前接赍，情况较为灵活。如今这一活动借贷筹资的功能大大减少了，成为人们的聚会娱乐活动。到"化赍"天，大家要聚在一起，开展各种有趣的娱乐活动，赍友间有困难大家帮扶，一般情况一个月一两次，很有人情味。

丽江古城居民红白事亲友邻里有互帮互助的传统。红白事对于家庭和个人而言都是大事，于是形成了红白事相互帮扶的民间习俗。红事白事的最大区别在于，红事是不请不到，白事则是不请要到。办红事需要提前写好请帖去请，对长辈和重要客人要登门拜访，正式请客，不得随意，纳西族的规矩是客人不到是耻，所以事先礼数要到位。需要请人提前帮忙做事的，也要正式提出说好。受邀请后，办喜事时要到场，有特殊情况也要事先说明，人不到礼也要到，这是规矩。白事，即家里老人去世等情况，家族、亲朋好友去世前要去探视慰问，按照纳西族规矩，碰到白事不请也要到，主动帮忙，主动找事做，这是很重要的礼仪规矩，死者为大，不可马虎。年轻人还要主动守灵，抬棺，送葬。这样形成了人与人之间的亲情和温情。

总之，丽江古城红白事的办理传统承载着深厚的纳西民俗文化，亲友之间、邻里之间互帮互助，共同面对问题，是传统美德，是体现亲情、人情、世情和人性的重要活动，有着很深的精神文化内涵。丽江古城人与人之间，特别是亲朋之间、邻里之间，讲的是一个"情"字，认同重情重义、情谊无价的价值观。热情友好，真诚待人，遇到办喜事，即使是陌生人来了，也会热情相待。20世纪80年代初，许多西方游客刚进入丽江，他们喜欢凑热闹，看稀奇，他们来了被主人热情招呼，坐下来吃饭，也是常有的事情。如果遇到白事，当事人悲痛欲绝，此时亲朋好友和邻里要看望、抚慰、帮忙，这对抚平当事人内心伤痛是一副良药。

打跳和民族歌舞是古城的一大亮点。打跳是一种民族歌舞活动，由葫芦笙或笛子伴奏引领围成圆圈的歌舞。具体内容形式很多，比如《打劳丽》《哦热热》《阿哩哩》《阿默达》《谷气调》等。中国音乐家协会主席吕骥先生到丽江考察，题词赞颂丽江为"乐舞之乡"。纳西族在历史上也是一个能歌善舞的民族，也有青年男女对歌谈情说爱的传统。丽江人常说，纳西人会走路就会跳舞，会说话就会唱歌，民族歌舞打跳活动贯穿纳西人的日常生产生活，是大众普遍参与的经常性活动。这里的人们逢年过节要打跳，红白喜事要打跳，"化賨"等亲友聚会也会打跳。打跳是提振民族精神，赋予生活激情和快乐的活动。新民主主义革命时期，丽江通过民族打跳、音乐歌舞等形式宣传群众、发动群众、鼓舞群众。在20世纪60年代国家三年经济困难时期，笔者在地区一中就读，每逢星期六，丽江坝的青年男女们都要聚集在古城四方街，烧起篝火，围绕篝火尽情欢乐地打跳，人们积极向上的精神被很好地激发出来。改革开放以来，每逢节假日，丽江古城就成为打跳和歌舞的海洋。2017—2019年，丽江连续举办了全国中老年广场舞、民族舞大赛，成为全国性中老年人的一大赛事品牌，彰显了打跳的魅力。

丽江古城民间社会有棋琴书画和纳西古乐的传承，这是当地的一大特色，也是一项具有悠久历史、很有文化内涵的有益活动，为形成良好的社会氛围和环境作出了贡献。这种活动由家庭和民间社会共同倡导，不少民间社会组织为之热情服务。在丽江古城，男人们学习琴棋书画、做学问、演奏古乐是一件很荣耀的事，许多人乐此不疲。由于有不少学习、传承的形式，且常开展各种比赛和展示活动，这一领域逐渐有较深的造诣，在丽江这个边僻之地，也出过不少琴棋书画领域的名家。

纳西古乐从广义上讲是指纳西族古老的东巴音乐、白沙细乐、洞经音乐和民族音乐。许多古乐能传承至今的重要原因是，历史上民间社会有许多传人，参加学习传承活动的人数不少，组织的活动也很多。以洞经音乐为例，丽江古城在历史上有民间洞经会、皇经会，不带宗教色彩自娱自乐的古乐会，还有不少小的乐会和其他学习传承组织。通过不断学习传承，不断交流提高，洞经音乐一直延续至今。纳西古乐通过宣科先生的总结提升，形成了一套理论和乐曲，并走向世界，这说明它是有深厚积淀和基础的。

丽江古城民俗节庆活动很是丰富。纳西族是一个喜欢过节的民族，既过民族自身的节日，也过其他民族的一些节日。总之，丽江古城所展示的开放包容文化，包括各种节日节庆活动。这里不作具体介绍，主要说明两点。

一是纳西族在春节期间，历史上主要是开展祭天活动。春季大祭天就在这个时间。具体祭天时间上，纳西族几大祭天族群略有差异，但都在春节期间。准备工作从腊月间开始，正式祭天一般从正月初三、初四开始，以村庄家族宗族为单位进行。这是一年中最隆重的活动，最大特点是祭天祭祖活动融为一体。

二是纳西族历史上有个杀猪节。杀年猪是庆丰收和准备过年的一次重大活动，亲朋好友都要到场，历史上这个节日就是大碗喝酒、大碗吃肉的日子。改革开放以来，这个节日益红火起来，对年轻人颇有吸引力。主要原因是炭火烤肉、烤米灌肠、烤饵块、烤新鲜蔬菜，既生态又香喷。古城周边村民自家喂养的肥猪，用生态喂养、不用混合饲料，猪肉味地道，深受年轻人的喜爱。

十二、古城的红色基因

丽江古城是国家历史文化名城、世界文化遗产，同时又是一座与时俱进具有光荣革命传统的红色古城。丽江古城有着红色文化、红色基因的光辉篇章。

丽江古城的革命传统与纳西族历史上高度国家认同、中华文化认同密不可分，与诚心报国的家国情怀高度契合。清朝末期，丽江纳西族也有一批寻求救国救民理想的知识分子到日本、法国等国留学，学习军事、政治经济、工业等先进知识和新思想。辛亥革命前后，国家要富强、民族要振兴、社会要进步的先进思潮得到这里广大先进知识分子的广泛认同，他们还进行了不断探索。有两件事情证明丽江古城是古老而与时俱进、追求先进思想的城市。清光绪三十一年（1905年），丽江府中学堂在丽江古城创办，是云南省最早创办的具有现代意义的学校。光绪三十三年《丽江白话报》在丽江古城创办，旨在宣传反帝爱国思想、提倡富国强兵和鼓励学习先进科学技术。

辛亥革命时期，丽江一批有识之士组织参加滇西起义、重九起义。1916年，丽江有3420名以纳西族为主的各民族青年参加讨袁护国军，其中出了一批团营以上军官骨干。

还有一批青年知识分子受到《新青年》等先进刊物影响，接受先进思想，积极参加革命活动。1919年，白沙古镇纳西族青年陈可轩就读于北京高等师范学校，参加了五四运动，在丽江和昆明的一批纳西族青年积极响应。纳西族青年和中立在20世纪20年代参加八一南昌起义和广州起义。丽江古城青年李群杰，1931年考入北平国民大学，在共产党黄松龄教授影响下接受马克思主义理论，后考入中山大学学习，1937年5月1日在香港加入中国共产党。1937年7月，李群杰回到昆明后任中共昆明支部书记，1938年8月任中共云南特委书记，1939年1月任中共云南省工委书记。

丽江古城的红色文化篇章值得深入挖掘，其中有几件事情值得大书特书，永远铭记。

一是欢迎义军，结下深厚军民鱼水情。1936年红二、红六军团长征过丽江，时间虽短，但意义重大，影响深远。丽江各族人民群众在四方街集结，有组织、有秩序成群结队到玉龙锁脉和东元桥一带欢迎红军。他们打着"欢迎义军"的三角旗，在东元桥接官亭路边摆上香案，郑重其事地欢迎"共产""义军"的到来，并带领他们进入丽江古城。当年红十二师先遣团团长黄新庭将军重返丽江时回忆说："这是红军离开苏区后第一次受到有组织的人民群众的欢迎，这在红军长征历史上，在国统区是绝无仅有的事情。"

二是在古城进行渡江部署和动员。红二、红六军团进入丽江后，在丽江古城指挥部召开了师以上干部会议，要求各部队向丽江各族群众、各界人士宣传抗日反蒋主张，争取群众理解支持，全力以赴实现渡江北上计划，做好渡江前的政治动员和各项准备工作，并向全军发出了三项紧急动员令：北渡金沙江与中央红军会合；开展行军不掉队、不落伍比赛；严守渡江纪律，按秩序渡江，严格执行党的民族政策，做好民族地区统一战线工作。贺龙总指挥亲自写信给各民族乡绅做工作，请他们动员船只船工，帮助红军渡江。[①]

三是广大群众全力帮助红军抢渡金沙江。1936年初，红二、红六军团在滇黔边界地区乌蒙山一带战斗，3月30日，红军总部电令红二、红六军团北渡金沙江，到康区甘孜与红军总部和红四方面军会合。从此，红二、红六军团开始了抢渡金沙江为目标的战略转移，同时放弃了在盘江地区建立根据地的计划。国民党十多万军队围追堵截，妄图渡江前消灭红军，各地金沙江渡口被国民党军严防死守。所以对红军而言，渡江则存，渡江则胜，抢渡金沙江具有重大战略意义，甚至关系到北上抗日和红军三大主力的会师。丽江各族人民为此作出了重大贡献。

四是红军播下革命火种，在丽江结下硕果——建立了解放战争时期革命根据地。丽江历史上就是滇西北和滇川藏交汇区域的政治、经济、文化中心，也是滇西北的首府。解放战争时期，在丽江古城爆发的"五一"大游行、"七一"解放事件，对创建以剑川、丽江为中心的滇西北革命根据地产生了很大影响，对解放

---

① 云南省军区党史资料征集办公室编：《红二、六军团长征过云南》，云南人民出版社1986年版，第120页。

滇西和滇西北，乃至解放西昌、把解放区扩大到康南地区作出很大贡献。丽江在民主革命时期把宣传群众、发动群众、搞好对民族地区上层人物的统战工作，建立革命武装结合起来，积累了宝贵而独特的经验，并被誉为党的三大法宝及革命群众运动在边疆民族地区实践和成功的典范。

今天我们看到的红军长征过丽江指挥部遗址、丽江解放纪念碑等彰显了丽江古城的红色文化内涵。

第二节　感悟玉龙雪山文化

玉龙雪山，元代之前在中原名不见经传。按照清代纳西族诗人木正源的说法："丽江雪山，名山而隐者也。""知五岳外之名山而隐者，有此雪山。""雪山僻边在边徼，无人传焉，传不传，无加损于山中之灵也。"

随着时代的变迁，人类社会不断发展进步，交通日益便达，玉龙雪山露出了真容，被更多世人所认识和了解。元代李京称"丽江雪山天下绝"，到了明末清初，玉龙雪山被载入了《中国名山志》，声名鹊起。改革开放后，随着旅游业的兴起，玉龙雪山成为我国首批5A级旅游景区，成为国家重点风景名胜区，成为国内外游客向往的旅游胜地和名山。2005年，玉龙雪山与世界著名山峰——阿尔卑斯山马特洪峰结成姊妹山峰，成为世界著名的雪山之一。

玉龙雪山之所以知名度越来越高，在于从地理视角和深度的文化感悟角度讲，这座雪山有许多独特之处。它的魅力无处不在，它创造了若干个第一。它有海洋性冰川，是北纬最南端终年积雪的山，是中国长江以南第一高峰，是从亚热带到寒带生物多样性最为突出的雪山，是一座承载着厚重历史文化和民族文化的大山，是人们追求理想与爱情时内心深处最美好最向往的雪山。

一、玉龙雪山充满神秘文化，是民族精神的象征，是纳西族及滇西北各民族共同的神山、共同的保护神

玉龙雪山矗立在滇西北高原的丽江大地上，数百里以外就能一睹它高大、挺拔、陡峻的英姿。明代徐霞客曾在宾川鸡足山一睹玉龙雪山的雄奇，他惊叹"雪山一指，竖立天外，若隐若现"的奇观。玉龙雪山由13座主要山峰组成，主体部分南北纵向约40公里，东西宽约15公里。如果在鸣音览雪亭看这座雪山，从北向南排列，蜿蜒起伏，高低错落，犹如一条腾飞的银色巨龙。玉龙雪山和金沙江有着天然的联系，金沙江三面环抱玉龙雪山，雪山最低处在大具乡金沙江河谷地带，海拔最低处有1600多米，最高处扇子陡高达5596米。丽江因金沙江而得名，丽江的"江"就是指金沙江。历史上金沙江曾称为麽些江，是因为纳西族先民很早就居住在金沙江一带，成为金沙江的主人。丽江在纳西语里被称为"依古堆"，"依"指金沙江，"依古堆"指江湾的腹地。

而这江湾腹地又处在玉龙雪山主峰的脚下，于是丽江以及金沙江河谷地一带被称为"玉壁金川"。纳西文化离不开玉龙雪山和金沙江这个大背景，玉龙雪山和金沙江相互融合，有着不解之缘。

玉龙雪山旅游景区的最大特点在于自然景观和人文景观高度融合。玉龙雪山拥有许多美丽的神话故事，它们为雪山赋予了丰富的人文精神，游客观赏玉龙雪山美景时就能体会到其中的意蕴。玉龙雪山一处一景，三步一景，景区景点数不胜数，现在开发的只是其中一部分。玉龙雪山有很多高山草甸、原始森林、冰川湖泊、山涧飞瀑、奇花异草、飞禽走兽，现已开发的主要有冰川公园、甘海子、云杉坪、牦牛坪、蓝月谷、览雪亭等景点。雪山脚下有白沙古镇、白沙壁画、玉湖古村落、"玉柱擎天"、玉峰寺、福国寺、玉水寨、东巴王国、东巴谷、东巴万神园等景区。

自明代以来，吟颂玉龙雪山的诗词歌赋渐渐多了起来，以玉龙雪山为题材的文学艺术作品也有不少。其中清代纳西族诗人木正源把玉龙雪山概括为十二胜景，他说："余生长其麓，见闻颇悉，爱不揣谫陋，细为尔见缕，因前人咏玉湖倒映一景，复为十二景，各缀以小叙，以志仰之志已耳。"木正源所述玉龙雪山十二景为：玉湖倒影、金江劈流、三春烟笼、六月玉带、晴霞五色、夜月双辉、晓前曙色、暝后夕阳、白泉玉液、绿雪奇峰、龙甲生云、银灯炫焰。雪山十二景的概括充满了诗情画意和人文精神，体现了玉龙雪山的真容和神韵。

玉龙雪山及其周边区域是历史文化和民族文化的富集区，有众多物质文化和非物质文化遗产。比如在迪庆和丽江金沙江流域发现的52个岩画点中,在玉龙雪山周边属玉龙纳西族自治县的有21处48组岩画,岩画面积近1000平方米,占整个金沙江岩画面积的50%左右。2007年3月,国务院公布金沙江岩画为国家第七批重点文物保护单位,这个区域有石棺墓文化的分布。木基元教授认为,纳西族地区石棺墓文化分布十分广泛,尤其集中在金沙江河谷地区,时间大多在青铜时代,因此石棺墓成为纳西族地区青铜器时代文化遗产的重要物证。二十世纪六七十年代,大具乡政府所在地营盘村发现大批石棺墓葬,白麦金江村也有同样的发现。2020年8月,考古学家在大具发掘了春秋战国时期大型石棺墓葬群,并有重大发现。考古推断,大具石棺墓葬始于新石器时代。1983年底,丽江古城大东乡热水塘发现了新石器时代遗址,研究表明该遗址与元谋大敦子新石器遗址属同一类型。

玉龙雪山周边还有许多古老的传统村落,这些传统村落还保存着比较原始的东巴文化祭祀活动和民族民间艺术形式。只要是东巴文化传统村落,一般都保存着古老的民族艺术,比如有《哦热热》等原始古歌。笔者考察的宝山石头城吾母村、大具乡嘎子村都保存有原始的祭天场所,每年春节和农历七月均举办祭天的活动。

玉龙雪山是纳西族民族精神的象征,是纳西族和滇西北其他民族共同的保护神。纳西族先民把玉龙雪山当作天地间最大最稳固的靠山,民族奋斗进取精神不竭的源泉,也是丽江人民和平、安宁、幸福的保护神。为什么呢?玉龙雪山首先是人民群众的衣食父母。玉龙雪山为它的子民们提供了众多的生产生活资源,如水源、矿藏、森林、草甸、奇花异卉、中草药等,白水河、黑水河、三思河、丽江坝周边几十个泉眼,哺育了各族人民。

三多神是玉龙雪山的化身,他法力无边。在白沙建有北岳庙,这是丽江最早的寺庙,里边供奉着三多神,又叫三多阁,北岳、三多为一体。北岳庙始建于唐德宗兴元元年(784年),缘于异牟寻继位南诏王后,敕封"五岳四渎",玉龙雪山被封为北岳,是五岳中的最高峰。木公在《重修北岳庙记》中写道:"夫北岳即玉龙也,玉龙即雪山也。巍巍之乎,雪山乃一滇之所望也。然而岳山之灵者,神也;神即岳山之气也。气爽则神灵,神灵则人杰也。"说明三多是玉龙雪山的化身,是其精神的象征。三多是英勇无敌、战无不胜的神,同时他扶危济困、消灾解难、消除邪恶、保境安民,是纳西族的保护神,也是滇西北其他民族的保护神。三多还是和平之神,给民众带来和平与安宁,保护着各族人民过安居乐业的生活。三多是滇西北各民族,包括汉族、纳西族、白族、藏族、傈僳族、普米族、彝族、苗族等的共同保护神,是各兄弟民族团结和睦的纽带。

二、玉龙雪山见证了纳西族对美好生活和忠贞爱情的不懈追求

我在《玉龙雪山——一座蕴含着深厚民族文化的山》一文中写道:"丽江被称为浪漫之都、爱情之都和殉情之都。而玉龙雪山则是它们的集中代表,一座圣洁的情山,也是人们所追求的玉

龙第三国的所在地,是殉情之都的最高殿堂。"殉情是历史上的一种社会现象,表现形式有所不同。在历史长河中,中外各民族的文化作品中都有记录。比如《梁山伯与祝英台》《孔雀东南飞》中的男女主人公以及西方的《罗密欧与朱丽叶》等。丽江被称为"殉情之都",原因在于此风在历史上曾比较盛行,甚至有些人因此说纳西族是一个悲剧性的民族。虽然这一说法欠妥,但对历史上纳西族存在过的殉情现象是值得深入研究的,目前有不少中外学者对此作过研究。

殉情是一个复杂的社会现象,受深刻的历史文化、社会、民族心理等因素影响。笔者对此情况也作过一些思考和研究,而且亲眼见到过殉情者的情形,并访问过许多乡贤,特别是老者。1957年上半年,笔者还在读小学,有一天中午与小伙伴听到一个惊人的消息,说南杜吾和中和村东边——恶霸河的柳林中,有两对四个青年男女"游无"(情死)了。我和几个小伙伴急急忙忙赶到柳林中,看到四个吊死在柳树上的青年男女,围观的大人们都议论纷纷。当天下午,人们把他们埋到一个地方。到了晚上,我害怕了,失眠了,他们的形象,不断在眼前闪现,好在和爷爷睡在一起,他安慰我,好些天后心情才慢慢安定下来。此后笔者又听说家乡九河发生了一些殉情事件。"文化大革命"后期,玉龙雪山云杉坪还发生过殉情,巨甸金沙江一线山村里也发生过好几次殉情事件,一直到改革开放之后殉情才绝迹了。

殉情与玉龙雪山——玉龙第三国有着千丝万缕的联系。如果没有玉龙第三国这样一个美好、自由、欢乐、幸福,充满着纯洁爱情的地方，可能就没有纳西族青年男女殉情的现象。对于这一现象，有的学者认为丽江"改土归流"后受汉文化影响，婚姻不自由，父母之命，媒妁之言，与民族传统婚恋自由产生矛盾，从而产生殉情。这固然是一种原因，或者说加剧了青年男女对封建包办婚姻的反抗，但并不是根本性的因素，实际上纳西族社会的殉情现象由来已久。

《鲁般鲁饶》被称为东巴文化的三大史诗之一，也是东巴文学中的优秀代表作，是有记录以来首部记录纳西族青年殉情的作品。《鲁般鲁饶》反映的是纳西族社会早期，即游牧迁徙时期的故事，也就是说发生在奴隶社会时期，并在逐步过渡到半牧、半耕直至农耕时代的过程中，不断补充完善最终形成经典。纳西族殉情现象可追溯到先民从西北迁徙到川西南大渡河、雅砻江，再到金沙江一线活动的时代，至迟是唐宋时期，这一点东巴文化学者和志武先生的论证是令人信服的。他认为在原始的经典《鲁般鲁饶》中提到几个重要地名，如"左边苏吉（无量河）大，右边公吉（雅砻江）大，中间纳吉（纳西江，即金沙江）大"，都是这部作品产生时代的重要依据之一。

这部史诗中的女主人公康美久命金最终来到了玉龙雪山下，在这里苦苦等待着心爱的人，但男主人公朱古羽勒排迟迟未到，于是玉龙第三国的爱神派了飞鸟和走兽来迎接她，久命金走了。三天后，朱古羽勒排来了，他为找遍了玉龙雪山也没找到心爱的人而悲痛欲绝，他向天空不断高喊："久命金哟，我来找你了！"这是赵银棠翻译的版本。牛相奎、赵净修整理的版本结尾是这样的：

两个知心合意人，
永远不分开！
羽排脱下白披毡，
轻轻盖久命；
拢来松枝和柏叶，
放在她周围。
一团烈火熊熊燃，
羽排跳进烈火里。
浓烟滚滚漫天卷，
化作白云冲天起。
十二崖子坡，
烈焰照天红。
两朵白云多美丽，
飞腾追逐在蓝空。

这里说的十二崖子坡，即玉龙第三国，纳西族殉情离不开这个理想的王国。这里是相爱的人们心目中的自由、幸福、爱情、美好的乐园。

这里没有苍蝇蚊子，
这里没有疾病和痛苦，
没有相互仇恨，
没有恶毒的语言。

人与人自然和谐，

人与人相亲相爱。

这里有穿不完的丝绸缎子，

吃不尽的鲜果珍品，

喝不完的甜奶美酒，

用不尽的金沙银团。

这里斑虎当乘骑，

马鹿来耕耘，

狐狸作猎犬，

彩霞做衣裳，

锦鸡来报晓。

这就是纳西族青年男女追求的玉龙第三国理想世界，是对殉情之境的想象，当然这也是梦幻中的世界。纳西族殉情是有着复杂历史文化背景的社会现象，是多个方面因素造成的。和志武在《纳西族民间殉情的社会历史原因》一文中将原因概括为七个方面。笔者认为有几个方面是值得高度重视的，尤其是其中蕴含的民族文化因素。一是过去阶级社会中存在的阶级压迫和剥削，自由和爱情所受到的窒息和压迫，婚姻自主及纯洁的爱情被剥夺等。二是玉龙雪山在纳西族青年中的崇高地位和巨大影响力。在古代交通闭塞，人背马驮，科技又不发达，玉龙雪山在人们的想象中是无边无尽的神秘世界。这里的自然生态，这里的美景，这里的故事，使它成为滇川藏交界区域纳西、藏、白、傈僳等民族心目中的圣山、情山，是人们心目中最美好的象征。加上纳西族在历史上崇敬自然、热爱自然、呵护自然的民族传统，有着愿意回归自然、与自然融为一体的理念追求。三是对玉龙第三国这个理想王国的追求，愿意以青春和生命作为代价。玉龙第三国对殉情者的吸引力是巨大的，这是个非常美丽的诱惑，有时是不可抗拒的。四是《鲁般鲁饶》以及民间流传的"游悲""本子""调子"有很强的艺术感染力，引发青年男女思想和感情的共鸣，有时甚至起到刻骨铭心、继而引发思想感情冲动的作用。纳西族的传统音乐舞蹈艺术，包括民间各种艺术曲调形式，是个宝库，纳西人生来就能唱歌能跳舞，人的生老病死都有民间调子，尤其是青年男女爱情婚姻等方面的民间调子则更多，包括各地许多风格不同、形式不同的有关爱情和情死的调子，包括民间流传的相会调，其内容丰富，语言生动，感情细腻，描述实在，说到悲痛处则凄凉哀怨，如泣如诉，很能打动人们的内心世界，艺术魅力和感染力是很强的，对殉情可能起到催化剂的作用。正因为如此，许多纳西族地方不允许未婚青年及年幼者听这些曲调。

除了本地学者对纳西族殉情现象的研究，其他地区的学者也通过研究这一主题获得了不少成果。著名作家汤世杰写出了长篇小说《情死》，还有散文评论集《殉情之都》。这些作品深入挖掘了孕育这一社会现象的历史、文化、民族心理等因素，充分肯定了纳西人为追求自由和爱情不惜以青春和生命为代价的民族精神。柴枫子先生对纳西族殉情作了深入的实地调研考察和研究，写出了一系列文章，并进行了深入的文化思考。他说，在玉龙雪山山麓发生的殉情,绝不是简单的。玉龙雪山发生的无数人(数以万计)的,一系列的,涉及整个民族及人性的殉情事件,充满了非常纯净、真挚、高贵和圣洁的因素,它和这片壮丽的土地有关,并且同步。

玉龙雪山之所以受到中外游客的喜爱和追捧,与这里底蕴深厚、特色浓郁的民族文化是分不开的。对玉龙雪山优秀民族文化的挖掘和彰显,具有极大的潜力,需要我们结合时代进行创造性转化和创新性发展,让玉龙大雪山真正成为青年男女忠贞爱情的打卡之地,成为他们精神文化的纯洁乐园。

三、"植物王国"与纳西族生态文化息息相连

数千年以来,纳西人对玉龙雪山无限崇拜、敬畏、呵护,与玉龙雪山相依相存,绵延不断,生态文化成为保护的基础和根魂。

玉龙雪山是蕴藏着无尽宝藏的宝库,历史上曾是木氏土司开采金矿的地方,金沙江的沙金与这座雪山有着天然的联系。当然我们说玉龙雪山更是一座生物多样性的宝库,是动植物资源的聚宝盆。当你进入玉龙雪山感受神奇美丽的风景,恍如走进一个童话的世界。

玉龙雪山得到天地的特别垂青,生物多样性是天地造化的结果。这座雪山是北半球距离赤道最近的终年积雪的雪山,是北半球纬度最低的有着海洋性冰川的大雪山。在海拔4500米左右的区间,分布着19条冰川,面积在11.6平方公里。

玉龙雪山是云岭山脉中最高的南北向排列的山地。南北间约长40公里，最高海拔在最南端的扇子陡峰，5596米，最低海拔在山最北端金沙江下虎跳河谷，即大具乡小米地锅底潭，1680米，高差3900多米。根据资料，这里海拔每升高100米，平均气温就递减0.8℃，从大具下虎跳河谷至山顶依次出现暖性、暖湿性、湿凉性、北亚热带和寒带等山地气候带。这里真正称得上是"一山分四季，十里不同天"。

受海拔和地域影响，整个玉龙雪山区域成为生物多样性的宝库、动植物的宝库。玉龙雪山是横断山脉中高山植物区系最丰富、最集中的区域。据统计，玉龙雪山共有藻类植物31科71属196种，地衣植物17科14属20多种，大都具有药用价值和香料价值；苔藓植物苔类45种、藓类130种，分别组成水生、木生、石生、土生等植物群落；蕨类植物有220多种，从干热金沙江河谷到高山流石滩荒漠带均有分布；种子植物有145种758属3200余种。海拔1850米以下，植被以旱生、耐旱的棉荆条和刺盆树、猪腰子树、仙桃等灌木和山草为主。改革开放后，群众的种植情况表明，这个区域很适宜发展油橄榄、软籽石榴等果木树种。

玉龙雪山东坡，海拔2400—2900米，是以高山栲为主的半湿润阔叶林带及云南松生长地带；海拔2700—3200米，为铁杉针阔叶混交林、硬叶常绿阔叶林带；海拔3200—4200米，为亚高山寒温性针叶林地带；海拔3700—4300米，为高山杜鹃灌丛林地带；海拔4300—5000米，为高山流石滩荒漠植物带。

玉龙雪山西坡因地质环境影响，山地垂直自然景观存在着显著差异，海拔4300米以上与东坡基本一致。此外，西坡植被有其特点，整个坡面是以岩漠、稀疏灌丛为主的自然景观。

在玉龙雪山20多个原始森林群中，有金铁贞、云南黄连、栌菊花、华榛、丽江铁杉、长苞冷杉、云南榧木、红豆杉等20余种国家保护的珍稀濒危植物，其中以丽江和玉龙山命名的植物就有139种，是我国植物模式标本的集中产地。

云南八大名花在玉龙雪山应有尽有，且品种繁多，其中杜鹃、报春花、兰花、野牡丹很著名。据统计，有杜鹃56种、龙胆50多种、报春花60多种、山茶5种、百合20多种、兰花70多种、绿绒蒿8种。被称为"环球第一树"的万朵山茶、十里香牌坊、普济寺樱花等都是驰名中外的古树名花。

玉龙雪山有800多种药用植物和动物，素有"药材王国"之称。名贵药材有天麻、短柄乌头、重楼、茯苓、皱叶乌头、延龄草、榧树、桃儿七、黄牡丹、虫草、贝母、滇黄芩、假百合、雪茶、木香、柴胡、当归、三七、大黄、玉竹、龙胆、三尖杉等。

由于玉龙雪山在地史上没有受到大面积冰盖，被认为是野生动物的保存中心和分化中心。这个区域是我国动物地理区划中属东洋界西南区西南山地亚区，分布以明显垂直变化为特征，动物区系主要分属横断山—喜马拉雅分布型的种类、特产种分布在本区很多。初步调查主要经济动物有59种，其中属国家重点保护珍稀濒危的动物有滇金丝猴、云豹、金猫、雪豹、藏马鸡、绿尾梢虹雉、猕猴、穿山甲、小熊猫、水獭、大灵猫、小灵猫、林麝、斑羚、白腹锦鸡、白鹇、鹦鹉等。蝴蝶种类珍奇繁多，既有古北区和东洋区的蝴蝶资源，也有高山珍奇蝴蝶类。

近两个世纪以来，玉龙雪山声名远播海内外，不少中外名家慕名而来进行深入考察，包括美籍奥地利人约瑟夫·洛克、英国植物学家乔治·福雷斯特。国内著名植物学家秦仁昌、蔡希陶、冯国楣等也曾到此进行考察研究。

玉龙雪山的自然生态和人文条件得天独厚，除了它的特殊自然地理气候等因素外，关键在人与自然和谐与共的民族文化因素。这种文化因子，与纳西人和玉龙雪山生死与共、相互依赖、共生共存的生命共同体的理念是分不开的。

一是数千年来纳西族等各族人民始终把玉龙雪山作为生存发展之母，当作圣山、保护神，认为人类的繁衍生息离不开玉龙雪山，它的一草一木都是珍贵的，要像保护生命一样保护玉龙雪山。这就是生活在金沙江玉龙雪山周边人民的共同心声，也是共同的行为。

二是在纳西族古老的宗教和东巴经典中，始终认为"人类与自然界（署类）是同父异母兄弟"，亲如手足的兄弟，要相依相存。尤其认为我们人类在自然中得到的东西很多，而人类对自然界（署类）破坏损害很多，人类是欠了自然界（署类）债的，所以人类对自然界而言不是索取，而是要偿还欠债。东巴经典认为，开展祭署，即祭拜自然神是偿还欠债的一种方法，因此人类必须感恩自然，敬畏自然，精心呵护自然，这也成为当地民众的共同意识。这种深邃的传统文化理念对玉龙雪山的保护起到了决定性作用。

三是改革开放以来当地政府采取了一系列实实在在卓有成效的保护措施。1964年，由于国家建设的需要，许多职工从东北大兴安岭林区调到云南，集中对滇西北林区进行采伐。丽江是滇西北的重点，国家组建了五个森工局进行采伐，其中黑白水林业局就是集中采伐玉龙雪山及周边森林的一个局。一砍就是30年，其间在群众中也出了乱砍滥伐现象。直到20世纪80年代，国家和当地政府才采取了一系列措施制止乱砍滥伐。1994年，云南省滇西北旅游规划会议在丽江召开。作为纳西人的云南省省长和志强果断决定停止砍伐玉龙雪山天然林，黑白水林业局等森工企业实行转产，砍树人转变为种树人、护树人，此后国家实施天然林保护工程，并陆续出台一系列"天保"政策措施，对保护玉龙雪山生态环境恢复植被起到很大作用，当地民众无不拍手称快。

四是党的十八大以来，丽江积极贯彻新发展理念，尤其深入落实习近平总书记"绿水青山就是金山银山"，关于长江经济带要"共抓大保护、不搞大开发"等指示精神，努力建设长江上游生态安全屏障。同时大力弘扬优秀民族文化精神，并把人与自然和谐与共的文化精神作为保护的根基和底色。今天玉龙雪山的生态恢复到了历史最好水平，已成为生态文明建设的排头兵和典范。

青山绿水要永远植根于中华优秀传统文化土壤之中，这样才能根深叶茂，长盛不衰，永续利用。

第三节　玉龙雪山与中外名人的情缘

随着丽江旅游业的崛起和发展，玉龙雪山成为我国乃至世界最具知名度和人气的旅游胜地之一，一时间不同肤色、不同年龄、不同地域的游客纷至沓来，2019 年进入玉龙雪山景区的游客达 500 万人次。历史上的丽江曾被认为是极边之地，尽管处在著名的西南丝绸之路和茶马古道要冲，但交通不发达，中原地区到此地实为不易。因而那些年代有不少中外人士与玉龙雪山结缘，感悟其高峻巍峨和独特的文化内涵。

一、忽必烈封玉龙雪山为"大圣北岳定国安邦景帝"

"元跨革囊"是元代实现中国统一的重大历史事件，也是元世祖忽必烈仁明英睿的体现。西南诸藩勇悍可用，宜先取之，然后南北包抄，夹击攻取南宋，这是忽必烈迂回取胜、统一中国的战略方针。

蒙古大汗为了探明西南虚实情况，于宋淳祐四年（1244 年）派一支铁骑，从甘肃到川西南盐源、木里到永宁进入丽江纳西族区域，大理国派大将军高禾带领三千人马到丽江九河一带迎战。是役高禾战死，但蒙古军并未南下，而是旋即撤离返回。为纪念高禾将军及众将士亡灵，在丽江县九河的小阿昌及大阿昌（今中和）之间的童山上建有高禾塔，又称北王塔，因为当时大理国权柄被高祥、高禾兄弟所掌控，故有此称。

一直到宋淳祐十二年夏六月，即九年后，蒙古大汗蒙哥命其弟忽必烈亲征云南。这一年虽然大军未动，但准备工作已在进行，包括派出使臣到大理劝降，派出人员到重要关口驿站打前站，做探哨。第二年即宝祐元年（1253年）八月，蒙古十万大军从甘肃临洮出发，九月到达川西南雅安一带，之后兵分三路南进。兀良合台走西路，抄合走东路，忽必烈走中路。忽必烈率领大军从木里、盐源到达答蓝（今永宁），驻日月和。蒙古军在此建有开基桥，当地纳西族首领蒙醋醋第三十九代孙和字内附。蒙古人在此休整后翻过西边的牦牛山到金沙江边卞头（拉西卡），即今奉科宝山对门一带，即用革囊（羊皮口袋）渡江到奉良、宝山一带。

"革囊"，纳西语叫"次独"。革囊的制作过程和使用方法为：选取优良成年山羊，屠宰后不能剥腹，而是整个从头部戽剥全皮，保留四肢和颈部呈整羊状，捂上一段时间后褪毛，之后擦腊油反复搓揉到皮子柔软，缝封上几处留下一个口子，吹气成囊，系于泅渡者胸腹部，浮游过江。或者用数只革囊和竹木材料制成皮筏，每次可渡四至五人。历史上金沙江被称为磨些江，因为纳西族人居住在金沙江一线。唐代，金沙江一线纳西族人已采用革囊渡江。白居易《蛮子朝·刺将骄而相备位也》中有载"泛皮船"之情形。清光绪《丽江府志》中对革囊渡江有明确记载。丽江知府孔继炘有"此物巧奇虽罕见，能让四海可安流"的诗句。据1957年统计，金沙江东部仍有18排的革囊筏子。

忽必烈进入永宁驻日月和，明万历《云南通志》有"元世祖驻跸处"的记载，证明蒙古军从永宁往西翻越牦牛山到金沙江奉良、宝山对门下头一带过江是有依据的。丽江奉科、宝山一带是中路军忽必烈革囊渡江之地，也是有许多史实依据的。

丽江坝纳西族首领阿宗阿良兼有三赕总兵之职，有较强实力，宋之后大理段氏未能有之。但面对十万蒙古铁骑，他很焦急，请大哥著名大东巴阿宗阿文占卜打卦，阿宗阿文说蒙古大军南下大理乃天数，天意不可违。于是阿宗阿良决定到拉伯金沙江江口迎接，想助蒙古军一臂之力。同时派出他的侄女，即大东巴之女阿凤格姆带一小队人马前往木里接应。忽必烈在丽江革囊渡江，与玉龙雪山结缘还有个美丽浪漫的传说，至今还在当地流传。让人惊奇的是，在忽必烈的家乡和蒙古族老百姓中也有类似的传说故事。丽江的传说故事与成吉思汗第三十六代长孙女包丽英所写的《蒙古帝国》一书中的描述有许多共同之处。

阿凤格姆女扮男装带领一队人马在木里与忽必烈队伍接上头，说明是奉阿宗阿良首领之命前来接应，忽必烈闻言大喜。这个年轻英俊的小伙子特别引人注目，他个头高挑，动作麻利，面带微笑，背着弓箭，带着纳西土著铎鞘宝剑，在崎岖山路上跃马扬鞭，一路满面春风。而蒙古铁骑善于在大草原上奔驰，不适应崎岖山路，到了山陡谷深、峻崖山路上则行进艰难。这个小伙子对忽必烈特别关照、体贴入微，因而给他留下了十分美好的印象。到了金沙江边，这群年轻小伙协助蒙古军革囊靠岸，帮助搬运兵器货物。蒙古军大队人马过江后，有的驻宝山一带，有的驻奉良一带，当地至今还有营盘村、马箭道等地名。

阿宗阿良带大队人马在江边迎接，带来许多物资包括食品土特产品，迎请忽必烈到江边草地里休息用餐，然后往南前往现称为"蒙古谷"的村庄。周边高山直插天际，而这个小平坝村子绿树成荫，溪流纵横，遍地花草，犹如世外桃源，忽必烈及其亲兵随从很快安顿下来。

稍事休息后，阿宗阿良和阿宗阿文大东巴率众土民敲着铜锣，吹起牛角号，奏响葫芦笙，跳着东巴舞，来到忽必烈住的大院里开展东巴祈福活动。一个极其俊俏的纳西族姑娘着裙装，戴着面纱，手持高大的东巴字画木牌，成为一个亮点，引人注目。姑娘除去面纱，忽必烈看到似曾相识，于是问道："你不就是来接应我们的那个小伙子吗？今天怎么变成了娇美人呢？"姑娘脸上染上了红霞，白里透红欠身道歉。阿宗阿良见状答道："她本是女儿身，叫阿凤格姆，是我大东巴哥哥的女儿，我的侄女。她能文能武，既能诵读东巴经书，又能骑马射箭，射杀过大老虎，是我们金沙江的女儿，天女衬恒褒白的后代，绝顶聪明漂亮。"忽必烈仔细端详着这个纳西族美女：高个头、丹凤眼，文雅得体的举止，微笑起来特别迷人。他惊叹这个天仙般美丽的高原佳人，大加赞赏，倾慕不已。大东巴翻译了木牌上东巴象形字的意涵："虎啸鹿鸣金沙江，天赐神威玉龙山。"阿宗阿良说："大东巴阿宗阿文是我大哥，在三赕和吐蕃地方称为东巴大神，是丁巴什罗的传人，他的占卜和打卦很灵验。卦里说，太弟亲王贵不可言，前程无量，还与玉龙三多神有缘分，三多是战神，可助太弟亲王克敌制胜。"忽必烈闻言甚为高兴，给大东巴及其女儿许多赏赐。

忽必烈大军闯过了瓦弄雪山大岩险关（今太子关），这个关是丽江与吐蕃之界，向北延伸到三江口。这里在乾隆《丽江府志略》中有记载：险峻天成，是伸手摸着天的地方。忽必烈也只能"舍骑徒步"，好在有阿凤格姆精心照料，他心情极好，一路向南往丽江方向而来。西边是从下虎跳峡到丽江绵延数十公里的玉龙大雪山。一开始雪山云遮雾罩，时隐时现，神秘莫测。一直走了数个时辰，忽然间，云开雾散，天空湛蓝，几十公里大雪山展现真容：峰峦叠嶂，白雪皑皑，气势恢宏，犹如腾飞的玉龙，在太阳光的照射下，折射出银色的光芒。忽必烈遥望雪山气象万千，甚为惊奇。阿宗阿良说："'贵人到，雪山笑'，今天玉龙大雪山呈祥瑞之气，向亲王殿下致意，此乃吉兆。"忽必烈大为感慨，忙顶礼膜拜。

忽必烈在阿宗阿良引领下来到白沙坝，受到当地百姓的热烈欢迎，百姓们都带着香火，恭身致礼，表示欢迎和祝福。一行人急忙赶到三多庙，向三多战神朝拜进香，祈求三多神助力南征取得胜利。忽必烈叫大军进驻到丽江坝东边一带，即今天营盘洛、阿营灿、阿营闹当和文林村一带。亲兵随从和护卫部队驻白沙俄敦罗一带，他则驻在玉峰寺旧址雪山庙及附近僧房里，便于早晚朝拜三多神，很是虔诚尽心。当时丽江坝溪河纵横，水草茂盛，四处湿地，遍地野花，忽必烈赞叹不已，在丽江休整了半个月时间。其间，阿宗阿良及大东巴带来许多供养，早晚与忽必烈谈古论今，许多时候谈到深夜。他们热诚赞扬忽必烈带领的军队纪律严明,不杀人,不扰民,为仁义之师,建议他到大理高扬"仁义之师"大旗,以仁德服民心。之后,忽必烈的确对大理采取了"恩威并重,招降安抚"的策略,除杀了高祥等少数人外,对段氏采取了安抚使用的政策。

在南进大理之前,忽必烈纳阿凤格姆为王妃,这是两情相悦的一桩美事,他们在丽江举行了盛大的东巴婚礼祈福仪式。传说,阿凤格姆王妃始终跟随忽必烈,陪伴左右,立下功劳,她深得忽必烈钟爱和信任。其间,阿宗阿良先任先锋,后升至副元帅,立下功劳,被任命为三赕茶罕管民官。在阿宗阿良等纳西族将领帮助下,蒙古军攻打大理国势如破竹,很快控制了大理和云南局势。

宝祐三年(1255年)二月八三多节期间,正是丽江百花盛开、踏青春游的时节,忽必烈带领一支精锐部队从原路返回丽江,仍驻在白沙俄敦罗一带,他在这里举行了两个大典,一是隆重祭拜三多神,封玉龙雪山为"大圣北岳定国安邦景帝",祈求蒙古国江山一统。二是庆贺王妃诞下一子,军民同乐同庆。纳西王妃跟随忽必烈回到漠北开平府,与察必王妃亲如姐妹。在开平府,阿凤格姆又为忽必烈生下一个孩子,是个眼睛乌亮、美丽非凡的女孩,因在忽必烈女儿中排行第九,家人都叫她"九儿""九公主"。第二年九儿哥哥因病早夭,纳西王妃痛失爱子,悲痛欲绝,因过度伤心,加上为保护忽必烈而受过伤,旧疾复发,数月后竟随爱子而去。临终前纳西王妃将女儿托付给察必王妃,向忽必烈表达了最后的心愿。忽必烈登基后,察必王妃被封为皇后,纳西王妃被追封为贵妃。察必皇后是非常仁慈豁达之人,她视九儿为己出,百般疼爱。在至元初年,高丽国王奉表与元朝修好,并为世子王愖请婚,两次入朝,忽必烈最后把天仙般的九儿公主嫁给了高丽王子。

革囊渡江,为元朝实现国家统一作出了贡献,使云南作为一个行省进入中国历史舞台,意义重大。就丽江及其周边地区而言,也具有划时代的意义:丽江进入一个新的历史发展时期,成为中央王朝的一个路,成立军民总管府,后设立宣抚司,领一府七州一县,为成为滇西北区域政治、经济、文化中心奠定了基础。在丽江东北部一带设立宝山州,丽江坝文林村一带设立了通安州。这些情况从一个侧面说明了元朝及忽必烈对丽江的重视。

二、中原名士李京与玉龙雪山

丽江雪山天下绝,

积玉堆琼几千叠。

足盘厚地背摩天,

衡华真成两丘垤。

这是至今发现最早的中原汉族诗人写玉龙雪山的诗作,赞美玉龙雪山"天下绝"。诗人把玉龙雪山与天下名山相媲美。南岳、西岳都是中华名山,衡山雄奇壮观,华山陡峻险奇,但南岳衡山、西岳华山在玉龙雪山面前只是矮小土堆似的"两丘垤"了。

古称南岳的衡山海拔1290米，西岳华山海拔也只有3200米，而玉龙雪山高达5596米。中原来的李京，面对巍峨雄奇的玉龙雪山，发出了感慨万千的惊叹！

李京是云南最早的地方志《云南志略》的编撰者，这是元明以来研究云南最重要的典籍之一，有很高的历史文化价值和学术价值。李京在马背上颠簸了18天之后，才从昆明来到丽江，随后很快被玉龙雪山折服。常言道"诗言志"，诗又是爱的结晶，李京深深爱上了玉龙雪山。他还对玉龙雪山下的纳西族进行了实地考察，对这里的民风民情饶有兴趣。很快他就被这里淳朴的民风以及热情好客的纳西人所感动，他记载说："每岁冬月斩杀牛羊，竞先邀客请客，清忽虚日，一客不至，则为深耻。"

李京，今河北沧州献县人，是元代著名的诗人和学者。他从小志向高远，博览群书，学识渊博。他年轻时就"掌故枢府，不数年遂为长幕"，可见年轻有为。元大德五年（1301年），李京被成宗铁穆耳重新起用作云南宣慰副使，他在云南奔走了三年多，到了许多地方，很熟悉云南的风土民情。

李京面对拔地而起、高耸入云，离天咫尺，蜿蜒数十公里，十多座山峰依次排列的玉龙雪山，发出"天下绝"的感慨。他之所以感慨万千，与他的经历及情思应当有着千丝万缕的联系。李京作为中原文化名人，用诗篇对玉龙雪山作出的高度评价，为玉龙雪山留下了辉煌的文化记忆。

三、玉龙雪山——洛克的心灵栖息地

美籍奥地利人约瑟夫·洛克是伟大的探险家、植物学家、人类学家,被称为"西方纳西学之父",是西方纳西学研究的开拓者、奠基者、集大成者。他的推介,使纳西文化名扬西方世界。

约瑟夫·洛克在丽江27年,他的"总部"就设在玉龙雪山脚下叫"巫鲁肯"的纳西族村子里。这个村汉名叫雪蒿村,现称玉湖村。黄忠兴先生在这个村子建立了洛克故居纪念馆,他几次找我帮忙,我本人是这个馆建设过程的见证者和支持者之一。洛克故居纪念馆好就好在原真性地保持了当年的模样,就连洛克用过的床、马灯、日常工具和药箱等都是原物。如果用当年洛克留下的照片加以对照,那么从院落到生活用品都是一模一样,仿佛洛克就在"巫鲁肯"的家里。洛克在丽江的岁月里,始终在玉龙雪山的怀抱之中,与玉龙雪山朝夕相处,受玉龙雪山耳濡目染。他直接喝玉龙雪山之玉液,吃玉龙雪山之山珍,与"巫鲁肯"纳西族村民共同喜怒哀乐、共同度过每一天的时光,他对玉龙雪山的研究犹如钻进它的心灵深处,探寻到玉龙雪山的魂魄真谛。

玉龙雪山是纳西族的圣山、神山、情山,是纳西族民族精神的象征。洛克从感悟玉龙雪山、研究玉龙雪山的植物走上研究纳西族文化、研究神秘的东巴文化之路。他把对玉龙雪山的感悟与对整个纳西文化的研究和感悟融合在一起,赋予玉龙雪山纳西文化的精神内核。

1949年8月初,洛克依依不舍地离开了丽江,他乘坐的飞机在玉龙雪山上空盘旋,他的眼睛紧紧盯着雪山,回忆着他与玉龙雪山的岁月。他曾写信给朋友默里尔说:"我将视未来局势的发展,如果一切正常,将返回丽江完成我的工作","与其躺在凄凉的病床上,我宁愿死在那玉龙雪山的鲜花丛中"。然而他的愿望未能实现,1962年12月5日,他因心脏病在檀香山独居的家中去世,享年78岁。

1922年5月,洛克从昆明到丽江,从牛街前往甸尾,在百里之外的甸尾山上就看到了玉龙雪山,从此玉龙雪山一直陪伴着他,玉龙雪山成为他生命中的一部分。一开始他作为美国农业部的官员,同时美国《国家地理》杂志提供经费,叫他探查这里的地理和生物资源,并委以美国地理学会赴中国云南探险队队长的头衔。有充裕的经费保障,洛克在玉龙雪山和滇西北的崇山峻岭中,在当地人的帮助下,搜集了6万多种植物标本、600多种动物标本。这些植物标本被送到美国的一些博物馆和大学,有些品种通过实验室栽培,获得成功。

在丽江探险考察过程中,洛克发现了比动植物标本更为珍贵的东西——丽江及滇川藏区域的纳西东巴文化,从此他走进了神奇的东巴文化世界。在丽江的岁月里,洛克从学习纳西语入手,研究纳西族历史文化。他拜著名的东巴大师为师,以惊人的毅力学习东巴经书。同时,他关注西南地区文献古籍,搜集了几乎全部的与这个区域有关的史志、县志资料。从1924年发表在美国《国家地理》杂志上的《中国云南省腹地土著纳西人举行的驱鬼仪式》开始的一系列文章,到1940年出版的《中国西南古纳西王国》，再到后来历经几十年奋斗写成的《纳西英语百科词典》（第一、第二卷）巨著，凝结了洛克一生的心血。

对于玉龙雪山，他写道：在丽江纳西人所崇奉的三个山神中，作为丽江雪山之神的三多是最受崇拜的，与三多有关的神话及丽江雪山东斜坡上三多寺的历史，到处传颂。他把三多神与玉龙雪山的关系放到纳西族、藏族、白族及其他各民族关系中论述，在滇川藏范围中论述，而且有着独到的看法和见解，这是难能可贵的。

洛克旁征博引中国历史文献资料、地方史志资料以及外文资料，他还大量访问民间社会人士，收集了许多地方的传说。他走遍了滇川藏交汇区域纳西族居住的村村寨寨，获得大量第一手资料，还拍摄了几百幅反映当时状况的珍贵照片。洛克对记录二十世纪二三十年代的丽江，作出了贡献。

对于象征玉龙雪山的三多神，洛克的论述也是很有见地的。

一是玉龙雪山代表着一个神灵，这个神灵来自三赕。他认为这个神灵不是本地的神祇，而是来自遥远的北方，即西藏东部的草原区域。纳西人是汉朝末期从那里迁到丽江来的，同时把三赕这个名称一并带过来。最初可能将三赕作为玉龙雪山的名字，然后把三多神作为山神和纳西族的保护神。总之，三多对丽江而言是外来的神，是与纳西族一起迁徙来的移居者。

二是三赕来自姜的王国。西姜是西藏北部的一个地名，一度建立过姜王国，姜三赕就是丽江三赕。著名的藏族史诗《格萨尔》中讲述了格萨尔王与三赕王大战的故事，就是指与三多作战。于是三赕也成为丽江的代名词。

三是三多是从藏区久阿堆（藏族称为加德区域）这个地方迁来的，他们是三兄弟，三多是其中最小的一个。大兄长阿吴瓦在玉龙雪山西斜坡的一个山洞里，这个洞现在称为太子洞（在阿喜那边）。二哥名为拉基拉恒，住在拉市纳久坞的黑山上。三多两个兄长的故事，在文献中找不到，是洛克当年听纳西人口头讲给他的。

四是三多神有许多传奇故事。三多神是纳西族至高无上、法力无边的神，是宇宙的创造者、和平的保卫者，可以防备和战胜各种灾害、疾病。三多神权力如天一般大，他发出的光芒像闪电一样亮，他口能喷火，容颜像雪一样洁白；他的食欲特别大，每天能消化三只兽。

今天我们走到雪嵩村，参观洛克故居纪念馆，可以看到洛克当年工作和生活的状况，了解他在丽江的故事。

四、雪山知音李霖灿

李霖灿与玉龙雪山和纳西族有着水乳交融的联系，有着深厚的情谊。李霖灿对玉龙雪山、对纳西族的研究和了解，无论深度和广度都无人能与其比肩，他被称为"麽些先生""纳西学研究之父"是实至名归的。

2011年9月，笔者率领丽江文化旅游考察团到台湾访问，考察团成员不乏丽江的文化名人。我们有一个共同的期待就是到台湾故宫博物院参观并购买李霖灿先生的著作。他曾任台湾故宫博物院副院长，他的许多有关纳西文化的著述是由台湾故宫博物院出版的。比如《麽些象形文字字典》《麽些经典译注九种》《麽些研究论文集》《阳春白雪集》等。我们买到了其中几本论著，是那次赴台的一大收获。

1994年8月，在丽江行署的支持下，在纳西族著名作家杨世光先生热心牵头和帮助下，李霖灿的《神游玉龙山》由云南人民出版社出版发行。李霖灿是河南辉县人，杭州西湖艺专毕业后，于1939年辗转于丽江大理等滇西北一带，对玉龙雪山进行过深入细致的考察，对纳西东巴文化进行过开创性研究，前后有四年时间。他将对玉龙雪山的考察和对纳西东巴文化的研究融为一体，对玉龙雪山的认知和感情达到了很高的高度。

李霖灿在《麽些研究论文集》绪言中说："挥笔来为这本结集作序，心中充满了喜悦，因为这是我们学校毕业后第一次闯荡江湖，从四季如春的昆明，挥军北上，在丽江一住四载。不但写下了这些文字，还攀登两万尺高的玉龙大雪山。"之后又埋头致力于东巴文化的开创性、基础性研究。一干就是几十年，所以他又说：我真爱这里的山川人物，二十年的青春年华，我都和这个民族融合在一起，和他精神往来呼吸相通，自觉相知非浅不负平生。

1939年，李霖灿就读的杭州西湖艺专因抗战迁至昆明，他便来到丽江。他在《神游玉龙山》自序"忆丽江"中说："才从大学毕业，滕固校长要我到丽江去调查边疆艺术。我，一个陌生的北方人，一见到巍峨的玉龙雪山，立刻就知道这是我安身立命的不已所在，所以一切放下，约下另一个'疯子'李晨岚兄，一同专心诚意地来做个玉洁冰清的美梦。"

李霖灿对玉龙雪山的考察是认真的、深入的、专业的。1939年春天，李霖灿、李晨岚等人拉着帐篷到雪山考察了15天；1941年，又沿着金沙江环绕玉龙雪山一周，此后又去过若干次。这样大规模长时间拜访玉龙雪山实为罕见，李霖灿对玉龙雪山形成一套独到的见解：其一，"玉龙"是石的雪山。总是玲珑峭拔！白雪在石头上不能积得太厚，总是很有情致地镶嵌在山峰折叠之处，永远清新。一般游客和旅行者不太了解这个情况。我们说玉龙雪山至今无人登顶，有人觉得不可思议。其实李霖灿先生的这个见解回答了这个问题。正因为这是一座银石之山，且石山在冰雪长期极度寒冷之下，风化很严重，登山器具无法固定，雪山又是有温度的雪，加之壁立陡峭，因而无法登顶。珠穆朗玛峰虽然海拔高达八千多米，但它是一座土壤的肥山，只要严格训练，有特殊体质，依靠登山器具是可以登顶的。其二，玉龙雪山是花的雪山。李霖灿说：不曾到过玉龙雪山的人不能想象到它那遍地白雪、遍地鲜花的奇景！说与世人，他也未必肯信，真的，白雪中开着杜鹃，白雪中开着牡丹么？启兄说得好："所谓玉龙者，半山白雪，半山杜鹃是也！"玉龙雪山里花应有尽有，岂能一口说得尽？有野生牡丹、贝母、龙胆等，但杜鹃尤为珍贵，品种很多，开出各种颜色，矮的杜鹃，在雪线附近，只匍匐在地面，雪山腰则有几十丈高的乔木杜鹃。其三，玉龙雪山是画的雪山。李霖灿说，它本身是一轴画，朗朗照人却了然寒意！玉龙雪山的雪是绝妙的画材。李霖灿、李晨岚都是西湖艺专的高才生，他们在雪山画呀画，留下了许多作品。李霖灿感慨地说：玉龙雪山是画的雪山，只待画家着笔！其四，玉龙雪山是游的雪山。他们考察完玉龙雪山，得出一个共同的想法，应该在雪山脚下，竖起一道朱红牌楼，额上书写上六个金字"国立玉龙公园"——所需的人工点缀也只此而已，惊人的景色，大自然早已为我们准备得极善尽美了！

　　李霖灿深情地说："对于玉龙雪山，我们都有宗教巡礼者的虔诚，自1939年初夏发现这座滇西胜山（或圣山），便一住四年不忍离开。"李霖灿后来到海峡彼岸——台湾宝岛居住，仍念念不忘丽江玉龙雪山这片故土，他把纳西文化研究成果不断寄给丽江，并一再表达希望能成为丽江纳西族自治县公民。丽江纳西族自治县闻知此事，郑重作出决定，李霖灿如愿以偿。在78岁时，李霖灿特托在德国与雅纳克教授共同研究东巴文化的纳西族青年学者杨福泉带回一封白发，请他将白发埋在白雪之中。杨福泉十分感动，在丽江纳西自治县政府的帮助下，郑重其事，精心办理，与几位纳西族文人朋友一道，将其置于云杉坪的神秘之处，这是李霖灿提到的雪山最胜处叫锦绣谷的地方。葬身白雪中，雪山白雪封。

　　李霖灿先生对丽江人体现的这个高洁情怀深厚情谊，让他逝有可归是非常满意和感激的。对丽江人而言，与李霖灿先生有所聚是荣幸，先生是我们永远值得怀念和感激的人啊！

五、滇西北革命领导人黄平魂归玉龙

> 唤起玉龙千百岭,
>
> 跃马苍山十九峰。
>
> 雪山玉龙伴忠魂,
>
> 玉壁金川发春华。

解放战争时期,黄平是我党开辟滇西及滇西北地下工作的特派员、中共滇西工委书记、滇西北地委书记,是边纵七支队司令员兼政委,是一位很优秀的、有较强组织指挥能力、成绩卓著、受到滇西北各族人民信任和赞誉的领导人。

1997年9月6日,黄平同志走完了充满革命理想、革命激情和战斗的、不平凡的一生。按照他的遗愿,他的夫人、战友陈端芬和子女们把他送回了滇西北。曾经,他同滇西北各族人民同甘共苦、共患难、生死与共,同各民族的共产党员和革命战友们一道进行了舍生忘死、可歌可泣的革命斗争,取得了滇西北革命斗争的辉煌胜利。他对滇西北这片红色土地和各族人民怀有深厚的感情。他说滇西北各族人民是他的亲人,滇西北革命斗争中的战友们是他的兄弟姐妹,他离不开这些亲人和兄弟姐妹,于是滇西北各族人民的好儿子黄平回来了。他的骨灰撒在点苍山、金华山和玉龙雪山。

1998年2月14日,云南省政协代表王朝阳、云南中医学院副院长苏涟陪黄平夫人陈端芬及其子女一行护送黄平骨灰到丽江，并举行了隆重仪式。丽江地委、人大、行署、政协、纪委、军分区和丽江县领导都参加了这一活动，边纵地下党两百多位老同志自发从各地赶来，迎接这位革命者回到金沙玉龙大地，魂归玉龙。他的骨灰撒在了云杉坪的鲜花草地丛里，融入这片神奇美丽的土地。中共丽江地委书记段增庆致悼词，高度评价了黄平同志为滇西北解放事业浴血奋战、呕心沥血所取得的丰功伟绩，对丽江解放作出的特殊贡献，同时指出黄平同志对丽江这片土地、对玉龙雪山的深情厚谊，以及对各族人民真诚的爱。

吴祁蕃先生《送黄平师骨灰至丽江玉龙雪山云杉坪》（见《满腔热血酹三滇——纪念黄平同志》第 306 页）诗句中颇能表达丽江人民对黄平同志的深情厚谊：

一

虎跳龙飞丽江雄，云杉古树郁葱葱。
鏖战当年风云激，归来今日意从容。

二

玉龙迎赤子，绿树息忠禽。
殷殷送别意，拳拳战友情。
树展枝挺拔，山积雪晶莹。
回归自然去，无愧自愉欣。

黄平1918年出生于原广东合浦县（今属广西壮族自治区）一汉族家庭，读初中时就接触马克思主义思想，1938年3月在合浦七中任教时加入中国共产党，后考入浙江大学，因进行革命活动被学校开除。1942年末，黄平到昆明并考入西南联大读书，继续进行革命活动。1947年11月，中共云南省工委委派黄平为特派员负责开辟新区工作，黄平成为滇西北（滇西）革命根据地和边纵七支队的创建者、组织者、领导者，是滇西北各族人民尊敬的革命者和真诚信赖的朋友。黄平一开始在剑川以国民党县党部秘书身份掩护工作。后便于工作，即以经商名义到各县各据点指导工作。当时剑川、鹤庆、永胜、丽江等地都没有公路，更没有通信设备，黄平就靠两只脚走路，爬山越岭，一天走几十到百十公里路。工作的艰难困苦可想而知，但黄平精神抖擞，伴随他的只有一个警卫员和两人换骑的一匹骡子。武装斗争组织起来后，哪里战斗最激烈最困难，他就出现在哪里；哪里需要他去指导工作就奔赴哪里；他与前线指挥员一道研究战术、指挥战斗。

黄平对丽江有着深厚的感情，对玉龙雪山相当景仰。黄平对丽江工作特别重视，原因在于这里是滇西北政治经济文化中心，专区所在地，对全局工作有着重要影响。他说：在解放战争时期，丽江的党组织和人民对解放滇西北有过很大贡献。1949年5月3日，我在刚打下的乔后听到丽江"五一"大游行的消息时，口中不禁吟出"五一万人齐怒吼，龙飞虎跳是丽江"的句子。尽管当时是大敌当前，敌强我弱，但已看到我们终将胜利的结局。丽江的同志，不愧为党的儿女。

黄平跋山涉水，穿行在坝子和山区，多次从剑川来到鹤庆、永胜、丽江指导工作。丽江是他工作的重点地区，他和杨尚志、和万宝等丽江的领导很熟悉，对他们的工作能力和水平十分信赖。他将国民党丽江专员习自诚始终作为统战工作的重点，曾两次找习自诚做工作，分析形势，晓以大义，指明出路，促使习自诚交出了政权，使丽江得以和平解放。1949年7月1日，在丽江人民庆祝中国共产党成立28周年暨庆祝丽江解放大会上，黄平庄严宣告：自即日起，丽江全境业已解放。他与丽江各族人民一道欢庆丽江解放，他在诗词中表达了对丽江和玉龙雪山的情怀：

一

纳西儿女绰英姿，岂让江山独雄奇。
更为神州添风采，雪山峰顶绣红旗。

二

语言不通情意亲，出门都是笑颜人。
我来颇愧无长物，一卷毛篇一寸心。

黄平说，纳西族是一个内聚力很强的民族。他们具有自己的民族传统，在革命斗争中也表现出自己的特色。丽江的党组织在深入农村进行思想发动工作基础上，曾经采用了大规模群众斗争的形式，在1949年"五一"组织1.5万农民进丽江城示威游行，造成很大的革命声势。担任国民党专员的纳西族上层人士习自诚先生看到本民族人民觉醒的力量，深受震动，后来他终于宣布起义，丽江得以和平解放。边纵部队中以纳西族战士为主组成的有两个团，在肃清地方反动势力，转战金沙江北岸的永胜、华坪，参加西昌战役都取得好的成绩。

新中国成立后，黄平担任省级部门领导和省政协副主席期间，一直关心和支持丽江经济社会发展、关心老区人民生产生活，尤其对丽江文化、教育、卫生和统战工作倾注了心血。

1985年10月，黄平来丽江参加滇西北工委、滇西北地委党史资料审稿会议，并以此为题，写下了优秀诗句：

当年曾望大雪山，两番重围，几度胜败，都学雪山楷模，昂首前敌。

而今初赏龙潭水，再度审稿，细论得失，原从潭水启示，倾心后人。

1996年丽江"2·3"大地震后，年过古稀的黄平牵挂灾情和灾区各族人民，他通过各种方式推动抗震救灾工作。

黄平不仅是一位坚定的革命者，也是一位学识渊博的诗人。在戎马倥偬中，他写下了许多豪迈的诗句，尤其那些赞美丽江革命斗争和玉龙雪山的诗句，给我们留下了深刻的印象。他把当年的革命精神比作巍巍玉龙雪山，玉龙雪山见证了滇西北革命斗争的辉煌业绩。他对玉龙雪山充满了景仰之情，他钢铁般革命意志和铮铮铁骨就是玉龙雪山的品格，于是这座巍峨而冰清玉洁的雪山成为他灵魂的归依之所。

六、吴冠中：不见真形誓不回

1987年5月，我国著名画家吴冠中先生来到丽江，他是奔着玉龙雪山而来的，是来偿还一桩未了的夙愿。

讲吴冠中先生与玉龙雪山的故事，我们就得从抗战时期西湖艺专毕业的李霖灿先生说起。1938年3月，奉教育部令，杭州国立艺专与北平国立艺专合并组建新的国立艺专。1939年抗日战争最艰难的时候，国立艺专经湖南、贵阳辗转到昆明，为避敌机轰炸，最后落脚在晋宁县安江村。于是艺术教育得以薪火相传。吴冠中先生对此评价说：这是"非常重要非常关键时期"。一时间大师们云集云南，滕固校长将国立艺专称为"东亚艺术最高学府"。专家们认为，其性质和意义与西南联大是相同的。

当时李霖灿先生在滕固校长那里申得一笔经费，经大理北上丽江，看了一趟玉龙雪山。之后，他说是玉龙雪山征服了自己，回到昆明后，他到处宣言自己的"新得"，有的人听入迷了，其中就有北平艺专的高才生李晨岚。李晨岚也是河南人，当时他的水墨画已可以卖到钱，于是很快就筹到了到丽江的资金。李晨岚在马背上颠簸了18天山路来到丽江，刚好碰到天晴，于是有了"中州二李到，雪山欢颜笑"的说法。

李霖灿、李晨岚在玉龙雪山有一系列作品，尤其大画其速写。为了与国立艺专的师生共享，"二李"买了二百多张的明信片用于速写，于是他们一路走，一路画，把路途中玉龙雪山美景速写下来，寄回学校给校友们看。于是他们的朋友吴冠中看到了，怀记于心，一心一意要走一趟玉龙雪山，要看一看这座雪山到底有多美，"二李"报道的是不是事实。于是就引出了著名画家吴冠中"长缨在手缚名山，不见真形誓不回"和月夜等候画玉龙雪山的故事。吴冠中先生如此真诚和执着，不愧为玉龙雪山的知音呀！

李霖灿先生在《月下玉龙山，画家有深眷》一文中说："事情哪有那么简单，他念念不忘，经过了无数回的人世沧桑，经过了无数的颠沛流离和折磨，一直到40年之后，吴冠中才和小杨一同来到丽江。"所以吴冠中在一篇散文中说："李霖灿在明信片上速写的玉龙雪山使我向往玉龙雪山数十年，1987年我终于到达了玉龙雪山下。"吴冠中和李霖灿是杭州国立艺专的同窗好友，抗战时期李曾约吴同赴丽江，但一直未能成行，这是一桩未了的心愿。

吴冠中先生来到丽江十多天了，玉龙雪山一直锁在云雾之中，始终不肯露面。于是他和小杨来到白水河边黑白水林业局的一个工棚里，真诚而执着地等待着。李霖灿这样描述老同学吴冠中："他曾亲临丽江，和一位别号小杨的艺术家，同在一座废弃的工棚里，忍饥耐寒苦守旬月，才得在午夜偷窥得玉龙山主峰一面。奇人奇事，大可为现下当今爱山入迷者作一回特别报道，令世人传诵，使名生色。"而吴冠中在《东寻西找集》中说："从云南丽江到玉龙雪山山麓，徐霞客是徒步走去的。今天虽有简易公路，交通仍不方便，尤其是碰到雨季，经常不通车。我和小杨二人住在白水河边的工棚里，棚里长着杂草，五月天烤着火盆。从靡靡雨色中，仰望窗外，烟雾茫茫，雪山总不肯露面。为了她——雪山，我们啃干馍就辣椒，一等十来天。我将板床移在窗口，朝朝暮暮窥视窗外天空。偶然雨停云开，雪山微露颜面。立即出门捕捉，但挥毫未及三五笔，她又缩回云层中去了。"

"几乎天天如此捉迷藏似的搏斗一个星期。一个月夜，突然晴朗起来，那皎洁多姿的玉龙，像刚刚出浴的姑娘似的裸露了整个身段。——我立刻叫醒小杨，我们急急忙忙搬出画具，小杨给我背出一张桌子，我宁愿伏在地上作画。这回终究表达了我自己的感受。"吴冠中争分夺秒，尽情地画，疾速地画，他把玉龙雪山的容颜和神韵淋漓尽致地展示在作品上。他又说，我从来不在画面题跋或写诗，这回破例，即兴题了首七绝：

崎岖千里访玉龙，
不见真形誓不还。
趁月三更悄露面，
长缨在手缚名山。

也许玉龙雪山不负这位画家的痴情，画家完成了一系列雪山佳作，这些作品都成为传世的珍品，它们是《月下玉龙山》《玉龙山下人家》《玉龙山下古柏》《玉龙山镇》《丽江纳西人家庭院》，等等。

李霖灿先生对此评论说："老天不曾辜负苦心之人，他的固执和傻劲，果然使他成功捕捉到了玉龙大雪山的倩魄，而且有诗为证。他画了一幅一百公分《月下玉龙山》，捉住了玉龙雪山的真魂魄，时间是1987年。"

有一次，新加坡《雄狮美术》上发表了吴冠中先生的一幅雪山的画，标上"月下玉龙山"的名称。李霖灿先生辨认出不是吴先生的黑白水工棚所画的那帧，卷上没有七绝题字，于是认为此画应为伪，指出了不满意所在。吴冠中先生对此作了一个回答：

"霖灿兄：多次捧读文章，感慨难言。附上照片，系我在玉龙雪山写生之原稿，题识在右下角。画用两张皮纸临时仓促中拼接，接缝可辨。观此作，与你数十年前之旧稿何其相似哪？同画一主峰下，合符玉龙。"

李霖灿先生感慨良多。他说，老同学吴冠中"没有忘记四十多年前雪山速写之召唤，于一世还多之年也来到了丽江，画出了《月下玉龙山》等一系列杰作，算是前前后后，完成了我们二人阳春白雪的黄粱一梦，好不动人絮思，亦复令人忻喜"。

李霖灿先生还有个梦想，在垂暮之年，与吴冠中这位国立艺专的老同学双双携手，再登玉龙雪山完成更加美好的合作。1997年，吴冠中先生赴加拿大出席中国20世纪名画家画展开幕式。吴先生专程到李霖灿家看他，此时李霖灿先生已病魔缠身终日在轮椅之上，不能说话了，但两位老同学相见激动万分。随后，吴冠中的《水墨玉龙雪山》之杰作高高挂在客厅里，他们在画前合影留念，用这样一个特殊的方式圆了"双双携手，齐登雪山"的梦想。

七、说不完道不尽的玉龙雪山知音

在历史长河中，玉龙雪山有无数的知音和痴迷者，以上只是摘采其中几个典型而已。以下几个玉龙雪山知音我们不能不提到。

历代木氏土司对玉龙雪山有着特殊感情，明代木泰之后一批土司留下传世的诗词歌赋，木氏六公尤为突出，他的不少诗文是写玉龙雪山的。

马子云是丽江著名诗人之一，被称为"玉龙雪山之子"，他的《玉龙山记》《玉龙山白云歌》《白云再歌》都是名篇，"看山爱白云，看雪爱白云"等诗句流传久远。

木正源是清代纳西族著名诗人，他的《雪山十二景》是传世佳作，对玉龙雪山景色作了绝佳的概括，至今诵读不绝。

俄国人顾彼德在丽江九年时间，1955年他在英国出版了著作《被遗忘的王国》。1949年离开丽江时，顾彼德乘坐飞机俯瞰玉龙雪山和丽江的山山水水。他说，在丽江我也找到了自己的"圣山"，即詹姆斯·希尔顿在《消失的地平线》中所描述的圣山和香格里拉。

秦仁昌先生是我国著名的植物学家，抗战时期对玉龙雪山等处的地理植物资源作了深入考察，采集植物标本1.5万号。他被任命为金沙江流域及玉龙雪山国有林管理处处长，任职期间对雪山植物保护作出了重大贡献。

抗日战争时期，我国著名学者金岳霖先生在西南联大任教，他翻过铁甲山，进入太安地界，在高坡上见到玉龙雪山和拉市海，即从马背上翻滚下来，又跳又叫，癫狂不已，折腾了好大一会儿。马锅头说这老头子疯了，费了好些劲才把他架到马背上，驮到丽江。是呀，金岳霖先生去到全世界许多地方，从未见过如此美丽的山川。只此一面，他便成了为玉龙雪山"癫狂之人"。

清代以来，有来自法、英、美、德、澳、瑞士等十多个国家的植物学家和探险家到丽江玉龙雪山采集植物标本和种子，从而使玉龙雪山声名远播，被誉为"植物王国"和"植物基因库"。

乔治·福雷斯，英国著名的植物学家和植物探险家。大学毕业后，他于1902年进入英国爱丁堡皇家植物园工作。之后他受派遣从1904年开始28年间7次到丽江采集植物标本和种子，在玉龙雪山发现了许多高山植物和杜鹃品种。英国皇家植物园的许多著名杜鹃品种就来自丽江玉龙雪山和老君山。

还有纳西族著名画家周霖、著名作家赵银棠等文化艺术名人也都对玉龙雪山一往情深。赵银棠女士说雪山是她生命的灵都。

1956年两个纳西族青年学生木丽春、牛相奎发表了长诗《玉龙第三国》，轰动了云南文坛。该作品成为入选中国新文学大系的代表之作。

纳西族著名作家杨世光先生是玉龙雪山的又一知音，她精美的散文作品《神奇的玉龙山》在许多读者中引发共鸣。

是啊,自古以来,玉龙雪山吸引了无数高人名士、文人墨客和有识之士,他们或被雪山折服,或成为这座雪山的知音或崇拜者。

第三章　推动丽江全域旅游发展

在丽江文旅"一体＋两翼＋全域发展"中，要形成大力加强"一体"、积极发展"两翼"、全面实施"全域发展"的新格局，其中"一体"是发展的基础和前提。以丽江古城、玉龙雪山为中心的"一体"还有很大的发展空间和拓展余地。只有做大做强"一体"，才能更好地带动助推全域的发展进步。丽江古城要继续巩固提升保护的机制，对厚重的历史文化、民族文化要不断深入挖掘，要大力推动信息化建设，提升科技对文化发展的支撑力度。尤其在文创产业发展上可以大有作为，并使之成为一个亮点。要对各民族优秀文化进行创造性转化和创新性发展，用创意产品进行现代表达和世界表达，让创意产品具有深厚的文化底蕴。除继续支持刺绣、纺织、手工皮具、木雕、根雕、石雕、铜器、银器、民族服饰、民族饮食、东巴纸等传统工艺外，还要大力推动文化创意产业的发展，比如婚纱拍摄、亲情文化体验、影视、动漫、会展、新传媒、视觉艺术、广告装潢、艺术装饰、服装设计、计算机、软件服务等，把丽江建设成为创意产品研发基地、影视拍摄基地、文创产业人才聚集地及创业基地、国际婚纱拍摄基地、国际民间工艺品展示基地等。白沙纳西文化古都及休闲小镇建设应成为一个重点，包括大玉龙景区所属各景区的提升，玉湖村乡村旅游项目的扩展提升，玉龙雪山景区北侧下虎跳大具镇利用考古发现、民俗文化和热区资源开发建设旅游休闲、文化体验小镇等。三多节已被列入国家非遗项目，依托三多阁北岳庙承载的厚重民族文化，大力打造和建设三多节日文化品牌，与商贸活动及会展等相结合把这个节日文化品牌做大做强。发展红色文化旅游应该成为提升"一体"的重要内容。随着石鼓红军长征过丽江纪念馆成为全国爱国主义教育基地及全国人文社科培训基地，丽江古城红军长征过丽江指挥部、滇西北革命根据地边纵七支队纪念馆的建设及开放，加上周边拉市镜湖学会革命遗址、开南研习所、奎林寺等革命遗址地的建设，对开展红色旅游、干部培训教育、青少年传承红色基因教育等都具有重大意义。此外，丽江古城附近的青龙河、漾弓江等地有着山水田园林一体的美好景致，建设康养休闲步道及亭台楼阁等一些附属设施，将大大有助于户外康体运动和休闲娱乐。总之，"一体"关系全局，通过大力加强"一体"才能带动全域快速发展。

第一节　保护为基，文化为魂：努力建设泸沽湖旅游大品牌

泸沽湖被誉为"高原明珠""东方女儿国"，已名扬海内外，是一个神秘而美丽的地方。泸沽湖位于滇川交界处，是国家重点风景名胜区、国家4A级景区，是省级旅游区和自然保护区。泸沽湖景区由湖区水域和永宁坝两个部分组成。湖面海拔2692.2米，流域面积272.45平方公里，水面57平方公里，水质始终保持Ⅰ类，是一个自流的湖泊。湖水清澈，透明度达12米。湖泊平均水深40米，最深达72.3米，是我国第三个深水湖泊。泸沽湖沿岸和永宁坝是纳西族摩梭人聚居区域，他们独特的母系大家庭文化和阿注（阿夏）婚姻充溢着神秘感，很有独特性和文化魅力。这里独特民族文化和秀美的生态自然景观珠联璧合、和谐统一的特点，是发展旅游的极大优势。

现在泸沽湖景区正在申报创建国家5A级景区。那么，接下来怎样继续提升泸沽湖景区的品位呢？怎样搞好泸沽湖景区的保护和发展？笔者认为，一定要做到以保护为根基，以文化塑魂赋能，瞄准国内和世界一流景区水准，开拓创新，不断提升品质，不断转型升级，把泸沽湖景区建设成丽江东翼文旅融合一大品牌。笔者退休后曾是云南省九大高原湖泊督导组成员，也是丽江市三大高原湖泊督导组主要负责人，对泸沽湖的保护和发展有着深切体会。笔者认为，保护太重要了，保护要始终放在第一位，放在优先位置，在保护中发展，在发展中保护，这样才能实现良

性互动、持续发展。

一、大力开展保护工作

1. **要始终把保护放在第一位，不断提高对保护的认识**

保护是发展的根基。保护是泸沽湖旅游发展的前提和基础，保护是持续发展的生命线。要全力保护泸沽湖的Ⅰ类水质，保护好湖周围的青山绿水，还要保护好这里的历史文化和摩梭人独特的文化。保护生态和保护民族文化有着内在的联系，要统一起来，可以相互促进。旅游发展是一把"双刃剑"，搞得好可以有利于生态的保护和民族文化的弘扬，但稍有忽视，就会带来许多负面的东西，会产生负面影响。

泸沽湖景区自2016年通航以来，通达条件改善，大量游客进来了，给保护带来一系列新问题，对沿湖一些地区带来影响，保护难度增加了，这是客观的，不可忽视。提高对保护的认识，党政领导和机关自然很重要，起着决定性作用，但广大村民群众、广大游客，乃至全社会都有责任，要形成整体合力。要提高全民保护的意识，负起保护的责任，齐心协力，才有希望。为了护一湖清水，多年来丽江市实施了"十个一"系统保护治理工程："一水"，泸沽湖供水工程；"一厂"，竹地污水处理厂提升改造和永宁片区污水收集处理系统建设工程；"一场"，永宁垃圾减量化填埋场工程；"一廊"，湖滨生态走廊带项目；"一管"，环湖污水管网建设工程；"一镇"，竹地摩梭特色小镇项目；"一路"，泸沽湖机场到永宁二级路及宁蒗县城到盐源县公路提升项目；"一修复",对泸沽湖水源涵养地搬迁及生态修复项目;"一平台",智慧泸沽湖管理平台建设项目;"一提升",对景区内九个村落进行环境整治,配套提升项目。

2. 湖坝结合,逐步把旅游重心转移至永宁坝

具体而言,就是把游客住宿、休闲、娱乐、生活、服务等基地转移至竹地垭口和永宁坝。加快竹地垭口和永宁坝的建设和开发,有利于泸沽湖的保护,减轻环保压力,同时扩大泸沽湖景区的容量和提升景区文化品位。永宁坝是历史古镇,在滇川藏交汇区域具有特殊地位,是西南丝绸之路和茶马古道的一处重要驿站,也是盐源盐边纳西族与西部丽江金沙江上游纳西族交往联系的接点,还是历史上四川进入东南亚往丽江大理的必经之地。这一区域拥有众多历史文化遗址遗迹,可开发利用的东西很多。从民族文化的角度讲,永宁坝是摩梭人聚居的重要区域,文化更具有原真性,民族文化方方面面保存得更完整更全面,包括历史上永宁土司府衙等重要遗迹都在永宁坝。从长远来讲,重心移至永宁坝是正确的,也是可以大有作为的,对保护与发展都是有利的,是个双赢的决策思路。

3. 继续提升防污、减污、排污能力

坚决做到一滴污水不流入泸沽湖,这是个底线。所实施的防污治污排污工程,一定要保质保量完成好。一是加强环湖截污系统工程的建设。持续开展对污水处理厂的扩容改造、对泸沽湖周边管网设施的提升改造、对污水处理系统的修复重建,即整个泸沽湖排污及污水处理放在盐源县一侧,主要景区进行洛水村雨

污分流及三线入地改造工程等。二是主要景区洛水村等地实施垃圾转运处系统完善工程、农业面源污染处理工程等。三是实施流域生态保护工程，包括周边面山林业生态建设工程、水流域治理工程、湖滨隔离带建设工程、流域离湖岸 80 米以内退出空间形成北岸到南岸湖滨生态隔离带。四是川滇两省达成"共同保护治理泸沽湖'H3'方案"，积极构建"综合执法＋联合执法＋社区协管"的共同治理格局。2016 年以来两省相关部门召开一次联席会议，落实共治方案。目前川滇两省就共建环湖截污系统工程达成共识，并共同委托中国环境科学院、四川华西集团开展项目前期工作。鉴于泸沽湖是长江上游重要生态湖泊，要积极争取国家重大保护相关项目。云南省环保管理部门初步确定给一亿元资金扶持，进行沿湖生态修复、入湖河道治理、农村污染治理、生态监测系统建设等工程项目。五是积极开展人民群众志愿保护行动。人民群众是保护的主体和有生力量。没有人民群众的广泛参与和积极行动，各项保护政策措施难以落到实处。政府应对志愿保护行动给予支持和鼓励，逐步形成政策主导、社会和企事业单位积极参与，人民群众自觉保护的多方共治有效机制。

二、做到文化塑魂赋能

尊重历史文化和独特民族文化是泸沽湖魂魄所在，要切实做到文化塑魂赋能。泸沽湖的独特民族文化和众多人文资源是最具魅力的精神财富，这笔宝贵财富具有世界意义。因此对民族文化及重要人文景观的保护开发关系到旅游业的生命力，具有塑魂赋能的意义。泸沽湖独树一帜的民族文化主要有以下五个方面。

1. 与泸沽湖及其周边山水和谐与共的生态文化

摩梭人作为纳西族的一个重要组成部分,与纳西族有着共同的原始宗教,即东巴原始宗教和达巴教,其原始自然崇拜、祖先崇拜、信奉"万物有灵"是一致的,东巴经和达巴经中的内容大体上也是一致的,这些东西是民族的原始根脉,即原始宗教文化。这一文化中以"万物有灵"思想为基础,信奉祖先崇拜和自然崇拜,永宁地区摩梭人后来受到藏传佛教影响,也开始信奉佛教,但原始宗教文化的影响根深蒂固,已植入摩梭人的日常生产生活和习俗之中,植根于灵魂的深处,这是无法改变的。所以摩梭人认为自然界山山水水都有神灵存在,高山、湖泊、森林、河流及万物都由神灵掌握,人类要学会敬畏自然、善待自然、顺应自然、呵护自然、尊重自然界的客观存在。这一原始宗教文化浸润到摩梭人的文化中,表现在民俗节庆、各种人生礼仪、各种民族文化艺术活动之中。摩梭人的重大节日如祭祖节、转山节、转海节等,其实质来源于自然崇拜,反映了人与自然之间的亲密关系。现在泸沽湖的转山节,其实就是朝山节或祭山节,就是祭拜自然神、山神。转海节其实是祭拜湖水神灵和掌管泸沽湖的自然神灵。这些民俗节日所体现的文化内涵很深刻、很重要,体现了人与自然之间和人与山、湖之间的内在联系,有很深的文化意涵。通过发掘民族文化,挖掘文化内涵,弘扬优秀民族文化,使之成为保护泸沽湖生态的内在力量,弘扬其正能量。由于有这一文化的支撑,所以人湖与共、相依相存,一直延续至今。

2. 母系大家庭文化

这一文化本质上体现了一个大家庭平等亲密和谐的人际关系。大家庭中以母系血缘为纽带，没有外姓人，女性有着很高的地位，母亲为大，具体到一个家庭，则以年长的老祖母为大，母亲处在家庭中的核心地位。家庭成员由母系血缘的亲人组成，没有外姓血缘的人，财产继承以母系血缘来继承，家庭成员中的男性即母亲的兄长或弟弟，称为舅舅，他们无条件为大家庭及成员服务。母系大家庭虽然母亲为大，女性为大，但体现性别平等，男性地位并不低，不存在女尊男卑，或男尊女卑，较好体现了家庭成员的平等关系。这个大家庭由母亲掌管财（权），由舅舅掌管礼仪，即对外交往。重大事项的决策，舅舅起着举足轻重的作用。这个大家庭受伦理道德规范约束，倡导服从母亲、母亲为大，同时尊重舅舅的地位和作用；倡导尊老爱幼，相互关爱；将尊重礼仪道德、共同分享（财产）、团结和睦、和谐平等作为大家庭的传统文化和共同准则。

3. 阿注（阿夏）婚姻、走婚制度

摩梭人走婚制度是以爱情作为前提和基础的，不存在任何附加条件，这也许是这个制度长期延续的根本原因所在，是合理的内核所在。男女双方两情相悦，两情相爱，两情自主，不受金钱和财产等的制约和影响，这是这种婚姻最具生命力的地方。"文化大革命"期间，这种婚姻制度受到大批判，受到极大的压制和冲击，强迫这里的人们领结婚证，叫他们住在一起过家庭生活。然而走婚的婚姻形态并未因此改变，可见这种婚姻制度是有生命力的。改革开放后，摩梭人的文化习俗受到尊重，这一文化得以保护。当然摩梭人中也出现了男性为主的一夫一妻制的婚姻形态，多种形态并存，但在泸沽湖和永宁地区现在仍然以走婚制为主。所谓阿注（阿夏）是摩梭语，也是纳西语，是指亲密的伴侣、亲密的朋友，引申为最亲密的情爱之侣。阿注（阿夏）走婚，即男不娶、女不嫁，有同居的性爱关系，配偶双方各居母家，夜晚男的到女方家过夜，次日清晨离开，所生子女属于女方，于女方家庭抚养，血缘按母系计算，财产依母系继承。舅舅对女方子女无条件接受，不得干预女方阿夏，子女都由母系大家庭共同抚养。走婚以感情为基础，通常没有什么手续或仪式，也不建立共同财产，所以相互交往同居与离异都比较自由，不必分割财产，有爱情、合得来就相处，无爱情、合不来就分开。这种婚姻制度是成熟有序的，受到摩梭人社会伦理道德的约束。

4. 泸沽湖周边以民族文化特色为代表的自然文化景观众多

格姆女神山耸立于泸沽湖北面，往北延伸至永宁坝，主峰海拔3754米，高出湖面1000米左右。在永宁坝看此山，犹如一头雄狮在湖边蹲伏栖息，狮头面向泸沽湖，口、耳、鼻、眼惟妙惟肖，故称狮子山。位于格姆女神山海拔3540米处有格姆女神洞。洞内有似男根、女阴的钟乳石上下对应，洞壁内有石钟乳形成的神女送子等奇观。格姆女神乃女儿国文化的象征，是造福百姓之神，一年四季都有人前来朝拜。在此看泸沽湖，仝湖湛蓝，碧波荡漾尽收眼底。里格半岛和里格村在狮子山脚下，岛向湖里延伸，里格村在湖湾的半岛上，景色甚为优美，这是个摩梭风情浓郁、岛湖相连、自然人文相融合的村落。里务比岛位于泸沽湖水中南部，从落水村划船到岛上约半个小时，游客乘村民猪槽船漂荡在湖里，摩梭民歌此起彼伏，小船之间相互照应或对唱，别有一番风味。在此岛上建有藏传佛教寺庙里务比寺，始建于1634年，20世纪60年代被毁，1999年重建。寺里供奉有释迦牟尼、观音、藏传佛教格鲁派宗师宗喀巴及其二弟子、护法神及摩梭大活佛罗桑益世塑像。泸沽湖共有14个海湾、5个全岛、3个半岛，宁蒗县一侧的黑瓦吾岛、里务比岛和里格半岛最有名气，被誉为"蓬莱三岛"。

5. 永宁坝及其历史民族文化

永宁是一个古老的地方，历史上称楼头赕、答蓝。永宁坝与泸沽湖紧密相连，位于湖的西北部，由永宁坝子、泸沽湖滨、金沙东峡谷台地3个部分组成，面积为641.9平方公里，海拔2600米，辖6个行政村64个自然村，是摩梭人的主要聚居区域，其中杂居普米族，他们的风俗习惯大体与摩梭相同。这是摩梭文化保存比较完好、民族风情浓郁的主要区域。坝子里有温泉，水温在40℃左右，是四季热气弥漫、矿物质含量较高的好温泉。永宁温泉远近闻名，忽必烈南征大理时，曾在此地休息，定名永宁，寓意"永远安宁"。永宁坝子有众多文物古迹，此地历史上是南来北往的交通要冲、茶马古道的重要驿站，有开基桥遗址、土司府衙门遗址、扎美寺、皮匠街等历史遗迹。永宁坝地域广阔、河水纵横、坝子平整，可产高原水稻，历史上是一个富庶的地方。这里村落众多，地势平坦，交通便捷，方便阿注（阿夏）

走婚相互往来，历史上摩梭小伙骑着马跑几十里地与心爱的情侣相会是很平常的事。永宁坝至今保存着原汁原味的走婚习俗。

三、做好文旅融合大文章

泸沽湖文旅融合发展大有可为，要着力建设文化景观，提升文化内涵。泸沽湖及其周边是旅游发展极具潜力的地方，如何发挥优势，做好文旅融合这篇大文章，笔者认为要做的事情很多，特别要着力抓好以下五件大事。

1. 坚持新发展理念，把保护始终放在第一位

在加快泸沽湖旅游发展进程中，坚持创新、协调、绿色、开放、共享的新发展理念，始终把保护绿色生态、保护民族文化放在第一位，这是重要指导思想。要在保护中加快发展，在发展中加快融合，不断提升旅游品位和品质。要不断提升服务质量，提升智慧化功能，提升快捷通道，提升旅游景区景点建设，尤其要深入挖掘文化内涵，提升文化品位，体验特色文化内容，让游客更多地参与文化活动，使文旅融合达到新的高度。2020年2月19日，按照国家5A级景区申报程序，云南省进行了省级专家评审，已确定丽江泸沽湖景区和老君山黎明景区达到基本要求，确定列入创建5A级旅游景区名单，这是推动泸沽湖旅游发展的重大步骤，要进一步找准不足，补齐短板，不断提升改进完善。泸沽湖作为长江上游最重要的高原湖泊，要积极主动地融入"长江大保护"这个大局，积极争取纳入国家重大保护项目，使其在保护中有更多的项目资金支持。滇川两省可共同向国家申报重大保护项目，争取国家支持，这是有可行性的。要积极融入乡村振兴战略，尤其要融入省市关于乡村振兴的大格局，要结合丽江市"金沙江绿色经济走廊""百村示范点"建设任务，按照"生态优先、绿色发展"的要求，对农村公共服务设施、旅游服务设施进行改造提升。在泸沽湖村庄实施一批项目，包括"一个绿化带""一条绿色道路""一个生态停车场""一座绿色桥""一个游客服务中心"及落水等村落的绿化亮化工程。继续推进泸沽湖及其周边永宁坝农村旅游开发项目，通过项目化的运作方式，统一规划、统一设计、统一修建、统一运营，通过"公司＋农户"模式建设民宿、餐饮、娱乐、商铺等业态，满足旅游发展和游客的需求。乡村民俗文化的保护、历史文化遗址的保护与生态保护一样重要，这也是保护的重要方面，更应该引起高度重视。

2. 进一步扩展永宁坝旅游开发建设，拓展空间，推进"控湖转坝"布局

摩梭文化的主体和大本营在永宁坝，泸沽湖旅游发展的空间及前景在永宁坝。"控湖转坝"是泸沽湖旅游发展的必然选择，逐步有计划地做好这项工作势在必行。在泸沽湖边游览观光、欣赏美景，到湖外边进行食宿、体验民俗文化。这样做既能减轻泸沽湖的生态环保压力，同时大大拓展了游客活动的空间，使他们能更好地体验原汁原味的摩梭文化。要达到这个目标必然有个过程，不可能一蹴而就。只有不断推进旅游观光条件的改善，才会受到广大游客的认可和青睐，才能吸引更多的游客。一是要搞好竹地垭口摩梭旅游小镇的建设。这个小镇离湖边才几公里，又有一片湿地，地势开阔平坦，条件优越。这个小镇将成为游客接待服务的中心、后勤保障的中心、文化展示的中心，第一期工程正在建设中。这是一个高起点、高标准、人性化、设施配套齐全的服务保障中心，重要的是要建成展示体验摩梭文化的重要景区，让游客欣赏到原汁原味的摩梭文化，如民族打跳、音乐舞蹈、篝火晚会、精彩民族文化演出等，还要建设摩梭文化展示中心。游客可以在湖边观光、参观民族村落后，到小镇进一步深入体验摩梭文化。二是要搞好泸沽湖到永宁坝的通达条件。现正进行竹地到扎美寺的二级公路建设，地下管道及基础路面建设正在推进，村寨之间的道路也在硬化拓宽，逐步提升档次。村落文化中心建设要配套，各村落传统民居建筑要保护，各种不协调的建筑要制止，农村卫生厕所要建设好，环境卫生要改善。永宁镇要争取进入国家级、省级美丽小镇建设项目，搞好坝区绿化美化建设。要加快泸沽湖景区外围公路建设，特别是石佛山至永宁开基桥生态景观公路工程，形成新的生态旅游线路。要加快环湖自行车车道、环保车环湖观光生态游、人行观光步道建设，尽量减少车辆临湖行驶。

3. 把修复重建永宁土司府作为保护泸沽湖、促进文旅融合发展的一张大牌

永宁土司府是泸沽湖地区历史文化的集中代表，也是摩梭文化的一大亮点，提升泸沽湖文化内涵和文化品位离不开这张大牌。文旅融合发展要打出这张大牌，修复重建土司府是弘扬文化的重大项目，一定要策划好、实施好这个重大项目。

元代在永宁发展史上具有里程碑的意义，忽必烈南征大理国，永宁是重要节点。从元代开始，云南成为省级行政区，历史翻开了新的一页。永宁土司府从那个时候一直延续到20世纪中叶，前后历经700年。土司府衙是中央政府统治民族地区的象征，是历史文化的一个缩影。至元之初，中央政府设立丽江路军民总管府，至元二十二年（1275年）设立丽江路军民宣抚司，领一府七州一县，包括永宁州。史料记载：永宁"昔名楼头赕，接吐蕃东徼，地名答蓝，麽些蛮祖泥月乌逐出吐蕃，遂居此赕，世属大理。宪宗三年，其三十一世孙和字内附。至元朝十六年，改为州"。元朝至元年间，置答蓝管民官，寻置永宁州，开始实行土司制；明代永乐四年（1406年）设永宁府；清代归顺朝廷，允许世袭永宁知府之职。1956年民主改革永宁才废除了土司制度，是我国边疆民族地区实行土司制时间最长的地区之一。

永宁曾是这个区域的政治、经济、文化中心，是有着很好爱国主义传统的地区。永宁土司府在历史上发挥过重要作用，各个时期的土司都忠于中央政府，在维护国家统一及各民族团结方面作出了重要贡献。尤其是末代土司总管阿少云及其胞弟洛桑益世活佛，当时在该区域掌握实权，他们拥护中国共产党领导，拥护民主改革，为宁蒗和永宁地区的和平解放作出了重大贡献。1949年7月丽江解放后，中共丽江中心县委派中共党员赵净修为代表带着习自诚的信件，规劝阿少云总管接受中国共产党的主张，并代表丽江中心县委讲明形势，晓以大义，阿少云接受了。到11月，中共滇西北地委派人做阿少云工作，通过工作，阿少云拥护中国共产党和平解放宁蒗的政治主张,并与其他民族上层人士在他家开会接受中国共产党的主张,达成协议。1950年1月12日,宁蒗和平解放,宁蒗县临时政务委员会成立,阿少云任主席,从而结束了国民党反动派对宁蒗的统治,历史翻开了崭新的一页。阿少云胞弟洛桑益世活佛学识渊博,爱国爱教,在云南和西藏都有较大的影响,去世前曾任丽江地区政协工委副主任、云南佛教协会副会长。

永宁土司府衙原来在"开基瓦啊",毁于战乱,现存的土司府衙在忠实村,是清朝咸同年间建的,分内外两院,内院为跑马转阁楼,是土知府及官员的生活休息场所。大门两侧有门卫室,内设议事厅、接待室、办公室、审案室,还有常备队住房等,均为单檐悬山顶建筑、土木结构、青瓦覆顶,正面有砖拱门楼,院内还有两棵百年以上的古槐树。1985年,洛桑益世活佛做过修复,其实总体上已破败不堪,好在原址土地及院落还在。土司府衙具有很高的历史文化价值,修复重建可以恢复历史风貌,展现历史文化发展脉络。土司府衙本身有许多历史故事,还可以建成进行爱国主义教育的一个重要阵地,同时也是摩梭人发展进步的历史博物馆,对文旅融合发展有独特的价值和意义,可成为文化旅游的一张大名片。在保护弘扬民族文化、历史文化方面,四川省在左所泸沽湖一侧实施了一批项目,尤其是摩梭大家庭保护项目工程,为丽江起到了引领示范作用。现在丽江进行的这一项目,也具有较深的文化底蕴,并且符合历史的真实性,开发之后将受到广大游客的欢迎。因此丽江要把这个项目工程作为文旅建设的一件大事，作为一个重要文化品牌，认真进行策划，认真搞好设计和方案，多种形式筹集资金，争取早日开工建设。

4. 建设好"摩梭母系大家庭文化"这个品牌，申报国家非遗项目及世界遗产

泸沽湖文旅融合发展离不开"摩梭母系大家庭文化"这一品牌的支撑，摩梭人独特的民族文化是泸沽湖旅游发展的核心和灵魂。建设"东方女儿国母系和谐大家庭"这一文化品牌具有世界性的意义，这是人类婚姻家庭发展史上的活化石，具有很高的文化与学术研究价值。母系文化在国内及世界一些地方也有遗存，但泸沽湖摩梭人母系大家庭文化别具一格，是最集中、最完整、最成熟的代表，有着极高的文化学、社会学、历史学、人类学方面的价值，对推动旅游业发展的价值也是很高的，有品牌效应，对提升旅游业含金量具有重要意义。对泸沽湖地区摩梭母系大家庭文化要进行科学的阐述，对男不娶、女不嫁的阿注（阿夏）婚姻也要进行正确的解读，决不能仅仅是迎合和猎奇。要建设一个系统展示母系大家庭文化和阿注（阿夏）婚姻的文化展示博物馆。同时要依托泸沽湖边落水村摩梭民俗博物馆，对摩梭民俗文化进行全方位展示和解释。对这个民间民俗博物馆泸沽湖管委会要给予大力支持，要进一步完善和提升，使之成为权威的民俗博物馆。原来丽江市在和家修等老同志推动下，曾做过摩梭母系大家庭文化申报世界遗产的工作，鉴于当时丽江已成功申报三个世界遗产，为了平衡，这一动议虽已报到云南省人民政府，但未能实现。从长远讲，从文化价值独特性及国际性意义方面讲，这一文化仍然是大有希望的潜在选项，笔者认为要继续推进此项工作。从实际推进步骤来看，这一文化首先要进入国家非物质文化遗产名录，所以要积极申报国家非遗项目或国家级其他类型文化项目，夯实好基础。

此外，还可推进一批文化景观建设项目，比如提升落水村、里格村等特色村落民族文化示范村建设、重点村落民居保护项目、和谐大家庭建设示范项目、成丁礼建设展示项目等。

5. 继续提升基础，努力搞好智慧旅游建设

这几年泸沽湖基础设施情况有了明显改善，目前一批项目正在紧张建设中。然而作为正在建设的国家5A级景区、全国知名度高的品牌景区，当前的基础设施仍然滞后，不能满足广大游客的需求。无论是外部到达景区的交通等基础设施，还是景区内的各项基础设施，仍有待加强。尤其是永宁片区，水、电、路、环保等基础设施，还相对落后；永宁片区及沿湖村庄供水项目是最基础的项目，已在建设中，但要加快进度；永宁片区污水收集处理、管网建设、垃圾处理场地建设项目也要保质保量，尽快搞好建设。永宁是一个有悠久历史的古镇，也有个改造建设、提升档次、适应旅游发展的问题。恢复历史风貌，就要保护民族历史文化，就要建设一批保护恢复历史文化和人文景观的项目，这对提升整个泸沽湖景区文化内涵也是至关重要的。总之，推进基础设施建设就要搞好几个结合，多措并举，与乡村振兴战略相结合，与美丽村镇建设相结合，与5A级景区建设相结合，与文明乡风建设相结合，与旅游资源开发相结合，多方争取资金与项目，不断完善整个景区的基础设施和旅游服务体系。

按照省市"一机游"的部署,到 2020 年底泸沽湖景区投资智慧旅游建设两千万元,泸沽湖景区智慧旅游总体设计和系统框架初步完成,即"一个中心"(智慧旅游采集、分析、管理中心),"一张地图"(泸沽湖景区 GIS 地图,全面展示泸沽湖景区资源状况),"一套平台"(景区调度平台),"五个体系"(智慧管理、智慧营销、智慧服务、智慧环保、旅游体验)。同时还完成了基础设施升级、应急指挥调度、景区综合管理、大数据分析、全面移动化管理等应用功能建设。目前机房建设已完工,服务平台建设是个重点,信息化服务器等建设进程还需加快。通过综合管理平台,不仅要实现对旅游的智慧化管理,还要实现泸沽湖环保数据沉淀、分析、管理及调度,提高应对突发事件能力,实现综合管理效能。

第二节　着力建设和提升三多节文化品牌

"年年春二月,户户祝三多。"三多节是春天带给丽江各族人民的一份珍贵礼物。在一年一度三多节到来之际,在丽江市委、市政府和玉龙县委、县政府全力支持和指导下,三多节的节庆活动越来越受到各方面的高度关注,也得到丽江各族人民和广大游客的欢迎,三多深厚的文化内涵产生的社会影响日益广泛。

2019 年 1 月,在由新华网主办的第六届旅游业融合与创新论坛上，丽江以丰富的旅游资源和独特的民族文化，获评"首批全国文化旅游胜地"，三多节获评"首批最具中国特色传统节庆（会）"。这是论坛组委会通过汇总对比、舆情分析、大众关注、网络公示选票等环节，并结合专家组意见发布的"2018最美中国榜"榜单，具有权威性。结合这个契机，丽江全力建设和提升三多节文化旅游品牌，把三多节建设成为最具文化内涵、最具活力、带动旅游业转型升级、促进丽江经济社会发展的节庆会展品牌。我们相信在丽江各级政府的坚强领导下，在各个部门及各行各业的协同配合下，在各方专家和学者们的积极参与下，三多文化一定能弘扬光大，三多节品牌一定能做大做强。

传统民族节日是我国优秀传统文化中的瑰宝。它是各族人民在漫长的历史发展过程中创造的一种文化形态，其最大特点在于得到广大群众的广泛认可和参与。它是包含了各族人民一定信仰、情感、观念、习俗、活动等因素的文化现象，是民族传统的综合展现。这种传统文化形态，是在历史长河中长期积累逐渐发展形成，具有历史性、持续性、全民性、传统性特点。这些原始古朴的节庆活动几乎包括了本民族文化的方方面面，是民族物质文化和精神文化的综合反映。传统民族节日也是典型的民俗文化，我国各民族大多都有一个群众性约定俗成的，通过言传身教及活动一代代传承下来的节日，具有鲜明的民族特色和地域特色，是生长并存活于民间、以广大人民群众为主体的民俗文化活动。根据《中华人民共和国非物质文化遗产法》规定，重要节庆等民俗已纳入非遗保护范围。传统民族节日属于民俗内容，是非物质文化遗产范畴，受到法律保护。

改革开放以来，党和国家强调尊重少数民族风俗习惯和宗教信仰自由，并发布了一系列重要政策，恢复各民族传统节日节庆被当作落实民族政策、宗教政策的重要内容。1983年全国人大会议决定以立法形式恢复各民族传统节日，明确规定传统节日不是封建迷信，而是民族文化瑰宝。从1983年开始，各地陆续颁布了各民族有代表性的传统节日。在这一大背景下，1986年8月和2005年3月，丽江纳西族自治县和玉龙纳西族自治县人民代表大会分别确定三多节为纳西族传统法定节日，并经云南省人大常委会批准后施行。

党的十八大以来，以习近平同志为核心的党中央高度重视传承和弘扬中华优秀传统文化，并提到很高的政治高度。习近平总书记指出："中华优秀传统文化是我们最深厚的文化软实力，也是中国特色社会主义植根的文化沃土。"2015年1月，习近平总书记在云南视察时指出："云南少数民族文化是中华民族文化的重要瑰宝，要积极加以支持和发展"，"要使各民族文化繁荣发展的过程成为各民族相知、相亲、相惜的过程，成为民族团结的润滑剂、催化剂、粘合剂"。2005年8月，中宣部、中央文明办、教育部、民政部、文化部等五部委下发《关于运用传统节日弘扬民族文化的优秀传统的意见》，强调我国是一个统一的多民族国家，少数民族传统节日是中华民族优秀传统文化的重要组成部分，当地各级人民政府要加强对相应节庆活动的组织与引导，充分尊重少数民族的节日习俗，积极开展丰富多彩的民族节庆活动,进一步增强民族团结,维护国家统一,弘扬中华民族文化的优秀传统。2017年初,中央办公厅、国务院办公厅印发了《关于实施中华优秀传统文化传承发展工程的意见》,提出了传承发展的具体目标及工程项目。

2019年1月29日,中宣部、中央文明办印发通知,强调坚持挖掘展现文化内涵,发挥好思想熏陶和文化教育功能,让传统节日成为爱国节、文化节、道德节、情感节、仁爱节、文明节。同时还指出:要坚持兼顾不同地域特色,因地制宜,分类施策,尊重少数民族节日习俗,推动节日文化活动千姿百态、精彩纷呈、健康向上。以上这些内容为我们搞好三多节品牌建设指明了方向。

今天,我们要搞好民族优秀传统文化(包括传统节日)的传承与弘扬,就要突出强调民族传统文化的时代价值和现实意义,而要做到这一点,就要深入挖掘,通过创造性转化和创新性发展,使优秀传统文化基因与当代文化相适应,与现代社会相协调,以人民群众喜闻乐见以及具有广泛参与性的方式加以推广,这是一条重要原则。对于三多文化,我们也要做到通过深入挖掘、深化研究、阐发精华、转化发展,为现实社会服务。保护、传承、弘扬不是一成不变的简单复古、复制、延续,而应该在社会主义核心价值观的引领下,融入时代与现实社会,赋予它时代精神和新的文化内涵,这样才能激活优秀传统文化的生命力。

多年来,丽江各地的三多节活动丰富多彩,且不断推陈出新,不断有新拓展,与三多神有关的文化、旅游、会展、商贸经济等产业链不断延伸，影响不断扩大。除丽江、香格里拉等纳西族聚居的区域外，北京、成都、昆明、广州、拉萨、浙江（绍兴）、大理、临沧、怒江、玉溪、保山、德宏、红河等地，或一些高等院校，由当地纳西族或丽江籍同胞牵头，热烈庆祝三多节，并开展了系列民族节日文化活动。

三多文化的感染力、影响力、传播力证明了它的深厚文化内涵和独特魅力，它蕴藏着丰富的文化信息，承载着生生不息的人文精神和亲和力，难能可贵的是它蕴含着突出的当代中国社会主义文化价值内涵。所以，我们一定要把三多节建设成为突出主旋律，弘扬正能量，承载社会主义精神文明建设的重要阵地和平台。具体举措包括以下六个方面：

一是要把三多节建设成为促进民族团结和谐进步的节日。三多文化体现了各民族亲如兄弟、守望相助的团结和睦精神。历史上滇西北各少数民族都有原始自然崇拜的文化，对玉龙雪山的崇拜、对三多神的崇拜，除纳西族外，还有白族、藏族、傈僳族、普米族、汉族等众多兄弟民族，三多是各民族共同的保护神，三多节也就成为丽江各民族共同的节日。所以三多神把各民族联系在一起，凝聚在一起，是民族团结和睦的象征，有利于推进民族团结示范区的建设。

二是要把三多节建设成为弘扬爱国主义传统的节日。三多文化与历史上纳西族的爱国主义传统紧密相连。三多是至高无上的保护神、和平安宁之神，同时又是在保卫祖国、保卫家园战斗中战无不胜、克敌制胜的战神。勇于保卫祖国、为国家献身是纳西族的传统,在中法战争、抗日战争、抗美援朝等作战中,纳西族的儿女们义无反顾,在"阿普三多保佑"的信仰和口号中冲锋陷阵,充分体现了对国家的忠诚,誓死保家卫国的英雄气概。同时在三多身上纳西人寄托了国家认同、文化认同、中华民族认同的情怀和爱国主义传统。

三是要把三多节建设成为敢于进取、勇于担当、开拓奋进、提振精神的节日。三多的传说离不开玉龙雪山,三多就是玉龙雪山的化身。玉龙雪山是民族精神的象征,是纳西人的精神支柱。纳西族历史悠久,在历史的长河中,始终压不垮、打不烂,在夹缝中始终保持着奋斗进取的精神,今天更需要这种不屈不挠、勇于奋斗、敢于担当、敢于进取的精神。

四是要把三多节建设成为促进社会安宁、崇德向善、热爱美好家园的节日。三多文化体现了天下要和平安宁、社会要和谐美好的人文精神,三多是和平安宁的保护神、美好生活的保护神。丽江是一片净土,是一个神奇美丽的地方,青山绿水,蓝天白云,民族团结,社会和谐,这种意境得益于崇德向善、崇尚和谐的民族文化慧根。

五是要把三多节建设成为敬畏自然、热爱自然、呵护自然、融入自然、踏青赏花、感受春天的节日。这个传统源远流长,体现了"人与自然是兄弟"文化精神的博大精深。

六是要把三多节建设成为践行社会主义核心价值观、彰显民族优秀文化、弘扬传统美德、倡导精神文明的节日。

总之,通过对三多文化进行深入挖掘和研究,结合节日实际做好阐释宣传等工作，还要与践行和弘扬社会主义核心价值观、精神文明建设、创建文明城市、进行爱国主义教育和传统美德教育等活动结合起来，采用青少年喜闻乐见的现代表达形式，推动三多节日文化更好地走进人们生活，浸润人们心田。要做到以文化人、以德育人，充分发挥节日的正能量作用。

三多节作为首批中国最具民族特色节庆（会），三多节品牌建设大有可为。品牌建设关系到一个地方的发展进步，通过多年的活动，三多节逐步规范，有许多开创性的举措，产生了良好文化效应、社会效应和经济效应。但也要看到，三多节提升和发展空间还比较大，到做大做强也还有一定的距离，产业链还可延长，活动内容还可创新，附加值还可增加。尤其在结合旅游产业发展方面，利用节日活动打好"三张牌"等方面还大有文章可做。我们一定要解放思想、开阔视野、创新思路，把三多节建设成为在国内外具有影响力的文化商贸旅游会展的一大品牌。具体举措包括：

一是要对三多节品牌建设再认识，再提升，再发力。以三多节文化为载体的三多文化融合了纳西族及丽江其他各民族的文化精髓，包括口头传说、神话故事、祭祀礼仪、民俗活动、歌舞艺术、庙会活动等众多内容。古老传统节日文化与现代节庆活动文化一脉相承，根脉相连。民族传统节庆活动已成为当今社会流行的文化现象，民族节庆之所以长盛不衰，一个重要原因就在于它的文化内涵。节庆活动是一个地区文化的载体，承载着千年的文明传统，文化传承与彰显是节日文化永恒的主题。同时我们也要看到民族节庆活动离不开人民群众的生产生活，离不开经济发展这个主题。节庆搭台、经济唱戏，以开展民族节庆活动为载体，扩大对外开放，培育产业与市场，刺激和引导消费，大力发展"节庆经济"，推动地方经济社会发展。对三多节品牌建设，我们需要学习和借鉴外地好的经验，比如三月街、泼水节、火把节开展大型商贸活动的经验，也要重视总结我们自身的经验，同时还要引入各种大型会展活动等。我们还要群策群力，让有识之士提出真知灼见，发挥各方面的智慧，这也是节日再提升、再发力的一个关键点。总之，要适应现代经济社会发展要求，按照"政府主导、民间主办、市场运作、社会参与"的做法，大力挖掘节日活动的市场潜力。

二是要继续抓好"两个申报"和三多阁（北岳庙）修复扩建工作，彰显三多节文化魅力。坚定不移搞好"两个申报"，这对提升三多文化的品位和影响力意义重大，我们一定要通过不懈努力，做到志在必得。通过多年的基础工作和努力，三多节申报国家级非物质文化遗产（2021年三多节被列入国家非物质文化遗产名录）、北岳庙申报国家级文物保护单位的条件日益成熟。鉴于这几年我们邀请国家及省级专家学者和领导参与三多文化活动，他们对三多文化有了更深入的了解，三多节又获得了不少荣誉，应该说为申报奠定了良好的基础。我们只要肩负使命，扎实工作，精益求精，搞好申报文本和上下联系衔接的工作，就能获得成功。北岳庙是省级文物保护单位，修复工作要按相关规定和要求进行。周边配套和扩建项目必须高标准策划好，计划好，实施好。要修复和扩建项目作为三多节文化旅游品牌建设的基础性标志性工程。

　　三是三多节品牌要带动和促进旅游业的发展。三多节等民族节日与旅游业的结合，是提升旅游业的重要环节。三多节不仅要让丽江本地人充分参与，而且要让新丽江人和更多游客融入节日，这是拓展节日做大做强的重要方面。根据丽江气候及民俗特点，春节之后，元宵节、棒棒节、三多节等民族节日接踵而来，这些都是春天的节日。春天对丽江而言是非常美好的季节，立春节令后，春回大地，天气暖和，万物苏醒，百花盛开，春和景明。丽江还有个特点，到了春天，雨雪才会多起来，玉龙雪山被白雪覆盖，景色特别美丽。以往一般在春节长假之后，丽江游客便大量减少，旅游淡下来了，被认为是旅游的淡季，这是不正常的。现在情况有所不同，春节之后游客还保持相当多的数量，热度不减。这说明只要搞好对丽江的春天的宣传，引导好游客，开拓好市场，春天也会成为丽江旅游的黄金季节。而元宵节、棒棒节、三多节可提供民族文化、民俗文化的平台，可吸引广大游客来丽江拥抱大自然，踏青赏花，感受无限春光，这对保持丽江春季旅游热度会起到良好的推动作用。

　　四是要加强对各地三多节活动的支持和指导。随着三多节品牌影响力日益扩大，全国过三多节的地方越来越多。玉龙纳西族自治县是全国唯一的纳西族自治县，是纳西族文化的大本营，也是国内外纳西族同胞的精神文化家园，关心关注各地纳西族同胞和丽江同胞过好三多节是它的一项光荣使命。古城区作为原丽江纳西族自治县的组成部分，纳西族人口比例很高，又是丽江古城的管理保护者，也是三多节活动的重要区域，同样有着传承弘扬三多文化的光荣使命。所以三多节的活动要覆盖区县的城乡基层，各地基层也要开展丰富多彩的节日群众文化活动。历史上滇西北各族群众有到北岳庙祭祀三多神的传统，也有到丽江踏青赏花的传统，所以我们要通过深入宣传，吸引丽江市和周边的大理、迪庆、怒江，尤其是毗邻的鹤庆、剑川、洱源等地群众到丽江参加三多节活动。

五是三多节品牌建设要狠抓落实，多方融合，促进发展，做大做强。这项工作需要各级党委政府的坚强领导，需要得到相关部门的全力支持和指导，同时要发挥市场的主体作用、民间社会的重要作用和广大群众的积极参与。还要把品牌建设融入党委政府的中心工作，把生态、文化、旅游、经贸、会展、博览、创意产业融合起来。引进省内外著名企业、商家和客户参与到商贸、会展、博览等活动中来，扩大关联度和产业链，努力把三多节品牌做大做强。

第三节　丽江红色旅游大有可为

在丽江这片神奇的土地上，永远铭刻着红色的记忆、英雄的诗篇和革命斗争的辉煌业绩。

丽江红色文化是丽江文化的重要组成部分，也是其中的闪光点和精品,具有独特魅力和特点;而红色文化造就了红色旅游的发展,是旅游发展中可以大有作为的方面,在加大"一体两翼"发展中应成为一个着力点。通过提升改进,通过创新发展,可以把丽江红色旅游打造成一张闪亮的名片。

一、红色旅游资源独特而富集

丽江红色文化旅游资源受到国家高度关注。在十多年前,中央办公厅、国务院办公厅印发的《2004—2010年全国红色旅游发展规划纲要》中,玉龙纳西族自治县石鼓镇被列为全国100个红色旅游经典景区之一,滇西北及毗邻康藏区域的雪山草地成为全国12条红色旅游线路之一。通过多年努力,丽江红色旅游资源的保护开发工作进程加快,石鼓红色旅游景区初具规模,扩展建设了若干景点,尤其是重点建设红军长征过丽江纪念馆,取得了很大进展和成效。金沙江石鼓渡口及周边红色文物景点主要包括:红军长征过丽江纪念馆、铁虹桥、石鼓古戏台、贺龙石鼓临时指挥部旧址、茶马古道、木瓜寨渡口、木取独渡口、格子渡口、士可渡口、巨甸渡口、巨甸一二六团烈士墓、巨甸武装泅渡纪念碑等。

红军长征过丽江纪念馆因红军渡江纪念碑而建,纪念碑是纪念馆的标志性建筑。纪念碑建于1977年,由台基、碑座、碑身和碑额等组成。碑身高7.1米,寓意建党纪念日;碑身通高8.1米,寓意八一建军节。碑建在石鼓老街附近高坡处,自然地俯瞰长征第一湾。1999年《金沙水拍云崖暖》青铜雕塑在纪念碑广场竖起，这座雕塑反映了红军战士与船工的鱼水深情，寓意深刻，属于雕塑作品中的精品。纪念馆其他景观建筑包括红军长廊、红军亭、红军标志门及北渡金沙江雕塑、"之"字形游路从铁虹桥到纪念馆大门口、石鼓碣等。

2008年景区改扩建完工后，正式更名为红军长征过丽江纪念馆。该馆占地4.5亩，建筑面积1632.97平方米，展厅面积568.2平方米。纪念馆共有四个展厅，主题分别是："红军长征""红二方面军长征""红军长征过丽江""石鼓历史风物"，此外还设有石鼓亭、石鼓碣等展区。

建成完工后，石鼓红军长征过丽江纪念馆陆续获得多项殊荣，在云南全省乃至全国产生了较大影响。2009年被列入第四批全国爱国主义教育示范基地；同年被列入"全国关心下一代党史国史教育基地"；2012年纪念馆对公众实行免费开放；2013年被列入全国人文社会科学普及基地和全国廉政文化教育基地；2015年被列入"云南省干部教育培训现场教学基地"。

1936年4月25日至28日，在贺龙、萧克等率领下，红二、红六军团18000名健儿由石鼓至巨甸约140里的5个主要渡口抢渡金沙江取得胜利，与中央红军总部及红四方面军会合。这一战役具有重大历史意义，促进了北上抗日和红军三大主力的会师。新中国成立后，许多老红军重返石鼓渡口，或凭吊或题字。1984年1月，萧克将军重返石鼓，为当年红军渡江的五个主要渡口题字。此后五个渡口根据萧克将军题字，建设了渡口纪念地及标志碑，成为丽江重要的红色旅游景点。

二、红色旅游资源开发前景广阔

丽江红色旅游要在保护的基础上搞好开发利用，逐步扩大影响，同时要充分发挥其传承红色基因、革命传统功能，发挥干部教育、社会教育、青少年教育方面的重要作用。

丽江红色旅游资源主要由三个方面内容构成：一是红军长征过丽江的资源。红军长征过丽江时间虽短，但意义重大。除了石鼓是一个中心点外，红军长征过丽江古城指挥部已进行了修复建设，并对外开放；在太安乡螳螂坝的红麦红军墓也是一个重要景点；当年丽江古城老百姓到玉龙锁脉、东元桥欢迎红军，红军和丽江古城群众鱼水深情等内容很有价值，值得开发利用，红军经过的村庄和沿途也有开发利用的内容。

二是由于红军长征播下了革命火种，滇西高原才能燃起熊熊革命烈火。解放战争时期，在中共地下党滇西工委、滇西北地委领导下，以剑川、丽江为中心的滇西北连片革命根据地建立，包括15个县2个特区。这个由白族、纳西族、藏族、傈僳族、彝族、回族、傣族、普米族、苗族、佤族、怒族等众多民族聚居区域的革命根据地，体现了各民族坚决跟党走的斗争历程，有重大政治意义和典型意义。在这个过程中，滇西北革命根据地培养了上万位少数民族各级干部，为解放军顺利进驻滇西北创造了有利条件，打下了良好的组织基础；开展了巴塘等藏区地下党的工作，参加了解放西昌和川西南的战斗。总之，在滇西工委、滇西北地委领导下，滇西北革命根据地及边纵七支队较好完成了党中央和上级党委交给的任务,为滇西北区域解放作出了应有的贡献,这段历史已载入我们党和军队的史册。1999年8月,云南省委、省政府确定了一批革命老区县和乡镇,丽江地区的丽江纳西族自治县、永胜县、华坪县被确定为解放战争时期革命老区县。丽江撤地设市后,2007年11月,云南省委、省政府再次确认玉龙纳西族自治县、古城区、永胜区、华坪县为革命老区县。丽江市有众多革命遗址地,包括拉市镜湖学会(海南完小)、奎林寺、金沙江边红岩完小金江特区遗址,古城区的开南研习所、黄山培德补习班、杨尚志故居,永胜县的海腰革命烈士纪念地、和万宝故居等。

三是革命英烈及红色人物。丽江是具有光荣革命传统、爱国主义传统的地方,是一片红色的土地,在历史上出现过不少革命事件和爱国仁人志士。丽江虽处边陲,但自新文化运动以来,在革命斗争一些方面处在全国前列。十月革命一声炮响,马列主义传到中国,传到边疆,丽江各族革命青年也参加了五四运动或在丽江声援五四运动。在建党初期,一批丽江籍青年便参加了中国共产党,参加了南昌起义和广州起义,有的成为云南省地下党的负责人。在反对帝国主义侵略的斗争中,丽江各族儿女义无反顾,奔赴前线流血牺牲,不惜为国捐躯。

此外,丽江永胜是毛氏文化的发祥地,永胜毛氏和湖南韶山毛氏族谱都记载着一个共同的始祖毛太华,他在明朝洪武年间在永胜屯垦戍边三十多年,因有军功而内迁至湖南,带了老大毛清一、老四毛清四回到湖南,后迁到韶山冲。毛清二及毛清三则留在永胜继承军户。伟人毛泽东是毛太华第二十代嫡孙（是毛清一一支的后代），丽江永胜毛氏文化和湖南韶山毛氏文化一脉相承，这是传奇，也是史实，也是丽江红色文化中的闪光点。永胜原来保留的毛氏宗祠及现在建设的边屯博览园、博物馆、毛氏文化展示馆逐渐发展成为红色旅游景区。

三、努力打造红色文化旅游的大品牌

红色文化、红色旅游将是丽江的一大优势和特色，丽江有条件将自己建成红色文化旅游的大品牌。红色文化是丽江文旅融合发展中的一大亮点，为丽江文旅融合发展提供文化支撑，提升文化内涵。2021年，在"两个一百年"的历史交汇点上，要紧紧抓住建党100周年和全党集中学习党史这个历史性契机，把红色旅游发展高起点谋划好、建设好、发展好。

一是把丽江红色旅游纳入国家红色旅游发展规划之中，进入全国性建设的盘子。比如红军长征过丽江、抢渡金沙江取得伟大胜利等事件要进入国家长征公园建设的规划之中。现在玉龙纳西族自治县石鼓红军长征过丽江纪念馆提出了"金沙江石鼓渡口长征国家文化公园建设保护"方案，这是积极且可行的方案，包括为红二、红六军团主要领导塑像等，这是红色旅游的大手笔、大方案。

二是继续提升丽江古城红军长征过丽江指挥部的建设内涵，增加"欢迎红军""军民鱼水情"等纪念设施的建设。丽江古城指挥部建设主要在软件上增加内容，提升内涵，充实完善宣传讲解，做好收集散落在民间的文物文献资料等工作，体现历史的真实性，突出宣传好几个亮点。在东元桥等几个重要地点，建设重现当年人民群众欢迎红军、体现军民鱼水情等方面的文化景观。

三是保质保量建设好丽江古城滇西北革命根据地边纵七支队纪念馆，充分展示解放战争时期滇西北各族人民在党的领导下，开展得如火如荼、可歌可泣的革命斗争历史。结合学习党的历史、学习滇西北地区这段革命战争历史，"不忘初心、牢记使命"，用先辈们的光辉业绩鼓舞我们不断前进。同时结合红色旅游，修复一批革命遗址地，包括拉市镜湖学会革命遗址、金沙特区革命遗址、奎林寺等场所，提升开南研习所红色教育功能。总之，这些革命遗址地均可建成红色旅游的景区景点。

四是与研学旅游相结合，把丽江建设成为红色旅游研学体验目的地。要编写好红色文化教育课程，依托众多红色旅游资源，配套建设干部教育培训基地、青少年培训教育及开展夏令营活动的基地，吸引更多省内外广大干部及青少年接受红色文化培训教育和洗礼。

五是设计和建设几条重走长征路红色精品旅游线路。全面融合丽江市红色资源，提供红色旅游体验项目，让广大游客特别是青少年融入其中，比如丽江古城到石鼓、金沙江红军渡口沿线线路等。要广泛开展弘扬红色精神活动，诸如吃红军餐、唱红军歌、走红军路、走访群众、军民联欢、渡金沙江、野外露宿等系列活动。

六是把红色文化与丽江历史文化、生态文化、民族文化及乡村振兴有机结合起来,让红色旅游融入丽江旅游发展的大局,让红色旅游更加丰富多彩,更具吸引力。同时鼓励有条件的村镇参与发展红色旅游项目,让广大群众参与其中,叫广大群众从中受益。

第四章　在全域旅游发展中建设和推出新品牌

丽江文旅融合发展需要不断擦亮老品牌，同时要适时推出新亮点、建设新品牌，这样发展才会有后劲。保持发展的可持续性，是解决旅游景区生命周期短的问题的根本措施，也是丽江旅游业转型升级，提质增效，步入高质量发展轨道所必须做好的事情。加强"一体"、提升"一体"，其实质是继续保持和提升丽江古城、玉龙雪山等品牌景区的魅力，继续做大做强老景区，擦亮老品牌。而永胜、华坪随着形势的发展，随着大滇西旅游环线的建设，交通通达条件的极大改善，加上自身海拔、气候、区位等明显优势，已具备天时地利人和的发展环境和条件，这两地通过不懈努力有条件建设成为新型的融民族文化和休闲康养为一体的新亮点新品牌。

第一节 永胜要以"四位一体"建设丽江全域旅游新高地

打造和推出永胜文化旅游新品牌，建设丽江全域旅游新高地，对推动丽江市全域旅游发展，促进丽江市文旅产业持续健康发展，实现旅游业转型升级、提质增效具有重大意义，也是顺理成章的事情。笔者认为，永胜要抓住"程海保护、边屯文化、传统村落、民族风情"四大亮点，以"四位一体"实现文旅产业发展和突破，努力建设丽江全域旅游新高地，即把永胜建设成为丽江全域旅游中的美丽后花园、四季鲜花的康养福地。

永胜旅游蓄势待发十多年，现在已到了正发时，时机已成熟，条件已具备，要抓住有利时机，乘势而上，加快发展。首先是基础条件大为改善。随着华（坪）丽（江）高速2021年全线通车，永（胜）宾（川）高速建成通车，永胜到大理高速公路已连通，加上正在规划建设中的永（胜）宁（蒗）高速、大（理）丽（江）攀（枝花）铁路，丽江到永胜的交通瓶颈得到解决。从丽江出发30分钟即到达三川坝，到永胜县城至多一个小时。永胜县城往南到程海湖近在咫尺，到鲁地拉水电站，再到片角镇，都进入了高速时代。从丽江出发到永胜畅游，早出晚归已成为现实，在程海湖边也可休闲康养，真切体验边屯文化和湖光山色。以程海为中心，向四面辐射，许多景点可以珍珠般串起来，通达方便，可实现综合效应。

永胜发展旅游优势明显，有地理气候资源优势，有众多景点景区有待开发的优势，有边屯特色文化资源优势，有传统村落资源优势，有特色农业资源优势，有民族风情、湖光山色等自然文化资源优势，这些都是良好的基础和支撑条件。但发展旅游必须整合资源，突出亮点，突出优势和特点，建设和推出品牌。"四位一体"是永胜文旅融合发展最佳的组合、最大的特色，也是最大的亮点。这种组合内容实在、内涵丰富、特色鲜明，不仅仅是资源的整合，而且有着内在的联系，有很大的互补性和吸引力。在"四位一体"的发展中，程海保护是发展的根基和前提，也是发展的强有力支撑；边屯文化是文旅产业发展的魂魄；传统村落是文旅发展永久的载体，天地广阔，潜力无穷；民族风情则是一大亮点，可以引人入胜。总之，需要充分发挥各方面特色优势，特别是要突出亮点，打造品牌。

一、程海保护

程海是镶嵌在滇西北红土高原上的一颗璀璨明珠，是永胜旅游发展的重要基础，本身也是一个景区。

程海位于永胜县中部的程海镇境内，居云南九大高原湖泊第四位。程海湖及周边坝子，面积为473.6平方公里，北边与三川坝相连，南边与期纳镇相接，年平均气温19.1℃，适宜休闲养生。程海属金沙江水系，流域面积243.7平方公里，南北长19公里，东西最大宽度5.4公里，平均宽度4.3公里，蓄水量19.8亿立方米，平均水深25.7米，最大水深35米。

程海湖处于金沙江河谷地带，光照充足，气候较为干燥，蒸发量大于降雨量,年平均降雨 730 毫米左右,蒸发量 2100 多毫米,蒸发量是降雨量的近 3 倍。

程海湖属弱碱性水质,是全世界能天然生长螺旋藻的三大湖泊之一,有很高的经济价值。螺旋藻被联合国粮农组织和世界卫生组织认定为"21 世纪最佳保健品"。2007 年,程海螺旋藻获准实施国家地理产品保护。程海周边已成为我国最大的螺旋藻生产基地,年产干粉在千吨以上,还有螺旋藻绿 A 及红球藻等知名产品。程海湖鱼类资源丰富,土著鱼种类繁多,有白条鱼、鲤鱼、红翅鱼、牙条鱼、小花鱼、鲫鱼等 20 多种。1989 年程海银鱼养殖成功,年产量达 100 吨。同时,程海湖也是各种迁徙鸟类的栖息地。

保护程海湖就是保护永胜生存发展的基础,也是搞好旅游发展的重要前提。程海是永胜的母亲湖,也是边屯文化的母亲湖,是边屯文化的根基。六百多年来,程海周边边屯的军民百姓与母亲湖朝夕相处,共同生存发展。程海湖哺育滋养了边屯民众和边屯文化,而边屯军民百姓作为程海湖的受益者,也是它的守护者。人与湖的和谐与共、命运相连应该说是边屯文化的一个基本精髓,也是优秀的传统,今天我们一定要继承和弘扬这个优秀文化传统。保护程海就是保护我们持续发展的未来,2010 年云南省人民政府程海水污染防治现场办公会的召开,打响了程海湖的保卫战,尤其是党的十八大以来,相关部门加大了工作力度和措施,环境保护治理工作取得了实实在在的成效。

程海保护中最大的问题是水位逐年下降、湖面逐年缩小,补给水量成为迫在眉睫的工作。据史料记载，程海湖历史上是湖水外流的湖泊，湖水曾经过程海河向南流入金沙江，当时水深大概在72米左右。到清乾隆四十四年（1779年），程海"湖面顿枯十余丈"，此后水位逐年下降，到20世纪90年代之后，降幅更大一些，湖泊自身补水及降雨补水都已无能为力。经相关部门科学论证和几十年努力，2020年9月24日，从金沙江引水入程海工程，即程海湖流域生态综合治理水利骨干应急补水工程主体完工，实现试通水运行。工程初期供水量6816.6万立方米，其中生态补湖水量6089万立方米，置换流域生产水量727.6万立方米，设计灌溉面积1.55万亩；远期年均供水量2198.7万立方米，其中补湖水量1483万立方米，置换流域生产水量715.7万立方米，设计灌溉面积1.55万亩。其他几项补水工程项目也已开工建设，补水工程的陆续建成通水，五年内有望使程海恢复到1499.2米定最低法定运行水位。

程海一级保护区内"五退四还"工作全面完成。该工作共拆除各类建筑92073.47平方米，退土地1662.84亩、民房54所、鱼塘12个、抽水泵42台，拆除"两违"建筑97宗，并清理相关企业养殖池等。在原湖周边47个村庄实施环湖截污工程以来，沿湖33个村落污水处理提升改造工程全面完工，程海周边村落污水处理提升改造第二期工程已开工建设。其间，落实了垃圾清运工作及保洁护路人员。

程海湖边及流域生态修复取得很大成效。"十三五"以来，累计完成森林管护34.56万亩、人工造林19551.4亩、退耕还林

20334.7亩，完成湖边生态修复931亩。通过封山育林和实施退化林修复、经济林改造、灌木林补种等一系列措施，程海流域森林覆盖率由原来的36%提升到58.81%。生态修复二期工程已开工建设，完成后森林覆盖率将提高到62%左右，应该说程海湖周边已筑起了生态屏障。即便到了初冬，程海湖周边仍然绿意盎然，落目苍翠，候鸟自由飞翔，各种植被错落有致，以凤凰树为主，搭配红绒球、蓝花楹、夹竹桃、高大乔木、低矮灌木等；在阳光的照耀下，程海湖烟波浩渺，碧波万顷，犹如一幅图画。

二、边屯文化

边屯自古有之，是我国历史上统治者的一项重要治国措施。自秦以来，中央政府在边疆区域设置郡县加强统治，同时实行羁縻政策和边屯制度，于是以军屯、民屯、商屯为基本形式的屯垦戍边，寓兵于农，移民垦殖成为不少统治者的重要国策。边屯文化是指伴随着边屯制度的实施而产生、发展的综合文化现象。边屯在历史上起过重要作用，尤其对于边地生产力的发展和民族融合、团结进步产生了重大影响。

云南边屯在明代达到了极盛，对云南产生了深远的影响。在明代大量中原汉族移民进入云南，并形成高潮，这是历史上汉族移民的一次大迁徙，云南出现了汉族和各少数民族的大融合。产生这种民族大融合是双向的，你中有我，我中有你，或"以夷变汉"，或"以汉变夷"，永胜被民间称为是"夷娘汉老子"的地方，就是指民族的融合和团结，这也体现了边屯文化的重要内涵。随着大量汉族移民的进入，加上汉文化的强大生命力，从明代实施屯田制后的百余年间，云南生产力得以较快发展，民族融合大格局也发生了巨大变化，即汉族逐步发展成为云南境内人口最多的民族，云南成为以汉族为主体的多民族聚居的边疆省。

永胜处在滇西北高原腹地，这里坝子广阔，土地肥沃，气候宜人，山清水秀，是一个好地方。明朝之前，这里居住着傈僳、纳西、彝等少数民族，汉族人口很少。明朝的"洪武调卫"这一重大举措使永胜逐步形成了以汉族为主、多个少数民族共同聚居的区域。明洪武二十八年（1395年）九月，明政府决定设置澜沧卫，组建澜沧卫军民指挥使司，并从昆明云南中卫调来6500多人到永胜。从第二年开始，澜沧卫城开始建设，屯垦全面展开，永胜历史翻开了新的一页。

永胜是边屯历史遗迹和文物保存最多的地方，也是边屯文化特色最浓的地方，亮点很多。其中，凤羽毛家湾、毛氏宗祠、边屯博物馆等最为突出，毛氏文化是一大亮点。

韶山毛氏族谱和永胜毛氏族谱共同记载着毛太华是两地共同的始祖。毛太华在永胜三十多年，其间因军功发迹，才有机会先迁到湖南湘乡，后到韶山冲的。明朝初年，毛太华及几个江西青年，因躲避战乱，沿长江溯流而上，几经辗转来到北胜府，即今天永胜县，并参加了明朝的军队，在平定北胜府过程中立下了军功，升任百户长。毛太华在此地成家，娶当地少数民族夷女王氏为妻，之后率所部屯驻程海湖西南凤羽山脚下，即现在的毛家湾。"洪武调卫"后，毛太华奉命率所部参加修建澜沧卫城的建设，其间又立下军功，受到嘉奖，被赐封为"武德将军"。毛太华与王氏共生下八子，其中四人夭折，毛清一、毛清二、毛清三、毛清四长大成人。明洪武三十三年（1400年），毛太华以"简拔内迁"，"因军功拔入楚省"。于是他与妻子王氏、长子毛清一、四子毛清四迁居湖南湘乡北门外绯紫桥，十多年后迁至湘潭三十九都韶山冲。毛太华次子毛清二和三子毛清三则留在永胜县毛家湾"继承军户"，后延续至今。2001年毛清二墓碑在凤羽山沟中出土，其上记载与毛氏族谱记载完全一致。毛清二碑载："吾族原籍江西吉州龙城，始祖公太华宦游从戎，屯戍澜沧卫，后因军功奉调，携长子、四子内迁，明故一世祖旌表忠义。武德将军毛公讳用字清二老大人之墓。前所千总，十一世孙，毛翼圣率阖族重立，大清康熙七年岁次戊申季春月吉旦。"这是韶山毛氏和永胜毛氏同宗共祖的有力证据。目前，永胜境内毛氏后裔有四千余人，湖南韶山市境内毛氏后裔也有四千余人。两地毛氏都得以繁衍发展。

20世纪90年代后，永胜与韶山两地毛氏文化研究不断深入，双方进行过多次学术交流和实地考察，纠正了误传。历史上的澜沧卫是在滇西北的永胜，而不是现今的澜沧拉祜族自治县，澜沧县的县名始于1914年。永胜程海镇凤羽毛家湾的毛氏宗祠始建于康熙七年（1668年），而且是毛氏族谱里记载的始祖毛太华，这与韶山毛氏族谱记载是一致的，几经核实，永胜毛氏和韶山毛氏才厘清了两地的亲情血缘关系。韶山毛氏五修族谱，永胜毛氏收族归宗。于是两地多次互补认亲及开展文化交流活动。

2011年，韶山市委、市政府与永胜县委、县政府签订了兄弟友好市县协议。

边屯博物馆旨在全面展示边屯文化，未来，还将有边屯博览园建成，边屯博物馆是边屯博览园的重要组成部分。2010年8月，云南省决定在永胜建设省边屯博物馆。8月23日，时任丽江市委书记王君正主持召开博物馆建设的专题会议，对相关工作作了部署。为抓紧落实此项工作，县委书记陈星元聘请笔者作为顾问，组织设计单位、丽江文化研究会、边屯文化研究会及永胜县相关人员组成考察组先后前往昆明和韶山参观学习。11月4日，省级专家学者咨询论证会在昆明召开。考察组紧接着于11月5日至9日前往湖南韶山。韶山市委、市政府主要领导及毛氏宗族相关人员热情接待考察组一行，他们向考察组详细介绍了毛泽东故居及其他纪念馆建设情况。考察组成员认真听取韶山方面专家学者及毛氏家族人员的建议意见，深受启迪，同时在突出毛太华这位两地共同始祖和彰显边屯文化特色方面加深了认识，开阔了眼界。12月26日，在这个具有纪念意义的日子里，边屯博物馆开工典礼在程海之滨的凤羽毛家湾隆重举行。边屯博物馆建设经过一年努力，于第二年12月26日建成开馆。博物馆占地面积42666平方米，总建筑面积4700平方米，总展厅（馆）面积4198平方米，这是整个博览园的一期工程。博览园规划由中国永胜边屯文化博物馆、毛泽东祖先纪念园、毛泽东铜像广场和毛氏宗祠四大部分组成。

博物馆设计既像展翅欲飞的雄鹰，又像即将起航的帆船。展厅有"序厅""边屯云南""明清以来云南文化名人""沧阳春秋"等七个。展厅内通过实物、图像、数据、图表、文字说明等形式进行展示，把边屯文化之来龙去脉、历史意义、重大事件、历史人物、中原与边地融合、边地风情一一展示，尤其突出了毛氏文化这个亮点，彰显了中华民族大融合、大团结、大发展的主题。博物馆吸引了不少游客，2019年达15万人次。总之，边屯文化是个大文化，游客到程海之滨可领略到边屯文化的内涵和精髓。

三、传统村落

传统村落是永胜旅游的亮点之一，因其颇具特色和魅力，对游客有很大的吸引力。2012年以来，永胜县入选中国传统村落名录的有清水村、谷宇村、翠湖村、蒲米村、岜罗村、果园南村、双河二村、牦牛村、青草湾等村。其中程海镇有清水村、谷宇村、果园南村，北边相连的三川镇有翠湖村，这些地方都与程海湖紧密相连。

清水村又称清水古镇，是永胜传统村落中的一张王牌。这个村被称为丽江第一村，村落较大，历史悠久，文物众多，可观赏和体验的东西很多。这里可看到历经数百年的街道、寺庙、祠堂、书院、宅院等，文化氛围很浓。历史上这个地方山高谷深，沟壑纵横，又有金沙江阻隔，交通不便，行路艰难。清水村到永胜县城要九十多里，早出晚归也是一天行程，往南的金沙江渡口通往宾川大理，路途遥远，于是清水成为中间重要驿站，成为茶马古道上的商旅的落脚之处。明朝"洪武调卫"之后在此地设官方驿站，这里也成为民间重要的集市。由于处在商贸繁华的古道上，导致人口骤增，文化得以繁荣，到了明末清初，清水村已发展成为一个大村镇。这一时期，清水村南北两个城门连着3公里长的用石板铺就的街道，另外还有2条辅街与主街相平行，里边有18条巷道相互通连，店铺林立，商业发达。打铁的、纺线织染的、生产草纸的、水碓碾米磨面的、扯白糖的、熬红糖的、甘蔗渣酿酒的、卖豆腐凉粉和各种食品的应有尽有，整个长街常常热闹非凡。清水村在历史上尊师重教，人才辈出，不少中原文人墨客在此落籍定居。清水村历史上出过四个进士，新中国成立后也出过不少文化名人。

今天的清水村有1000多户5000多人口，交通便利。永胜县到宾川县高速公路建成后，清水到永胜县城仅十多公里，往南到宾川和大理市也只有几十公里。近年清水村也因自身的独特，获得了不少殊荣：2012年12月被列入首批中国传统村落名录；2014年3月入选第六批中国历史文化名村名单；2016年1月被公布为第三批中国美丽宜居示范村庄；2019年10月被公布为第八批国家重点文物保护单位。村里保存有600多院（所）明清、民国时期的古建筑，其中7栋为国家重点文物保护单位。这里还保存有独特的非物质文化遗产和工艺。村里有明清洞经、滇剧、花灯，还有造纸、酿酒、熬糖等民间工艺。历史上清水村有众多寺庙，双龙寺、龙泉寺、芭蕉寺、宝月寺、桂香阁、飞霞阁、大智庵等各种寺庙环村依山而建，现有瑞光寺大殿、东岳寺庙群等古建筑群。

三川镇的翠湖村也是一个很有特色的传统村落。永胜三川坝南接程海湖，东边是县城，是滇西北著名的粮仓，也是著名的鱼米荷花之乡。三川坝是因河流形成的坝子，因桥头河形成盟川，板山河形成汇川，清水河形成济川，三条河流从坝子境内穿过，又相互连接形成坝子而得名。

三川坝这几年以旅游业为重点，以"旅游＋现代农业＋农户"为抓手，打造乡村美丽田园综合体。三川镇重点推动培育优质水稻、三川火腿、烤烟、水产养殖、生态产业等的发展。生态产业包括莲藕、冬早蔬菜、葡萄、软籽石榴、柑橘等。其中三川坝以传统村落翠湖为主体的翠湖湿地成为荷花的故乡，2017年和2018年在此举办两届荷花节，吸引了县内外众多游客慕名而来，有许多客商也来参加。荷花节的举办为把翠湖打造成为以荷花为主题的乡村生态旅游、餐饮美食、休闲娱乐相互融合的一方胜地奠定了基础。

三川坝翠湖湿地，地势平坦，气候温和湿润，海拔1550米，年平均气温16℃。翠湖村委会被确定为云南省"美丽乡村建设"的示范点，实施了湿地保护、龙潭坝埂建设、道路硬化、生态修复、亮化工程等建设项目，基础设施条件有了较大改善。以翠湖为中心，到2020年三川坝种植莲藕2万多亩，形成百里荷塘，另特别种植了1500多亩观赏性莲藕。每年到了8月间，这里荷花飘香，各种颜色的荷花争先绽放，花朵硕大，特别耀眼，惹人喜爱。此时阳光灿烂，空气甜美，花香沁人心脾，让广大游客心旷神怡。这一时段游客纷至沓来，形成永胜一大景观。

这里的莲藕经济效益也不错,到了采挖时节,一根根粗壮硕大的莲根有一米多长,亩产值达一万多元,纯收入在六千元左右,老百姓因此增加了经济收入,得到了实惠。万亩荷塘不仅成为旅游的一大亮点,而且成为老百姓增收致富的产业。

四、民族风情

在永胜的少数民族中,傈僳族、纳西族、彝族都是这片土地上古老的民族,加上历史上来自中原的汉族与边地少数民族长期融合,形成和保留了独特的民族风情,其中的典型是以营盘村古墓群、他留山古城堡遗址历史文物及他留人民族风情为主要代表的他留文化,这是永胜不可多得的一份珍贵旅游资源。

他留人居住在离永胜县城十多公里的他留山上,属于六德傈僳族乡,这个乡是丽江有名的民族风情示范乡,民族风情特别浓郁。他留人聚居地在六德乡双河、营山、玉水村一带,有五千多人,双河村已被列入国家传统村落名录。

他留人(彝族),有着极其独特的历史文化,他留先民原系施蛮之游牧部落,在大理、丽江一线山区都有自称他留的人(他鲁人、螳螂人等)。元朝末期,永胜世守高氏土司高斌祥属下千户(实为三百多户)组建一支常备武装,除进行武装训练和有事进行征战外,平时与家人一道从事生产劳动,粮饷自给,并在他留山一带定居下来。他留山一带历史上是从四川经华坪县进入永胜,西至丽江、到藏区往印度,南可至大理、保山到缅甸的一个重要关口,也是茶马古道上的一个重要驿站,加上"洪武调卫"

构筑澜沧卫城,他留山营盘山一带得到很大发展。他留城堡和坟林是这个时期形成的,可惜城堡咸丰末年毁于兵燹。幸存者在原城堡附近定居下来,形成几个他留人的村落。现今存留于六德乡玉水营盘村的他留人古墓地及城堡遗址,于2006年被列入第六批国家重点文物保护单位。

他留人城堡与墓地相连,城堡在东,墓地在西,墓地面积30.4万平方米,城堡面积130.6万平方米,规模宏大。墓地包石较好,冢墓有6340余座,主要为海、兰、王、陈四姓家族墓。墓碑雕刻技艺精湛、造型优美,各种动物花草都经过精雕细刻,且用写实、象征、夸张等手法,是汉文化和少数民族文化融合的典范,具有很高的文化艺术价值。

明代以后,他留人长期与其他民族友好相处,尽管深受汉文化影响,但仍保留了自身民族文化及风情。尤其是他留人至今保留着的奇异婚俗,以"青春棚""过七关"为主要标志。他留人实行一夫一妻制,但正式结婚前婚恋完全自由,带有母系对偶走婚的残余。这里的女孩子一般长到十四五岁(现年龄有所推延)后,即把原白裙子改为黑裙子,说明已长大成人,可以自由谈恋爱了。父母亲为她在房屋外建盖小小的"青春棚",棚里只有一张小床,无可端坐的板凳,所以人们又说他留人是躺着谈恋爱的。到了夜晚,女孩子等着小伙子串棚来谈恋爱。恋爱之初,无论男女都要连续七个晚上和不同异性一起过夜,接受"过七关"的爱情考验。他留青年男女谈情说爱,也有许多文艺活动相配合,比如唱调子,本民族有许多曲调用来歌唱,充满了欢乐。

乐器以葫芦笙为主，除此之外，还有小三弦、口弦、笛子、叶子等，给青年人的恋爱增添了不少情趣。"青春棚"是充溢着神秘温馨美好爱情的地方。"过七关"是一个广交朋友、相互认识了解、比较和筛选的过程。在滇西北高原他留山古老土地上，他留人那种以开放、自由和爱情为基础的奇特婚恋，犹如绚烂的花朵在山野开放，给他留山增添了神奇和美丽，增加了神奇文化的魅力。

他留山的民族风情，还包括语言、服饰、饮食、传统节日、歌舞艺术等，其中他留粑粑（用糯米做成的各种形状的糍粑）很有名气，还有他留人过的粑粑节也很有特色。他留人自制的酒、他留山出产的乌骨鸡都小有名气，很有开发前景。他留人至今保存着古老的火草纺织技艺，人们使用原始的木制纺织机织火草布，用这种布做成的衣服结实耐穿，很有民族特色。

永胜县和程海周边，古老的傈僳族的民族风情浓郁，颇具特色，这个民族被称为"酒的民族""歌舞的民族"。勤劳勇敢、淳朴善良、尊老爱幼、团结友爱、热情好客、崇尚道德、诚信至上是傈僳人的特点，在傈僳族村寨做到了"路不拾遗、夜不闭户"。1984 年，笔者在当时的六德区任地委工作队长，到了各民族的村寨，包括傈僳族村寨和他留人的村寨，并深入了解和体验了这些地方的民族风情，印象深刻的是农闲时节村村寨寨开展的各种独具风情的民俗活动。

傈僳族自古就掌握了酿酒的技艺，由于大都住在高寒山区，人们常用酒驱寒。村村寨寨、家家户户都能酿酒，度数不高。他们的古老谚语说:"可以不吃饭,但不能不喝酒,不能不唱歌。"他们劳作有劳作的歌,织布有织布的歌,推磨有推磨的歌,收割有收割的歌,总之婚丧嫁娶人生一世都有歌。傈僳族有阔时节(迎新节)、刀杆节、情人节、火把节、丰收节等节日。当时我到六德区团结乡(一个傈僳族乡),乡书记、乡长、文书几位都是傈僳族,他们特别热情,到了夜晚,附近和周边村寨傈僳族同胞点着火把明子,翻山越岭来到乡政府所在地,在一个广场上和田坝里燃烧起一堆堆熊熊篝火,大家喝着酒,进行打跳和对歌,歌声此起彼落,飘荡在山野里。到了晚上12点多,乡里同志请我先去休息,说村民们会一直跳到天亮。第二天早晨我还见到场子里很随意地睡着不少人。

程海湖畔有个彝人村寨——金兰村,这个村的刀杆节(又叫刀杆圣会),是这一区域很有影响的传统节日,每年农历八月十五举办,已有五百多年历史。本来刀杆节是傈僳族的传统习俗,后又成为这个彝族村寨隆重的传统节日,究其根源,学者专家们说法不一。但有一点是可以肯定的,即各民族之间相互学习,相互影响,相互融合,文化成为各民族联系的纽带和载体,每年到了八月十五,金兰村男女老少以及周边村寨的群众都汇集到天子寺,这里是举办刀杆节的活动场所,主要活动是表演"上刀山"等民族技艺,现场总是热闹非凡,一片欢歌笑语。几十米长的两根杆子,用锋利的刀子搭成梯子,赤脚上梯称为"上刀山",这是需要有点硬功夫和技艺的。

程海湖周边还有些汉族聚居的村落,村中至今保存着最早从中原传来的音乐，这是道教文化的产物，数百年来又融入了边地特色，最终成为今天的洞经音乐。每逢年节或庙会等重大活动，乐师们都会一展身手，独特的洞经音乐成为这里一道亮丽的艺术风景线。

各地民族风情各异，有的外地游客闻所未闻，这些风情对游客很有吸引力，如何搞好展示活动，甚至让游客融入其中，是很值得深思的问题。

结　语

总之，搞好永胜文旅融合发展，当前要认真贯彻党中央的相关精神，体现新的发展理念，抢抓机遇，乘势而上，努力建设丽江全域旅游新高地。要全力推进"四位一体"发展思路，培养一批实用人才，要有实实在在的配套措施，真抓实干，重在落实。

一是要纳入丽江市"一体两翼＋全域发展"的格局，作为全市旅游可持续发展中的一个重点，作为全域旅游的一件大事实事。

二是充分发挥县城对旅游业的统领带动作用。永胜县城市政建设条件较好，"美丽县城"建设卓有成效。县城周边有灵源箐等名胜古迹驰名滇西北，红石崖地震遗址也很有观赏科考价值，永胜瓷器在历史上驰名东南亚各国等。近年来永胜县又复建了古澜沧卫城楼、凤凰山生态休闲公园和虹霁公园等新的城市休闲景点。现在县城到程海湖十分便利，县城可作为带动"四位一体"发展的龙头，其作用不可小觑。

三是要有一个起点高又切实可行的发展规划。在新形势下，对原来规划要修改完善，充实调整，有所提升。要很好体现中央关于"十四五"规划纲要精神，要突出程海流域这个重点，体现好"四位一体"旅游发展思路，还要与全市旅游发展规划相衔接。旅游规划要体现品牌意识、精品意识，既要有前瞻性又要着眼于近期的突破点。

四是要把文化旅游发展和乡村振兴结合起来。要把永胜文旅融合发展作为乡村振兴的重要抓手，通过旅游业发展推动乡村产业发展、文化保护，尤其要搞好村镇文明乡风建设。

五是要始终坚持保护第一和品牌战略。虽然现在程海周边生态环境有了较大改善，但生态环境脆弱状况还未根本转变。程海周边森林覆盖率还不高，没有真正形成绿水青山；程海水质有待改善，补水才开始，截污排污还处在低水平，还需继续改造提升等，存在的问题不可忽视。毛家湾和边屯文化有了一定知名度，毛家湾景区2020年已进入国家3A景区行列，但真正建设或成为品牌精品，还需不懈努力不断奋进，不可能一蹴而就，建设精品要久久为功。

六是要用多种形式多种手段开展宣传活动。宣传要抓住亮点，突出特色优势，要做到增强感染力和说服力，同时要充分发挥新媒体的作用。永胜旅游宣传还要依托"丽江文旅"这个世界级的大品牌，这种带动效应将产生良好效果。另外，要大力加强旅游基础设施建设，解决好"吃住游行玩购"等旅游发展中的几大要素，相互配套，真正形成"一条龙"的优质服务。

第二节 丽江全域旅游中的
新亮点——康养华坪

  全域旅游发展是推动丽江旅游转型升级、提质增效的必然。按照丽江市"全域畅通、全域景区、全域卫生、全域服务、全域生态、全域安全"的总体要求，推进全市景区一体化，把全市作为统一全域大景区建设。在丽江全域旅游发展过程中，华坪有着特殊的优势和特色，即推动华坪开展"避寒休闲康养旅游"，使其成为丽江市全域旅游的新亮点新品牌，这是丽江全域旅游发展中的重要任务。

  华坪休闲康养旅游正处在一个蓄势待发的突破时期。总体上讲，华坪要以"乡村振兴、农旅融合、瓜果飘香、绿色生态"为着力点，为打造康养华坪夯实基础。这里农业指的是大农业，包括农业（农果）、林业、水利、环保等生态产业，与乡村振兴紧密结合。形成"文化旅游＋农业＋林业＋水利＋农果＋休闲＋康养"的大格局，以生态文化产业园、绿色农业庄园、优质芒果基地等绿色产业为基础，现代农业为载体，依托田园风光、民族风情、特色文化、生态村落、田园瓜果，推动避寒休闲与健康养生，同时推出相配套的果品加工等旅游产品体系。针对思想认识不到位、开发重点不突出、文化挖掘无重点、配套措施不完善等问题，笔者认为要以对县情再认识、树立新形象入手，用特色文化塑魂赋能，着力突破重点，树立新品牌，真抓实干，全力搞好保障措施，努力开拓奋进，走出一条康养旅游的新路子来，这是大有可为的。

一、华丽转身

华坪实现了华丽转身,它以新的形象呈现在世人面前。在十多年前,华坪给人的印象是与旅游无缘。它是一个重要的煤炭工业基地,到处弥漫着黑色烟雾、黑色灰尘,水土流失严重,河流污染,交通不便,丽江到华坪要颠簸一天时间。当时的华坪的确还不具备发展旅游业的条件。正因为如此,就必须首先回答好华坪是如何实现华丽转身、实现根本性转变的,以及黑色基调的华坪转化为绿色生态华坪这一巨变的情况,在世人面前树立起生态绿色的新形象,从而改变人们对华坪陈旧而负面的看法,这是华坪发展文旅产业的首要任务。

今非昔比,今天我们走进华坪,它给人一种新的形象、新的气象、新的感觉。这就是美丽的生态华坪,青山绿水,绿意盎然,繁花似锦。洁净的鲤鱼河穿城而过,两岸杨柳依依,四时鲜花,即使到了冬天,依旧风和日丽,暖意融融,叶子花开得正盛,加上鲤鱼河广场群众文艺活动活跃,歌声此起彼伏,让人仿佛进入了美丽而欢乐的海洋之中,流连忘返。笔者对此有着深切的感受,十多年前因工作关系经常到华坪县,最近几年再次来到华坪,真是两个天地、两个世界。今天的华坪已成为生态优良、空气洁净、河水清清、美景如画、弦歌不断的世界,广大人民群众有着很强的欢乐感、幸福感。所以我认为,对华坪应该有个重新认识、重新评价、重新定位的问题,对如今的华坪我们应该刮目相看。

党的十八大以来,华坪结合县情走出了一条生态优先、绿色发展之路,实现了根本性转变,即实现了从黑色产业发展向绿色产业发展的华丽转身。华坪曾是全国 100 个重点产煤县之一,就丽江和滇西北而言,曾处在煤都的地位,但机械化、规模化程度不高,大都是小煤窑、小煤矿。根据国家治理规范煤炭产业发展的要求,华坪坚决关停了不合格的小煤矿、小煤窑,同时在矿区开展了大规模植树种绿、恢复生态的活动。2014 年以来,全县煤炭年产量从 740 万吨减少到 61 万吨,下降 91.8%;清洁载能产值从零到 55.83 亿元,县城空气优良率达到了 100%。华坪摸索出一个"四转"新模式,即矿业转型、矿山转绿、矿企转行、矿工转岗,把黑色煤炭产业转型为绿色生态产业,形成以芒果产业为主,区域化发展茶叶、花椒、柑橘、蚕丝、核桃、西瓜等产业的绿色生态布局。与此同时,华坪对原有矿山矿区进行植树绿化、生态修复,整体植被生态状况发生了巨大变化。

华坪 1965 年从外地引进试种芒果,经过五十多年的探索发展,芒果成为当地惠民增收的特色产业。2019 年,芒果种植面积达 37.8 万亩,5 个优质晚熟品种种植面积达 90% 以上,位列全国第三、云南省第一,人均种植面积全国第一;产量达 31 万吨,产值 22.8 亿元,加工产值 35.4 亿元;省级以上龙头企业 5 户,销售收入超亿元企业 1 户,合作社 99 个,家庭农场 105 个,种植芒果农户 13726 户,与新型经营主体建立联系机制农户 12.6 万户。2020 年芒果产量达 33.5 万吨,实现产值 29.3 亿元,全县 7.8 万亩芒果通过国家无公害食品认证。华坪芒果先后获得多项殊荣：国家"地理标志产品保护"、国家级"特色农产品优势区"、"国家有机产品认证创建示范"、"全国名优果品区域公用品牌"著名商标、全省绿色食品"十大名品"等。华坪芒果产业发展有以下特点：首先，华坪芒果产业是一个成熟的、被广大群众接受并欢迎、让广大群众致富的绿色生态产业；其次，华坪芒果生长得益于自然地理气候因素，是晚熟的品种，与其他产地成熟期有一定的时差，市场前景看好，不仅有国内市场，而且有国际市场；再次，华坪芒果形成了"公司＋协会＋科技＋基地＋农户"的发展格局，增强了科技的支撑力度；最后，华坪芒果在全国已产生一定的知名度和影响力。以上是华坪转型成功的最好例证。

华坪对县城和鲤鱼河流域及主要河道进行了多方治理，取得了很大成效。县城内交通设施及对外通道建设有了很大改善，攀枝花至华坪高速公路已贯通，华坪到丽江高速计划于 2024 年全线通车，华坪沿永仁到昆明高速公路建设指日可待，县内水电、排污、网信等基础设施也有了很大改善。

华坪县坚持生态优先，绿色发展，青山绿水建设一年比一年好，成效一年比一年突出。加上本身自然地理气候条件禀赋优越，赋予了温度、湿度、海拔度、清洁度、优产度、光照度、和谐度、多彩度、美誉度等自然条件，形成了新的格局。至 2019 年，华坪县森林覆盖率达 72.66%；PM2.5 年平均达到了 14.9 微克/立方米，环境空气优良率 90% 以上；年平均空气负氧离子浓度 1919 个/立方米，大气负氧离子浓度Ⅱ级，清新空气（1500—2000 立方厘米）标准，非常适宜康养。

2020 年 1 月 20 日，中国气象服务协会授予华坪县"中国避寒宜居地"称号，华坪成为全国首批三个避寒宜居地之一。同年 11 月 5 日，中国气象局公共服务中心评定华坪县为"中国天然氧吧"。11 月 30 日，华坪县被生态环境部命名为全国第四批"绿水青山就是金山银山"实践创新基地。

二、文化赋能

没有文化内涵的旅游是没有生命力的，不可能持久，也不可能真正吸引游客，做到可持续发展。所以挖掘文化内涵，给康养休闲旅游塑魂赋能很重要，这是真正体现旅游品质品位的关键所在。华坪深受巴蜀文化、中原文化的影响，又有众多少数民族文化滋养，资源是丰富的。笔者认为华坪要着力挖掘展示自身的文化亮点，通过多渠道多形式融入休闲康养旅游的全过程，这是发展文旅产业的题中应有之义。华坪文化在四个方面很有特色、很有代表性。

一是以傈僳族为代表的民族特色文化。华坪除汉族之外，千人以上少数民族有傈僳族、彝族（水田）、傣族、苗族、回族、壮族、纳西族等 26 个少数民族，少数民族人口占 31.8%，各民族都有独特的文化，其中傈僳族文化最具代表性。傈僳族人口有 25430 多人，占总人口的 17.1%，在华坪县各乡镇都有分布，主要聚居地为新庄、通达、永兴、船房等 4 个傈僳族乡，以服饰不同分为黑傈僳、花傈僳。花傈僳服饰艳丽：高缠式圆盘头帕鲜艳多彩，串珠挂银，下身着蓝绿红颜色百褶长裙，腰系布带，长裙脚边用红黄蓝绿丝线布条镶嵌，做工精致，挂耳环，显得五彩缤纷，可谓"千花百卉集于一身，环佩飘摇光彩照人"。傈僳族是一个能歌善舞的民族，民族音乐舞蹈特别丰富，山歌小调很多，一年四季生产生活、人生一世生老病死都能用民歌小调表达。过节有《节日调》《欢乐调》；劳作有《劳作调》，如《放猪调》《放羊调》《洗麻纱》等；婚嫁有专门调子，比如《父女调》《离娘调》等；人去世，也有《送丧调》等。各种调子内容不同，表达的情感不同，旋律也不同。欢乐调子高亢悠扬，如百鸟齐鸣，或甜美舒畅，如陈酒飘香；悲怆调子凄婉伤感，催人泪下。年轻人主要是情歌对唱，多用比拟手法表情达意，调子欢乐活泼诙谐。歌舞打跳或排成一排，或手挽手成圆圈，打跳舞蹈有二十多套形式，一般用葫芦笙引导，乐器还有口弦、吹树叶等形式。

这里的节日很多，主要有法定的 12 月 20 日阔时节（迎新节），丰收节（尝新节）一般在六七月份，火把节是农历六月二十四日（傈僳族火把节有独特意涵，认为火能烧死害虫，使庄稼丰收）。

傈僳族讲究道德风尚，注重行为举止，提倡与人为善、友好礼让；不贪不占，洁身自好；以和为贵，与世无争。通达傈僳族乡及丁王村是这一民族文化的主要代表。2000 年文化部授予通达傈僳族乡"中国民间艺术之乡"称号。自 20 世纪 70 年代以来，华坪傈僳族出现一批民间艺术传人，他们是蔡应福、蔡学珍等，他们曾在全国获奖。其他民族在华坪县还有若干个民间歌舞队活跃在城乡，丰富着人民群众的生活。

二是红色文化。华坪县红色资源丰富，要打好红色文化这张牌。华坪是具有光荣革命传统的地方，历史上当地民众对统治阶级的压迫剥削进行过多次反抗斗争，爆发过农民起义。在中国共产党建立初期，华坪在外求学的一批革命青年接受马克思主义思想，先后在上海、广州、昆明等地参加中国共产党，同时有人返回华坪组织开展了一系列革命斗争。1949年，华坪爆发了"3·16"起义。新中国成立初期，在剿匪平叛、保卫红色政权的斗争中，不少华坪籍解放军战士献出了宝贵生命。1999年8月，华坪县被云南省委、省人民政府确定为革命老区县，这是一笔宝贵的精神财富。

华坪早期入党的人员有：陶光潮又名陶育晶，笔名陶逸，1904年出生于竹屏镇，1924年加入中国共产党。严英俊又名严佑陵，1903年出生于竹屏镇，1925年8月加入中国社会主义青年团，1925年加入中国共产党。严英武又名严复生，化名李应山，1904年出生于竹屏镇，1926年加入中国共产党。丁志平又名丁沛生、丁志宽，1910年生于竹屏镇，1927年加入中国共产党。陈永贵又名陈友贵，1910年生于竹屏镇，1927年加入中国共产党。李君忠，竹屏镇人，1928年加入中国共产党。

华坪的革命遗址和纪念地有：华坪人民革命纪念碑，这是为纪念1949年3月16日举行的武装起义而兴建的。革命烈士纪念碑，位于龙洞乡北侧200米斜坡处，是1989年华坪县委、县政府为纪念1950年在剿匪征粮斗争中牺牲的12位解放军战士而兴建的。永兴烈士陵园，位于永兴镇南街。此外还有中心镇烈士陵园、抗日战争阵亡将士纪念碑、华坪革命纪念馆、梭罗村止行学社成立地遗址等。当前需要对华坪县红色文化进行系统梳理，形成一个完整、丰富、体系的教材，以便为旅游塑魂。

三是群众文化。这是华坪的一大特色和亮点。华坪各民族人民都有优秀的历史悠久的民族文化，包括各自的民俗文化活动、节庆文化活动、群众性民族民间歌舞艺术文化活动，还有较广泛的诗词楹创作传统等。华坪的群众性业余文化体育活动丰富多彩，其中老年人文体育活动十分活跃，基础深厚，历史悠久。这里的群众文化活动得到各级党委政府的重视和支持，加上历史悠久、传统厚重、覆盖面广、参加人数众多，从县城到村镇、基层社区已形成网络，曾多次获得全国、云南省群众文化活动先进单位、先进文化馆等荣誉。

四是生态文化。在人与自然长期相依相存的过程中，华坪形成了保护生态的良好传统，在乡村形成保护山林树木和用水的村规民约，形成有"树抱包碑"。龙洞田坪村有苦楝树、黄葛树、老青树长成一排，一块高约2米、宽近2尺的石碑嵌进了老青树底部，形成"树抱碑"景观。这是块规定用水的碑，也是保护林木的见证。但也有过教训，过度采伐、毁林开荒，森林覆盖率一度减少到27.3%。在总结正反两个方面的经验基础上，华坪县认真实施国家"天保工程"、退耕还林工程，党的十八大以来坚持生态优先的绿色发展理念，实现黑色产业向绿色产业转型，向绿色发展转变。保护环境、保护生态、植树种绿、美化家园的理念开始在华坪逐步形成，并日益深入人心。这一认识和实践的积淀也就是生态文化的理念，长期坚持，将对华坪产生深远影响。

三、重点突破

在丽江市"三廊一圈"的总体布局、全市旅游高质量发展三年行动计划，以及滇西北旅游大环线建设的大背景下，华坪要在原来旅游发展规划的基础上，根据新形势、新变化、新要求，坚持贯彻新发展理念，既立足现实，又着眼长远，制定一个全面的、切实可行的、符合华坪实际的旅游发展规划，这是非常必要的。华坪旅游发展的当务之急在于实现重点突破，找到亮点，建设品牌。这样才能以点带面，推动全局，带动全面发展。任何事物的发展都是有规律的，旅游业的发展也不例外，但任何事物的发展都不可能一蹴而就，都有个发展过程，典型引路是个好的做法。

笔者认为华坪要继续搞好绿色食品、绿色能源、绿色生活目的地建设，打造提升"绿色发展"这张牌，夯实康养休闲目的地这一品牌。华坪可以县城为中心，以搞好"两镇一区域"建设作为突破口，即首先加强以鲤鱼河休闲康养度假片区为重点的康养小镇建设；其次以荣将镇龙头村果子山万亩连片晚熟芒果园为中心，搞好芒果小镇建设；最后以河东水库区域作为休闲度假生态村落及重点基础设施配套区域。此外还可开发建设众多丰富的旅游资源，比如利用金沙江观音岩水电站库区及周边傣族民俗文化特色村落进行民族风情景区建设，还可加强雾坪水库区域生态及民族风情旅游景区建设等。

"两镇一片区"集中了华坪的旅游资源优势和特色，都在县城周边，交通便利，景区景点相对集中，可以互相结合互为补充，形成整体格局。以此作为文旅发展引爆点，效果是最好的。目前要集中解决以下几个问题：

一是把美丽县城建设与周边三个景区建设相结合，把县城建设成为宜居、宜游、宜乐的旅游中心，打造成为融山水田林园于一体的旅游景区。在县城周边轿子山、菩萨山、梭罗等地建设休闲公园、登山步道、民俗生态村落等配套设施及景区，加大县城水电路、排污、网络、信息等基础设施建设提升力度，继续搞好美化、亮化、活动场所建设工程，推动园林城市、卫生城市、文明城市建设。

二是把县城公共设施、文体场馆建设与景区文化赋能相结合。用文化塑魂、用文化赋能是提升旅游文化品位的关键所在。要让游客在华坪感受到独特的文化魅力和内涵，就要充分考虑游客的需求，满足游客对文化的体验和认知。县城文化场馆要向游客开放，同时在两个小镇和一个片区充分展示特色文化，建设一个华坪文化主题公园和几个文化景观项目，让游客深度体验文化、享受文化，从而在游客中形成口碑。

三是通过加强农旅结合，让广大群众和村社参与到景区建设和旅游发展中来。植根于大农业和广大村民群众之中，景区才会有生命力，旅游产业发展才会惠及广大群众。

四是提升鲤鱼河景区配套设施和品位。鲤鱼河景区在成功打造3A级景区的基础上，不断推进园林河道综合体建设，让鲤鱼河及周边村落生态绿化提高到新水平，让游客看得见山，望得见水，感受到乡村文化的内涵。要继续提升景区文化内涵，提升服务设施和质量，提升景区品位。华坪县城及周边的群众文化活动要与旅游相结合，让游客参与到丰富多彩的群众文化活动中来。

五是高水准建设好龙头村芒果园，并将此作为芒果小镇建设的一个亮点。这座万亩连片芒果庄园已获得"最大规模芒果种植园"吉尼斯世界纪录认证，产生了较大的影响。按旅游观光体验要求，华坪要搞好万亩芒果园基础设施建设，把观光、体验、休闲、品赏、采摘、拍摄、徒步、餐饮、户外活动、野外体验等结合起来。这里不仅是果园和农庄，也是绿色生态、瓜果飘香的景区。果子山景区建设要做好"两个结合"：一是与芒果小镇建设相结合，相互依托，相互促进。以芒果产品和芒果文化为载体，依托便利交通、景点集中等特点，加快发展。二是与新庄河中游片区相结合。这个片区柑橘有两万多亩，有早熟、中熟、晚熟品种，每年初冬到第二年4月都有鲜果挂满枝头。到了春天，新庄河中游大片面积的西瓜正在成熟，瓜香飘逸。这个景区的特色在于瓜果品质好，色泽鲜艳，四时鲜果，飘香四方，可让游客融入其中，享受甜美飘香的生活情趣。芒果小镇除开展经营销售、产品加工等活动外，还可建立芒果文化展示馆、华坪芒果发展展示馆，展示产业发展历史和绿色发展文化内涵。

六是河东水库片区要与乡村振兴相结合，建设风光优美的休闲度假村。这个片区靠近城区,风景优美,条件优越,周边有村庄,有水面,有山川,是个风景优美的地方。要努力建成开放式的田园风光公园,成为集水上游乐、野外运动、乡村民俗为一体的休闲康养度假基地。要围绕旅游六大要素,高水准搞好基础设施建设,要有适合休闲度假的水准较高的酒店、停车场、娱乐餐饮等设施,还要让村社和广大群众参与其中,让老百姓得到实惠。

四、措施保障

建设"康养华坪"的新品牌,华坪处在起步的阶段,要有强有力的措施保障,重在实干,重在落实,方能高效实现目标。

1. 要加强和完善与全域旅游相适应相配套的基础设施

华坪作为丽江全域旅游的东大门、迎客厅、休闲康养基地,既要有通畅快捷的通道,也要有能满足旅游六大要素的良好条件。华坪到丽江、华坪到四川(攀枝花)、华坪到昆明都要做到快捷方便,交通等基础设施水平要继续提升。就华坪县内而言,景区之间的连接通道要继续改善,方便游客的各种服务设施要相应配套,让游客满意,为游客创造方便、快捷、卫生、文明、舒适、安全的旅游环境和氛围。

2. 通过招商引资推动助康养旅游发展

这几年华坪通过转型,有了发展旅游的良好条件,要借助自身优势,打好绿色牌、生态牌、康养牌,树立起新的形象,宣传好新的形象。同时提供良好的投资环境和条件,引进真正有实力的企业和投资主体，集中搞好县城及周边几个景区的建设和发展，尽快实现引爆重点、突破重点。还要鼓励华坪本地的企业、村社及个人投资旅游业，制定相关鼓励的措施和办法。

3. 通过多种渠道和办法，大力培养发展有关旅游业的各类人才和工作骨干

人才的制约是华坪旅游发的短板。要依托高等院校和丽江市培训中心，对华坪党政机关干部和行业管理人员进行系统教育，使他们真正成为旅游业发展的引领者和骨干力量。同时旅游行业要有一批行家里手，对旅游行业骨干及服务人员要进行系统培训教育，提高思想素质和业务素质，同时在实践中增长知识，增长才干。

4. 文化赋能，文旅融合，提升华坪康养旅游的品位

对华坪文化资源和特色要进行认真挖掘和梳理。笔者认为只有文化赋能、文化塑魂，旅游才会有生命力。上文提到的几个方面是华坪文化的集中代表，是很有特色的，关键在如何展示，如何融合到旅游的全过程，这是个难点，也是重点。首先要有集中展示文化的一些场馆、设施，要有游客喜爱的文化景观。其次要打造节日文化品牌、会展文化品牌，继续打造好芒果文化节、阔时节、茶文化节、泼水节等几个节日品牌。尤其连续举办11届的芒果文化节已积累了一些经验，产生了一定影响，要继续办好。最后要充分发挥华坪群众文化活动这个优势，开展更加丰富多彩的群众文化活动，让广大游客参与和融入这个特色文化活动。

5. 加大宣传力度

华坪旅游知名度不高，甚至还有一些负面影响，现在又处在起步阶段，搞好宣传营销，进而树立良好形象十分重要。华坪的绿色发展转型、华坪康养的优越条件、华坪民族文化的特色等都要进行总结梳理和系统宣传。总之，树立起休闲康养旅游的良好形象，这是重要的基础性工作。宣传要形式多样，生动活泼，有说服力，要借助新媒体新平台，真正做到入心入脑。

6. 提升智慧旅游服务水平

智慧旅游是让游客与网络实现互动，让旅游进入触摸感知时代的新科技、新手段。智慧旅游最终体现到旅游体验、旅游管理、旅游服务、旅游营销等层面上来。这是国家推动网络化信息化的必然趋势。华坪发展休闲康养旅游也需要搞好这个基础设施建设。根据丽江市实际情况，华坪要以"一部手机游云南"建设为抓手，建设智慧旅游公共信息平台，加快推动旅游资源、景区、酒店、服务、商品、企业等旅游要素上线。

第五章　乡村旅游
在乡村振兴中大有可为

党的十九届五中全会审议通过的《中共中央关于制定国民经济和社会发展第十四个五年规划和二〇三五年远景目标的建议》对"三农"工作及全面推进乡村振兴作出总体部署。如何搞好乡村振兴？如何把巩固拓展扶贫攻坚成果同乡村振兴有效衔接？党和国家出台了一系列政策措施，为乡村振兴指明了方向，提供了保障。就丽江而言，乡村振兴更有着重大现实意义，根据自身优势，抓好乡村旅游产业的发展，是推动乡村振兴的重要环节。丽江生态优美，传统村落众多，旅游资源富集，民族文化多姿多彩，发展乡村旅游的条件得天独厚。2020年丽江有五个村入选云南省旅游扶贫示范村，发展乡村旅游条件良好，同时在通过发展旅游业带动脱贫致富方面也积累了一些好的经验。2021年，玉龙纳西族自治县上榜中国县域旅游发展潜力百强县市。当前通过发展乡村旅游推动乡村振兴要搞好几个结合：

一是同提升乡村基础设施建设水平结合起来。乡村旅游发展离不开水、电、路、环境等基础设施建设，离不开良好的保障措施。二是同乡村文明卫生建设结合起来，比如农村厕所的改造提升、环境卫生的整治、文明卫生习惯的养成等。三是同农耕文化、乡村民俗传统文化的保护传承结合起来。重视对古村落、古遗址、古桥梁、古祠堂、古道、古街、古树、古井等的保护建设。同时，保护民俗文化，保护传承非物质文化遗产也很重要。四是同挖掘保护民俗文化、民间艺术结合起来。要复苏和活跃乡村优秀民俗及民间艺术。五是同美化乡村、植树种草、美化环境结合起来。推动美丽乡村、生态乡村的建设，收获好乡情、乡韵、乡愁。六是同培养乡村人才，尤其是培养乡土旅游人才结合起来。充分发挥乡村乡贤、乡土人才在保护传承乡村文化方面的作用。乡村振兴涉及方方面面，但关键是乡村产业的发展，旅游业可培育成为支撑乡村发展的优势产业。

第一节　用特色文化撑起乡村旅游这片天地

　　从喧闹的城市走向美丽的乡村，从狭小景区景点走向更加广阔的天地。时代的发展进步呼唤着乡村旅游的崛起。乡村旅游发展面临新形势新机遇，加快和提升乡村旅游发展切合丽江实际。

一、乡村旅游日益受到重视

以乡村为依托，村寨野外为空间，观光旅行、居住体验乡村野外自然生态特色和民俗文化风情构成了乡村旅游。乡村旅游是城市游和景区游的拓展和延伸，也是全域旅游的重要组成部分。随着我国改革开放的深入发展和人民生活水平的大幅提升，乡村旅游的发展势不可当，越来越成为人们追求的新时尚及旅游发展的新亮点。

党和国家越来越重视乡村旅游业的新发展。2015年中央一号文件提出，要积极开发农业多种功能，挖掘乡村生态休闲、旅游观光、文化教育价值。2016年中央一号文件强调，大力发展休闲农业和乡村旅游。强化规划引导，采取以奖代补、先建后补、财政贴息、设立产业投资基金等方式扶持休闲农业与乡村旅游业发展。2018年10月，文化和旅游部、国家发展改革委等13个部门联合印发《促进乡村旅游发展提质升级行动方案（2018年—2020年）》，提出"鼓励引导社会资本参与乡村旅游发展建设"，加大对乡村旅游发展的配套政策支持。2018年中央一号文件明确提出关于"实施休闲农业和乡村旅游精品工程"的要求。2019年中央一号文件指出，要发展乡村新型服务业。"充分发挥乡村资源、生态和文化优势，发展适应城乡居民需要的休闲旅游、餐饮民宿、文化体验、健康养生、养老服务等产业。加强乡村旅游基础设施建设，改善卫生、交通、信息、邮政等公共服务设施。"乡村旅游一年比一年火热，如何进一步拓展乡村旅游业的发展？国家旅游管理部门提出：乡村旅游发展要以农为本，以乡为魂，不断创新乡村旅游产品和业态，着力促进乡村旅游提质增效，积极鼓励乡村旅游创业就业，全面提升乡村旅游的发展质量和服务水平，着力打造农家乐升级版。这昭示着，我国乡村旅游业将迎来新一轮投资与消费的热潮。根据近几年国家旅游管理部门的行业报告，全国城市居民节假日和周末休闲出游，70%以上选择在周边的乡村旅游点，城市周边乡村旅游接待人数持续增加。乡村旅游大体上可以归纳为以下几个类型：（1）以田园风光及生态绿色景观为主题的乡村观光旅游。（2）以乡村民俗、乡村民族风情以及传统乡土文化为主题，包括民俗文化、民族文化、乡土文化为主要内容的乡村旅游。（3）以农庄或农场旅游为主，包括休闲农庄、观光果园、茶园、花园、休闲鱼塘、农业教育园、农业科普园等，以休闲、娱乐、体验为主题的乡村旅游。（4）以康体疗养和健身娱乐休闲为主题的康乐休闲型乡村旅游。

乡村旅游成为促进农村经济社会发展的有效手段。发展乡村旅游的根本目的在于促进农村发展、农民生活改善，一定要与农民最直接的利益联系在一起，使广大农民在乡村旅游开发中受益。许多贫困山村是美丽的贫困，生态状况良好，乡村旅游对脱贫攻坚也有着重要意义。乡村旅游不仅可以增加农民收入，创造就业机会，开发乡村文化，同时还能给传统农业经济注入新的生机活力，给农村社会注入新的精神文明及现代文化元素。

二、乡村旅游的典型代表和经验

丽江乡村旅游起步较早，积累了许多好的经验和做法，总结、正视自身经验是重要的，但也要善于吸取域内外的好经验、好做法来丰富自己。

1. 黄山白华村的农家乐

丽江乡村旅游起步较早，在二十世纪八九十年代，丽江县黄山乡白华村农家乐和乡村旅游在云南省和全国都很有名气。全村有四五十家村民举办农家乐，以乡村田园风光、乡村民间音乐舞蹈吸引游客，对云南省农村旅游起到了引领作用。黄山白华村曾接待过许多国内外客人，包括外国国家元首，比如挪威国王和吉布提总统都曾到过白华村。这里以"做一天纳西人，玩一天农家乐"为主题，游客来了之后可以吃农家饭，观赏民俗，观看乡村音乐舞蹈，体验农村农民生活。白墙灰瓦的农家庭院，或三坊一照壁，或四合五天井，家中都有绿树花草，盆景点缀，有的是满庭院的兰花，有的是绿树撑天，吃的是纳西农家风味，一般有四盘八碗，吃饭期间有地道的纳西民间歌舞表演，这是来到农家乐的游客触目可见的。黄山白华村被吴作人先生誉为"乐舞之乡"，并留下题词墨宝。

2. 白沙乡玉湖村乡村旅游

玉湖村位于丽江坝子最北端的玉龙雪山下，纳西语叫"吾鲁肯"，意为雪山脚下的村庄。玉湖村背靠玉龙大雪山，俯瞰丽江坝子。这里的雪山、草甸、古村落在蓝天白云和绿树的映衬下成为游客向往的心灵家园,也是游客梦中的香格里拉。玉湖村380户1400多人,由3个自然村9个村民小组组成,凭借优美的自然风光、厚重的民族文化、独特的村落建筑及人文景观成为丽江乡村旅游的名片。玉湖是云南省和丽江市的纳西文化保护区,玉湖村是云南省首批乡村旅游特色村,丽江市生态文化旅游第一村。

玉湖村的自然生态和人文景观资源得天独厚。玉湖村存在于绿树的掩映之中,这里以冷杉、铁杉为主,村子周边楸木、白香树、五角枫、柳树很多,还有许多果树,植被覆盖率在95%以上。这里四处是泉水,水资源十分丰富,村背后的"玉柱擎天"有众多泉眼,周围还有玉湖、三思河等水系。泉水和溪流穿过村庄,使玉湖村充满了灵气。"玉柱擎天"是这里最具代表性的人文景观,这四个大字位于玉龙雪山陡峭的摩岩,出自丽江第一位流官知府杨馝的手笔,颇具气势。这个景观由明代木生白建造的雪松庵古寺、太子庙、玉龙书院、涵雪湖等组成,此地历史上也是木氏行宫之一。洛克故居位于玉湖村中央,是一院典型的三坊一照壁纳西民居,20世纪20年代开始,他在此居住了27年,现已辟为博物馆,保存了许多珍贵遗物和照片。玉湖村的民居建筑很有特色,多是就地取材,用风化石砌成的墙体别具一格,房屋坚固耐用,冬暖夏凉,是纳西族原始古建筑群之一。

2004年,玉湖村"两委"换届,几个年富力强、有知识有抱负的年轻人进入"两委"班子。在外闯荡多年,很有事业心的年轻人赵世军任村支部书记后,正式建立"玉湖村旅游开发合作社",开展入股分红的合作模式。玉湖村充分发挥资源优势,发展乡村特色旅游项,包括骑马、徒步生态游或雪山游,民族文化风情风光游,特别是体验玉湖独特的民俗风情。通过多年的努力和发展,玉湖村的乡村旅游形成了"旅游为业、文化为魂、党建为基"的发展思路。赵世军的团队着力保护生态和民族文化,开发出极具特色的旅游新产品,使玉湖村的旅游业不断发展壮大,成为乡村旅游的一面旗帜。游客来到这里能真正体验到纳西族的包容和谐文化。

3. 金沙江边三股水宏文村的乡村旅游

三股水宏文村是金沙江边上的一个古老的自然村,属龙蟠乡兴文村委会。2012年10月以来,三股水旅游开发公司依托三股水宏文村旅游资源优势,按照"生态美、环境美、人文美、产业美"的标准,坚持市场运作、绿色发展理念,以农民为主体,以产业为核心,以项目为支撑,大力开发乡村旅游业,形成"村企共建、产业共进、利益共享、村民共富"的发展格局,为丽江乡村旅游发展积累了宝贵经验。

三股水宏文村旅游业发展是金沙江油画走廊旅游发展的重要组成部分。蜿蜒的金沙江,长年不断的三股水,江边的柳林、梯田、古村落、小溪、寺庙、瀑布、竹林、水车、水磨房、沙滩,周边的茶马古道,远处的玉龙雪山、哈巴雪山,组成一幅绝美的油画。这里曾经是滇藏茶马古道上马帮休整互市交易的重要场所,是马帮"德"文化的发祥地。游客在村上的茶马古道博物馆里可感受到独特的马帮文化、天眼泉的神奇、马帮"德"文化的博大精深和浓浓的人情味。当年来往的马帮人群都相信"人在做，天在看"的格言，慢慢形成了"诚信为本、互帮互助、坚韧不拔、携手前行"的马帮"德"文化的精神。三股水宏文村旅游不搞大拆大建，不搞破坏性建设，而是依托原生态自然景观、山水田园风情、纳西古村落特色民居、长江第一湾沿线绝色美景、茶马古道文化、农耕文化、乡土民俗，成为集观光、休闲、体验为一体的综合性乡村旅游精品。该村投入的资金主要用于民居改造、饮水安全、景区电瓶车维护、河道治理、环境绿化美化、卫生厕所建设，修建人行观光步道、石板路、旅游环山公路等方面。

三股水宏文村村民以田地、专项扶贫资金入股等方式参与三股水景区保护开发。景区门票收入及旅游业态以分红的形式返给村民，形成紧密利益共同体。三股水宏文村乡村旅游给老百姓带来了实实在在的利益，他们通过合作社获得股金分红、土地租金、工资薪金，通过出售农副产品获得收入，通过开办农家乐获得经营收入，通过到景区打工获得工资收入，促进了全村共同富裕。2019年，景区内有20多户农户卖水果，13户农户在经营34匹马，70多个村民在公司上班。2020年，全村人均收入达3万元。

三股水宏文村乡村旅游是较高形态的乡村旅游，由有实力的公司投入，当地村社及广大群众参与共同开发，以保护自然生态、民族文化为切入点，保护原生态自然文化，是自然生态和人文风情高度融合的模式，带动了一片乡村快速发展，使人民群众得到实惠。

黄山白华村、白沙玉湖村、龙蟠三股水宏文村是丽江乡村旅游发展的典型代表，它们共同的特点是：依托乡村原生态自然资源，充分展示乡村独特文化魅力。白华农家乐为代表的乡村旅游，是乡村旅游初创时期的一个典型，是"吃农饭，赏农村民俗，体验田园风光"的乡村旅游。

这几年丽江乡村旅游得到长足发展，除了上述几个典型外，拉市海、七河镇、石鼓镇、九河乡、永胜程海镇等地的乡村旅游都是很有特色的。

丽江许多地方都是以"乡村民俗文化＋乡村自然生态＋乡村振兴"为载体，发展旅游观光、乡村民俗文化、农耕体验、休闲度假、健康养老等休闲旅游产业。从景点的观光形态转向全域旅游，从城市景区游转向更大范围的乡村旅游，文化旅游产业成为乡村振兴的基础。丽江在发展乡村旅游产业过程中有几点值得充分肯定：

一是发挥著名旅游景区的带动作用。实施旅游反哺农业改革措施，让景区及附近群众有序参加旅游开发，走出一条"党建＋公司＋农户＋旅游"，"户户参与，人人分红"，带动群众致富的路子。丽江玉龙雪山景区因此荣获中国旅游协会授予的"精准扶贫类中国优秀旅游景区"称号。

二是依托和保护乡村原始自然生态环境。不搞大拆大建，主要改善基础设施，搞绿化、美化，锦上添花。许多乡村有着天然自然地理环境，为了保护原生态，在开发过程中把旅游活动限制在一定范围。

三是文化成为乡村旅游发展的核心竞争力，也是持续发展的源泉。这里包括乡村的物质文化遗产和非物质文化遗产。乡村旅游开发者高度重视民族文化的保护和传承，同时充分发挥文化创意的作用，建设新业态，积极激活文化资源并提高附加值，乡村旅游的品位得到大大提升。

四是发展乡村旅游产业和培养地方人才、发展当地其他产业结合起来。当前乡村各方面人才不足，尤其是本土本乡的人才不足是个突出问题，通过乡村旅游业的发展发现人才、培养人才，使他们成为支撑当地产业发展的骨干力量。发展乡村旅游不能单打一，要搞好与一二三产业及科技等方面的融合及综合发展。

三、发展乡村旅游的建议

结合丽江市实际情况，如何推动乡村旅游的发展，笔者认为要着力抓好以下六个问题。

1. 发展乡村旅游是旅游业转型升级持续发展的新要求

发展乡村旅游是乡村经济发展进步的必然结果，是发展全域旅游的必然要求，也是丽江市旅游业持续发展的必然选择。我们一定要看到当前发展乡村旅游所具有的客观性和必然性，紧密结合乡村振兴，推动农村经济社会发展这个大局。乡村旅游作为支撑城市和乡村的纽带，可以促进社会资源和文明成果共享，对缩小城乡差别有一定促进作用。乡村旅游对加快新农村建设、促进乡村振兴、实现城乡统筹发展都具有重要意义。通过发展乡村旅游业，不仅能满足人民日益增长的对美好生活的需求，还可促进农村一二三产业的融合发展，是实现产业兴旺、加快农业农村现代化建设的有效途径。同时，发展乡村旅游，可以加强新农村规划建设，完善农村基础设施和公共服务设施，推进农村体育文化场所建设，开展乡村环境综合治理和厕所革命，充分发挥旅游的综合带动效应，增加农民收入，从而推动广大农民实现共同富裕。

2. 丽江发展乡村旅游有着独特的优势

丽江乡村旅游资源十分丰富独特，2万多平方公里土地，既有高山峡谷，又有河谷坝区，还有615公里长的金沙江流经；既有温热气候，又有冷凉山区，十里不同天，一山一景观。丽江的多样性、多元性是十分突出的，拥有地理气候的多样性、生物的多样性、文化的多样性、民族的多样性、宗教的多样性等。在这片神奇的土地上，处处是美景，处处有着独特的民族文化。经过几十年的发展，丽江成为国内外游客向往的著名旅游目的地，每年有5000多万人次的游客数量。丽江古城、玉龙雪山等景区美名远播，前来的游客络绎不绝，有时会超过景区负荷，向广大乡村拓展、发展乡村旅游和全域旅游成为旅游市场的客观要求。在发展乡村旅游方面，丽江进行了多年的探索和实践，积累了许多经验，当前推动乡村旅游发展有好的条件，也正逢好的时机。丽江旅游转型升级，提升品质，主战场要从主要景区转移到广大乡村，这是未来丽江旅游的魅力所在。

3. 发展乡村旅游要用好国家相关扶持政策

这几年国家高度重视农村和农业工作，相继提出新农村建设、扶贫攻坚、乡村振兴等发展战略，提出许多政策措施，扶持乡村旅游产业发展已提上中央和国家议事日程。这几年中央一号文件都提到了乡村旅游产业发展问题。我们丽江一定要深入学习和研究国家相关政策和扶持的办法措施，融入国家政策，用好国家政策。要按照"政策引导、规划先行、群众主体、突出民生、因地制宜、可持续发展"的原则，以"城市周边、景区附近、交通沿线、农业观光、民俗风情"的选点标准，大力推进乡村旅游发展。国务院和农业、交通、建设、旅游、水利等部委，以及云南省委、省政府都出台了相关政策规定，从不同方面支持发展乡村旅游。丽江市也争取了一些政策扶持，比如域内52个古村落入选建设部传统古村落名录，15个村列入国家乡村旅游富民工程重点推进项目，7个小镇进入云南省建设厅的特色小镇名录，6个小镇进入云南省发改委、财政厅、建设厅特色小镇名录。同时我们也要看到，争取进入扶持政策项目名录的空间及项目余地还很大，需要扎实工作，继续积极争取。比如国家农业公园、美丽乡村示范村建设、农业观光园、休闲农场、乡村旅游示范村、民族特色村镇，水利部的水利休闲旅游项目，等等。进入国家项目，得到国家扶持是发展乡村旅游的重大机遇。

4. 乡村旅游要着力改善基础，促进产业发展

改善区域和乡村基础设施条件是搞好乡村旅游的前提和基础。多年来，丽江市不断加强社会主义新农村建设，推进扶贫攻坚，把改善农村基础条件作为重中之重，应该说成效显著，农村道路硬化、水利建设、人畜饮水安全、改善农村环境卫生等方面

都取得长足进步。缺憾是，整个交通等基础设施建设仍然是我们的短板，这方面的提升空间还比较大，有的项目还没有进入国家盘子，有待努力争取。丽攀高速、丽香高速、丽宁高速、丽维高速的陆续建设和开通，将极大促进丽江乡村旅游和全域旅游的发展。同时，区县内乡镇村基础设施仍需加大工作力度，不断提升，有些地方旅游资源很好，但通达条件差，公路等级低，宝山石头城就是个典型的例子。乡村基础设施建设过程中还要注意建设一批美丽村镇、旅游村镇、生态村镇、文化村镇、宜居村镇、歌舞乡村、民俗乡村等，用生态文化扮亮乡村旅游。

要发挥乡村旅游的综合带动效益，促进乡村产业发展。丽江林果产业、中药材产业、林下产业、生态蔬菜、生态养殖等基础较好，但整个农村产业还相对薄弱，有待进一步发展。要看到，农村产业依然存在信息、流通不畅，找不到好的市场，产业单一等问题。通过"旅游业+A"的融合发展，推动乡村电商产业、休闲康养产业、文化创意产业、花卉苗木等产业发展，大有可为。

5. 精心规划设计好乡村旅游业态和精品线路

根据丽江市乡村旅游资源和实际情况，精心策划和设计，向广大游客推出乡村旅游的新业态和精品线路。根据笔者研究，首先要巩固和提升现有乡村旅游的一些特色品牌和优秀景点，比如白沙的乡村生态文化游、拉市海的乡村民俗游、七河特色玫瑰庄园游、文海生态小镇、雪山小镇、东巴谷、玉水寨精品乡村游项目等。丽江古城周边可开辟徒步旅游线路，包括重走茶马古道，游文峰寺、南溪村，穿越文笔山到拉市海等。推出金沙江沿线最美油画走廊乡村旅游线路，包括石鼓、巨甸、金庄、大具、龙蟠等地的乡村。这条乡村旅游线路把历史文化、红色文化、民俗文化、绿色文化融为一体，使游客体会到深厚的历史文化内涵以及各种气势恢宏的大自然景观。积极开展宝山石头城、"元跨革囊"、东巴文化、岩画等古文化体验游。永胜程海流域乡村边屯文化体验游，他留山民族文化、民族风情游，宁蒗永宁和泸沽湖区域摩梭文化考察体验游，小凉山毕摩文化考察体验游，华坪鲤鱼河、雾坪水库乡村生态文化游等，让游客们流连忘返。

6. 以特色文化引领支撑乡村旅游发展

乡村有着独特的原生态文化、民族文化，这是几千年乡土文化的结晶，也是乡村旅游的吸引力和魅力所在。要保护和利用好乡村传统文化，保护好乡村文物古迹，包括传统村落、古树名木、古桥、古井、古碑以及传统道德、古村规民约、文明村风等；也要保护好利用好各民族优秀传统文化，建设民族传统文化保护区，弘扬民族音乐歌舞等各种艺术。丽江市有众多传统村落，其中有52个国家级传统古村落，这是乡村旅游的宝贵资源，可彰显各民族的文化特色，要保护好利用好。要建立有特色的农耕文化保护展示区，让游客在保护区里体验古老的农耕文明。要大力弘扬民族歌舞音乐文化在乡村旅游中的特殊作用，让广大游客广泛参与其中。要重塑乡村诗情画意、绿水青山、田园风光、诗意闲适的人文环境和美丽乡村，留住本色历史记忆，让游客体验独特的乡风乡土乡情。

第二节　积极推动金沙江乡村
　　　　文化生态油画走廊建设

丽江文旅融合发展"一体两翼"中，西部金沙江一线及老君山景区为"一翼"。这"一翼"简而言之就是建设美丽绝代的文化生态油画走廊旅游区。这是丽江最美的区域之一，建设的基础在于以乡村振兴为载体，以让老百姓致富幸福为目标，让广大游客融入这幅美丽画卷之中。这个区域要很好地让历史文化、红色文化、生态文化、乡村振兴等相互融合，再造丽江文旅融合发展的后发优势。

一、悠久历史文化及众多古迹遗存

历史文化、古迹遗存在丽江西部金沙江一线极为丰富厚重，有很高的价值。金沙江是指长江上游青海玉树县巴塘河口至四川宜宾岷江口一段，全长2308公里。丽江属于金沙江中上游段，域内共615公里，其中西部金沙江一线原丽江县范围，共364公里左右，下文提到的丽江西部油画走廊旅游区建设主要指这个区域。

丽江之"江"，指的就是金沙江。金沙江中上游唐代时又称磨些江，当时德钦奔子栏到维西至丽江永胜金沙一带是纳西族的主要聚居区域。丽江坝及丽江古城的区域纳西语称"依古堆"，意思是江湾之腹地，所以丽江从地名到文化都与金沙江息息相关，丽江古城也与金沙江有着千丝万缕的联系。纳西族著名作家杨世光先生从小生长在金沙江边，他说金沙江是一条金的飘带，这是很有道理的。众多汉文献均载有"金生丽水"，金生自金沙江及周边，自古便得以证实。明代木氏土司在金沙江边开金矿，打了许多矿洞，至今留存，这也是历史的明证。

沿金沙江这个区域包括了现今玉龙纳西族自治县及古城区的塔城乡、巨甸镇、鲁甸乡、黎明乡、石鼓镇、龙蟠乡、大具乡、奉科镇、宝山乡、鸣音乡、大东乡、金安镇等。这些金沙江边的区域有众多古遗址、古文化、古村落、古民俗、古艺术等。这里笔者着重介绍几个平时被忽略的重点。

1. 塔城与铁桥

塔城乡位于玉龙纳西族自治县西北部，距离丽江市区160公里，东临金沙江，与香格里拉上江乡相望，西北与维西傈僳族自治县相邻，为茶马古道进入藏区的重要节点，自古是各民族友好往来的走廊要口，也是兵家必争之地。维西傈僳族自治县有个外塔城，历史上也属于丽江。这里有著名的古铁桥和铁桥城遗址。《云南志》《丽江府志略》及其他文献都对此有明确记载。铁桥城在今塔城镇塔城自然村一带。据《云南志》记载："铁桥城在今剑川北三日程，川中平路有驿。贞元十年，南诏异弁寻用军破东西两城，斩断铁桥。"唐德宗贞元十年（794年），南诏异弁寻归唐，断铁桥以绝吐蕃，以示不再与吐蕃往来的决心。明代《云南图经》载："铁桥城在金沙江边铁桥之南，旧有山城，故名。"显然铁桥城在桥的两边，但金沙江西南的塔城村一带是重心。吐蕃在唐天宝十年（751年）在铁桥城设置神川都督府及南诏的铁桥节都在此地。塔城一词纳西语叫"塔展","展"是城,"塔展"即城堡。

铁桥在塔城村东北金沙江边,相传开皇年间(581—600年)隋朝将领史万岁带兵到此,在金沙江上修建了一座铁索桥,被称为"万里长江第一桥",桥长54米、宽1.5米,江心有个大礁石作为支柱,连接两边。隋朝时修建此桥,是有史料可据的。至于建桥者,另有南诏和吐蕃之说,但当时纳西族聚居于此,桥西南有纳西族、白族、汉族等民族,桥东北居住有藏族等民族,这是真实的。纳西族、藏族、白族、汉族等民众是建桥的主体,这是没有疑义的。关于铁桥遗址的准确地点,历史上的状况,笔者曾作过调研,当地居民很多是可以讲得很清楚的。可见铁桥一带的金沙江一线,历史悠久,隋唐时期曾经是繁华之地,这从较高水准的架桥技术可以看出。据明代史料记载,冬季水清时,江中大礁石上还可看得见铁环。今天香格里拉一侧大礁石上依稀可见曾经绕固铁链的石孔痕迹。

2. 巨甸

塔城往南几十公里是现在的巨甸镇,此处北接历史上的吐蕃,南通大理,东连丽江,自古是各民族交往交流的重镇和通道。巨甸是个古老的地方,唐代前后诗书上称它为"九赕"或"罗婆九赕","赕"指坝子。巨甸是西部金沙江一线广阔且青山环绕的大坝子,元代更名为"巨津",意为大渡口,铁桥断后此地成为两岸交流要津。到清代开始称巨甸至今,"甸"指平坝。今天的巨甸是金沙江一线远近闻名的美丽富饶的鱼米之乡。《大元一统志》等历史文献记载的麽些酋长蒙醋醋族谱中就说明，早在三国时纳西族先民就居住在巨甸一带了。巨甸、塔城、维西拉普、石鼓、龙蟠一带的金沙江两岸，是纳西族最早迁徙的目的地之一。它与雅砻江、大渡河流域等纳西族先民居住地连成一片，整体上成为纳西族先民的聚居地。传说中的花马国就在巨甸这一带。乾隆《丽江府志略》中记载，"花马山，在城北三百五里旧津州东南界"。明代木氏土司木高有"花马古国巨津州"的诗句。到南宋末年，忽必烈南征大理，由大将兀良合台率领的西路军就是从巨甸一线带渡过金沙江的。元代和明代在巨甸设巨津州，当时维西称临西，是由巨津州管辖的。花马古国与丽江马有关系。丽江马体格虽小，但特别能负重，机敏灵巧，是"丽江三宝"之一，明清时期屡为贡物，丽江地方文献对此记载得较多。史载这里坝子宽阔，又连着青山绿水，是盛产马匹的地方。当时巨甸物产丰富，是交通要津，还是一个大的集镇，逐渐成为西部金沙江区域重要的物资集散地。

3. 石鼓碑碣

圆者为鼓，方者为碑。石鼓以此鼓而闻名。石鼓纳西语叫"喇巴"，意为虎啸之地。自明代立此碑碣之后，即改称为石鼓，现在石鼓镇的名称由此而来。相传碑碣最早为诸葛亮南征时所立，当时没有文字。明嘉靖二十六年（1549年），木氏土司在此大破吐蕃军队，鼓上刻了记功文字，至今仍存，颇有研究价值。

4. 石门关遗址

从石鼓往北巨甸方向约四公里的地方，历史上有临江绝壁，是有名的绝险之地。在当时是一个"上倚绝壁，下临金江，骑不能行"的地方，可谓"一夫当关，万夫莫开"。历史上这里一直是军事战略要地，明清时期设有石门关巡检司。通公路后，险关不复存在，但游人立于遗址之畔，仍可领略到当年之险要。

5. 万里长江第一湾

长江像一条巨龙，自青藏高原奔腾而南下，到石鼓被一座雄伟的凤凰山脉挡住去路，这条巨龙陡然转折向东北，形成巨大的"V"字，这就是著名的长江第一湾，从此才开始出现了长江滚滚向东流的格局。前贤有诗云，"江流到此成逆转，奔入中原壮大观"，充分说明了这一"奇旋"转折的意义。这是大自然的造化，它对于中华民族具有非凡的意义。说"湾育华夏"，长江文明得益此湾，一点也不为过。

金沙江一线还有众多历史古迹，包括金沙江岩画、大东乡新石器遗址、红岩格子和大具石棺墓遗址（2020年8月，在大具坝子发掘了2500平方米大型分层式石棺墓葬）、士可有梵字瓦窑遗址、虎跳峡、宝山石头城，"元跨革囊"遗址等，这里不再一一赘述。

从民族文化来讲，金沙江一线又称东巴文化之乡、古老艺术之乡。除香格里拉三坝白地之外，塔城、鲁甸、宝山、鸣音、大具、大东等乡镇还有众多古村落，东巴文化在此得以较完好保存。这一带的东巴文化从明清直至民国初得到较快发展，出现了和世俊、和文质等著名大东巴。20世纪初，和世俊被称为"东巴王"，在新主创办了第一个东巴学校，用学校培养方式造就了一批东巴文化人才。这里的古村落保存有古老的东巴音乐和舞蹈。总之，这里是古老民族艺术富集之地，有待于进一步挖掘和开发。

二、红色记忆值得永远铭记

丽江西部金沙江一线自古就是兵家必争之地，这里是具有革命传统的地方，是留下红色记忆的地方。1936 年 4 月，红军长征过丽江，红二、红六军团从石鼓到巨甸一线抢渡金沙江，在红军长征史上写下辉煌篇章，是一曲回荡千秋的英雄壮歌，值得后人永远铭记。

红二、红六军团成功抢渡金沙江具有重大战略意义，留下了可歌可泣的壮丽篇章。

为了保存有生力量，根据中共中央指示，红二、红六军团决定进行战略转移。1935 年 11 月 19 日，红二、红六军团从湖南桑植和轿子垭地区出发，开始长征。他们一路进行了艰苦卓绝的战斗，于 1936 年 3 月初进入滇黔边境，在磅礴的乌蒙山区与围追之敌进行了千里回旋的战斗。在云南宣威向盘县转移途中，红二、红六军团接到朱德等发来的电报："设法渡金沙江"，经会理盐边、盐源到雅江，与红四方面军会合，"大举北进"。[①] 国民党军队妄图消灭红二、红六军团于金沙江一线，原准备渡江的地方都没有成功。红二、红六军团虚晃一抢，摆出进攻昆明的架势，蒋

---

① 参见《朱德年谱（1886—1976）》（上），中央文献出版社 2006 年版，第 559 页。

介石和龙云都慌了手脚,于是调兵返回昆明。红军甩开敌人的围追后,千里急行军,直奔滇西。红二、红六军团在宾川会合后,于1936年4月23日攻占丽江专区的鹤庆县城。4月25日,贺龙、任弼时、关向应等到达丽江古城,指挥部驻狮子山翠文巷,当晚召开了师以上干部会议,部署渡江,并向全军发出了三项政治动员令。部队先后从石鼓到巨甸一线渡过金沙江。红六军团断后,于4月26日从鹤庆县城西箐、石灰窑,进入丽江螳螂坝、九河、白汉场,翻过箐口,一路急行军赶到石鼓再行渡江。

红四师先头部队十二团,4月25日凌晨在群众带领下,打着火把,连夜从丽江古城前往石鼓,中午到达后,立即控制渡口;同时组织工兵营以及从丽江动员来的二十几个木匠、铁匠运木料、扎木筏竹筏,准备渡江。下午用仅找到的一条木船渡过十二团先头部队,占领滩头阵地,控制巴洛制高点,为全军渡江提供安全保障。

为了快速安全抢渡金沙江,红二、红六军团指挥部决定从石鼓到巨甸140多里金沙江沿线上,选定木瓜寨、木取独、格子、士可和巨甸余化作为主要渡口。五个渡口又分为三段,石鼓的木瓜寨和木取独为第一段,格子和士可为第二段,巨甸余化为第三段。由于石鼓到巨甸两岸连绵的云岭山脉,只有石鼓这个口子,加上石门关、红石岩天险,可锁住大江,有利于阻击敌人安全渡江。红军从4月25日下午开始渡江,昼夜不停,两岸燃起大火堆照明,船工轮流休息。到4月28日傍晚,渡江胜利结束,历时4天3夜,仅用7条木船、几十只木竹筏子,28名船工,1.8

万红军健儿便先后渡过金沙江。当滇军刘正富旅赶到石鼓金沙江边时,红军早已无影无踪,只见到红军写下的大幅醒目标语:"来时接到宣威城,费心、费心!走时送到石鼓镇,请回、请回!"令敌人啼笑皆非。"过江则存,过江则胜。"得到渡江喜讯后,4月28日朱德等发来贺电,向横扫湘、滇、黔万里转战的红二、红六军团致以热烈的祝贺和革命的敬礼。① 红二、红六军团在丽江抢渡金沙江并获得成功,有几个方面值得永远铭记。

一是红二、红六军团成功抢渡金沙江具有重大战略意义。这一壮举彻底粉碎了蒋介石企图把红二、红六军团歼灭在金沙江的图谋,取得战略转移的决定性胜利。

二是红军在丽江播下革命火种。短时间内,贺龙、萧克等中共将领在丽江家喻户晓,红军的光辉业绩像太阳一样照亮了丽江的大地,他们甩掉了敌军的围追堵截,千里奔袭直指丽江石鼓金沙江边。贺龙等将领在丽江留有许多传说故事,比如贺龙敲石鼓、贺龙与船工、与和进士(贺龙指挥部设在和进士家里)、与四方街老百姓拉家常等。贺龙尊重少数民族习俗,尊重民族上层人士,比如贺龙亲自署名写信给鲁桥乡副乡长开明人士王赞贤先生等,令民众印象深刻。贺龙在丽江古城召开红军师以上干部会议,进行渡江部署,发出政治动员令,在石鼓江边第一线指挥。红军战士个个都是英雄好汉,渡江过程中有红军战士和船工献出了宝贵生命。

---

① 参见《朱德年谱(1886—1976)》(上),中央文献出版社2006年版,第563页。

三是丽江纳西族等各民族群众热情帮助红军抢渡金沙江，军民结下鱼水情。黄新亭将军在回忆录中说，红二、红六军团离开根据地后，过国民党统治的地区，在丽江是唯一一次得到人民群众有组织的欢迎。丽江在历史上有着革命的传统，对红军虽然还不了解，但认为是义军，同时吸取历史上的经验教训，所以开明人士和进士、王瑞凤县长认为要去欢迎红军。人们在东元桥摆上香案，按纳西族传统礼仪欢迎红军，并带领红军进驻丽江古城。一开始，欢迎红军只是纳西族上层人士的一种智慧和策略，因为人们还不真正了解红军。然而丽江人民群众在与红军接触的过程中，发现红军纪律严明、买卖公平、对人和气、尊重少数民族风俗，于是深有感触，遂与红军结下深厚情谊。当时丽江县境内有1000余户人家住过红军，有71人给红军当过向导，仅丽江古城就有58人给红军做过炊事工作。丽江古城和士强、张兆华等34个裁缝，分别在7个地方为红军赶制衣帽、米袋等，还有28位船工和几十位自愿参加修筏子的工匠艺人主动帮助红军。还有个感人肺腑的真实故事：贺龙之女贺晓明在整理红军长征资料时，发现一段日记记载红二、红六军团过金沙江时，一位红军战士把自己的被子剪成两半，一半送给他住过的这户人家，答应革命胜利后再送一床。后来贺晓明专门将一条被子作为特殊的红军礼物，代表这位红军战士兑现了80年前的愿望。这个故事说明了丽江人民与红军的那种深厚特殊的感情。

四是红二、红六军团老红军情系丽江，不少人重访故地，传承红军精神。新中国成立后不少当年红二、红六军团的老红军回到丽江，重访石鼓等渡口，先后有萧克、黄新廷、周仁杰、张铚秀、李贞等。有的老红军写了抢渡金沙江的回忆录，真实再现了当年的历史画面。1984年1月15日，萧克将军不顾年事已高，不辞劳苦，重访丽江九河、石鼓渡口等地。当年红六军团就是从鹤庆城西箐、石灰窑进入丽江螳螂坝、九河、白汉场、箐口到石鼓镇的。萧克将军在丽江地委、军分区领导陪同下，来到九河三家村附近，指着东山松坡说："我们上去看看！"他兴致勃勃，登上三家村的山头，推开《红二、六军团抢渡金沙江示意图》，滔滔不绝地讲起当年战略意图及相关情形。萧克将军还讲到一个重要情况，他们是用一天时间急行军从鹤庆县到九河，然后赶到石鼓的，行程有140多里。他还说："当时，我们六军团晚一两天出发，是由于敌人从宾川跟上来了，要等一等，看敌人如何动作。"这就搞清楚了一个问题，红六军团是为了监视和迷惑追敌，担负掩护任务的。到了石鼓，萧克将军十分激动，他感慨地说："是啊，二、六军团过金沙江时有一万八千人，当时这是一个不小的数字，是一支强大的生力军。我们走一路，打一路，打过金沙江时，比长征出发时的人马还有发展。"在石鼓红军长征门楼参观时，来了许多群众，萧克将军走出门楼，到群众中间亲切而和蔼地说："乡亲们，我们要感谢你们对红军的帮助。红军长征困难的时候，你们给红军烧火、做饭、带路，给红军渡船，我们忘不了你们！没有你们的支持，我们是不能顺利渡过金沙江去北上抗日的。"他讲得情真意切，十分感人。时任昆明军区司令员张铚秀在《从乌蒙山到金沙江》这篇回忆录中写道："当地的各族人民不分男女老幼,他们身背肩扛,从远地赶来,执意把最好的糯米粑粑和新榨出的红糖一筐筐、一箩箩地送给红军。我们营是最后一批渡江的,我登上最后一只木船,面向南岸,看见许多年长的老大妈,有的用手指扳动佛珠,虔诚地为红军祈祷;许多年轻汉子,合起双手,紧握拳头,呼唤着向红军祝福。……我向我旁边的师政委晏福生同志说:'这里的人民太重情谊了,太令人尊敬了,我们何时能再回到金沙江边来?'晏政委回答说:'我相信一定会来的!'"张铚秀陪同老首长萧克将军回到石鼓,他们对这片土地、这里的人民感慨万千!丽江各族人民与红军心连心,情深意长,丽江各族人民帮助红二、红六军团抢渡金沙江作出了卓越的贡献。

  随后,萧克将军到黑龙潭文化馆观看红军长征过丽江留下的文物。解说员汇报了丽江螳螂坝有当年红六军团一个战士因病掉队牺牲后,当地纳西族群众收殓安葬,为这位红军战士修了墓的情况。萧克将军感慨地说:"长征付出了很大的代价,正是无数先烈流血和牺牲,才有今天的新中国啊!"是呀,我们要永远铭记红军和先烈的英名,让红色基因代代相传,这是我们后来人的责任。

  红军长征过丽江时间虽短,只有五天时间,但犹如耀眼的闪电、耀眼的太阳,照亮了劳苦人民翻身求解放的道路,播下了红色的革命火种。1938年,金沙江两岸爆发了"黄军"起义,这是学习"红军"的革命斗争,这支起义部队曾达到两千多人,但后来失败了。

解放战争时期，在中共滇西工委、滇西北地委领导下，杨尚志、和万宝领导丽江各族人民开展了如火如荼的革命斗争。1949年1月，滇西工委委员王以中、地下党员杨廷全（金沙江边人）到石鼓金沙江一线开展革命斗争，建立了旅丽青年读书会，学习革命理论，传播革命思想，开展"反三征"斗争，并建立发展党组织和各种革命群众组织。同年3月5日，中共金沙江特委正式建立，组织领导金沙江两岸革命斗争，并很快建立了人民武装自卫队。6月13日，在中共金沙江特委领导下，万人群众大会在石鼓召开，宣布石鼓解放。6月15日，红岩解放。金沙江两岸革命斗争形势发展很快。7月1日，丽江获得和平解放，以丽江剑川为中心形成了连片的革命根据地，这时金沙江特区划归丽江县建制。金沙江两岸是革命根据地的重要组成部分。9月后，国民党反动派集中12个团的兵力向滇西北根据地大举进攻，同时形成南北夹击的攻势。到11月，国民党利用反动土司地霸武装，委任中甸汪学鼎为"中（甸）德（钦）维（西）剿匪总指挥"，纠集三千多土匪武装，妄图一举拿下石鼓这个咽喉重镇。情势危急，滇西北地委迅速成立滇西北地区剿匪指挥部，和万宝任指挥，率领丽江武装人员组成突击营奔赴金沙江一线增援。边纵三十一团、三十二团各派一些部队到达石鼓，进行了石鼓保卫战，对来犯之敌迎头痛击，粉碎了敌人的进攻。和万宝在石鼓组建三十四团，团长和立信，政委和作善。石鼓保卫战取得胜利后，和作善奉命带领三十四团一营二连赶赴大宝区，在当地游击队、民卫大队配合下，阻击来犯之敌，取得奉科宝山阻击战的胜利。解放战争时期，金沙江一线各族人民浴血奋战，为滇西北的解放作出了重大贡献。

红军抢渡金沙江以及解放战争时期金沙江地区革命斗争写下的红色革命画卷、石鼓红军长征纪念馆、多个革命遗址地为丽江红色旅游发展提供了重要支撑，是难得的文旅融合发展的资源宝库。

三、以乡村振兴为载体，推动金沙江油画走廊乡村旅游区建设

丽江西部金沙江流域主要为玉龙纳西族自治县地段，共364公里，是个非常美好的地方，有众多自然生态奇观，这里不能不提到几个有代表性的地方。

老君山丹霞地貌区 包括了黎明乡的黎明、黎光、美乐3个村委会片区，总面积240平方公里，是国内最大、发育程度最完整的丹霞地貌区，具有顶平、坡陡、麓缓的特点。这是一幅经过大自然鬼斧神工形成的火焰般红色巨画，是大自然的杰作，惊世奇葩。其中龟裂状的千龟山、雄奇大佛崖和太阳"三升三落"黎明奇观最具代表性。此外还有在上文中提到的"大江东去""湾育华夏"的长江第一湾石鼓奇观。

虎跳峡 金沙江在石鼓逆转向北约40公里后，以山崩地裂的磅礴气势冲破南岸玉龙雪山、北岸哈巴雪山，从两山间穿过，劈出一个世界上最深、最窄、最险的大峡谷。江面最窄为30米左右，中间有虎跳石，传说老虎在此跳过。虎跳峡长20公里

左右，从上虎跳到下虎跳跌落了213米，水流之湍急可想而知。虎跳峡分为上虎跳、中虎跳、下虎跳，构成峡谷天险奇观、绝壁山景和动人心魄的峡景。上虎跳有虎跳石，中虎跳有"一线天""满天星"，下虎跳则有"高峡平湖"和大具镇。上虎跳及中虎跳，江水有奔腾咆哮、穿山破谷的气势，然而到了下虎跳桃园村一带及大具坝一段，江水平静下来如平湖般，其变化令世人惊叹。

宝山石头城和拉伯太子关 一块特巨型岩石在金沙江边拔地而起，巨石上居住着108户纳西人家，这里被称为石头城。石头城三面是悬崖绝壁，只有东边连着金沙江边，进出只有南门和生产劳动的东北门。这就是"百户人家一基石"的天下奇观。纳西人家充分利用这一巨石，石上建房，依石作墙，凿石为床、为缸、为灶、为槽、为道路，人们悠然地生活在这里。这是一个古老的城堡，元代曾作为宝山州的治所。石头城西北面有高深陡峭的大岩峰，被称为"伸手摸着天的地方"。岩石上有险峻的羊肠小道，穿行十分困难，被称为太子关，因忽必烈南征大理、革囊渡江路过此地得名。

奉科忽必烈"元跨革囊"遗址地和大具下虎跳峡古文化遗址地 这两个地方是金沙江河谷文旅融合发展极具开发价值的地方，既有河谷自然美景、古村落，又有厚重历史文化，是丽江拓展全域旅游和乡村旅游的着力点。

除了众多自然生态奇观外，玉龙纳西族自治县辖内的金沙江流域生态状况特别好，在整个长江流域是首屈一指的地方。森林覆盖率达76.85%，到处郁郁葱葱，绿意盎然。玉龙纳西族自治县在金沙江沿线数十年坚持植树种绿，柳树尤多，有地段种植了数十万株甚至上百万株，蔚为壮观，成为绿色生态长廊。江边荒山荒坡，早已披上绿装，一道道绿色屏障正在建立起来。长江上游建起的这道亮丽的风景线，也是纳西及其他各族人民热爱自然的杰作。到了春天，这里江水湛蓝，绿柳摇曳，遍地鲜花盛开，一幅人与自然和谐共生、美妙绝伦的油画走廊画卷向人们展开。这是一条美丽的绿色生态走廊，是一条历史文化厚重、文物古迹众多的民族文化走廊，是一条红色的文化走廊，也是一条各民族广大群众进行友好往来、经济文化交流的民族团结走廊。这个流域的文化旅游资源富集，加之金沙江边海拔低、空气湿润、景色绮丽，孕育了中国最美丽的乡村。这里可建设成为以休闲康养体验为主的金沙江乡村旅游示范区，或称为金沙江油画走廊乡村休闲康养生态旅游区。

这个旅游区要以乡村振兴为载体，坚持生态优先、绿色发展，树立"绿水青山就是金山银山"的理念，以文旅融合发展作为乡村振兴的重要支撑，充分发挥其引领带动作用，让"美丽乡村油画风景"向"美好百姓生活"转变，真正实现经济发展、产业兴旺、文化活跃、乡村文明、农民致富和生活幸福的目标。笔者认为应注意抓好以下几点：

一要充分利用和发挥金沙江一线生态优良、青山绿水、江水湛蓝、绿柳依依、田园风光、乡土文化、传统村落、历史遗迹遗址等资源富集、多姿多彩的特色优势，打造建设金沙江宜居、宜业、宜游、宜养的最美乡村生态旅游区、休闲度假区。尤其是江边油画般的柳树长廊带，以乡村为依托，注重保护传统村落、特色山寨乡土风貌及农耕文化，开发有水准、有品位的村落、民居、庭院、民族文化、民俗风情等，让游客品赏体验人文和自然之美，享受这里的诗情画意，逐步将这一区域发展成为集休闲、体验、康养为一体的乡村黄金旅游经济带及绿色经济带。

二要充分利用石鼓一线红色文化资源的特色优势，擦亮红色文化品牌。红二、红六军团在丽江石鼓抢渡金沙江取得胜利，这是具有重要战略意义的辉煌业绩，要全力融入国家长征文化公园建设大项目，把红色文化旅游项目做强做大。石鼓是我国一百个红色重点旅游景点之一，石鼓红军长征纪念馆是国家爱国主义教育基地。还有众多红军渡口纪念地及解放战争时期边纵地下党革命斗争遗址，要很好地保护建设利用起来，让这里成为革命传统教育、爱国主义教育的重要基地，成为党员干部培训教育的重要阵地。

三要大力发挥文旅产业的引领带动作用，促进乡村经济社会发展。文旅产业有很大的影响力，其先导作用和引领带动效应不可小觑，要通过旅游业的发展，让它给乡村带来人气，带来项目、资金技术、人才等。连片建设美丽乡村，提档升级农村水、电、路、气、电信、广播电视、卫生厕所、物流基地等基础设施，促进乡村百业发展，尤其是绿色产业发展，这是大有可为的。还要鼓励乡村外流人才回来创业，通过培训，提高他们的科技文化素质，并给予政策资金方面的扶持。

四要努力建设金沙江乡村旅游发展示范基地。要大力发展绿色、生态、安全、健康、智慧、富文化内涵的新型旅游业态，在金沙江一线可起引领示范作用。要抓好沿线几个景区的提升改造。抓好老君山黎明景区创建5A景区的工作，真正打造成生态体验、民俗文化体验的示范景区。石鼓红色旅游景区建设要提升品位，扩充内容。龙蟠三股水旅游景区是很有特色品位的乡村旅游景区，要将其全力建设成为乡村生态和民俗旅游的示范村，此地很有典型意义，也很有代表性。传统村落、涌流的山泉等构成一幅令人流连的美景，当地村民又参与其中，多年的建设发展，带动村庄发展、农民致富，这里走出了乡村特色旅游发展之路。抓好这些景区和乡村旅游发展的典型，就是要为金沙江沿线旅游提供支撑，提供榜样。

五要努力用旅游业推动金沙江绿色产业发展。坚持绿色发展理念，培养壮大绿色产业，这是"绿水青山"转变为"金山银山"的关键所在。乡村旅游业的发展本身就是一个绿色产业，要起好推动促进的作用，乡村旅游与绿色产业发展本质上是一致的，要相辅相成。这就要推动发展"文旅＋互联网＋绿色＋生态农业"新业态。丽江市县各级党委政府提出，要念好"山"字经，做好"水"文章，这是很切合实际的。要努力推动乡村一二三产业融合发展，积极做好文旅产业与绿色产业的融合，推动金沙江特色农业、高原生态林果业、高原生态养殖业、植物药产业、高产稳产农田等特色产业发展。总之，要建设优质高效绿色农业示范基地。玉龙纳西族自治县在中药材连片基地建设、油橄榄十万亩以上连片基地建设、雪桃等高原绿色水果基地建设等方面取得很大进展，要总结好经验。金沙江绿色产业发展前景无限，金沙江沿线乡村振兴大有可为。

第六章　以爱心和诚信带动文明旅游再提升

让我们撒播文明的种子，共同编织美好生活。让文明旅游成为一道靓丽的风景线。社会的发展进步呼唤着公民文明素质的提升，大众旅游时代的到来要求有一个文明的环境和氛围。文明也是文旅高质量发展的题中应有之义，也是旅游业成熟的重要标志。文明旅游是一个系统工程，需要社会各个方面共同努力，关键在于加强社会主义精神文明建设，培育和践行社会主义核心价值观，推动形成适应新时代要求的思想观念、精神面貌、文明风尚、行为规范。作为旅游城市和景区要让游客在吃住行游各方面都要做到舒适、舒心，让游客舒畅满意。旅游应成为一种快乐和享受，这是旅游目的地的一种责任和义务，也是一种文明的承诺，尤其要做到游客至上、诚信为本、展现爱心。服务要人性化，做到春风化雨、滋润心田。"30天无理由退货"是云南特别是丽江树立起来的诚信标志。志愿服务彰显了奉献、友爱、互助、进步的文明风尚,这将会影响周边更多的人。作为游客,也肩负着文明旅游的责任,应该是文明旅游的践行者和推动者。无论社会、景区和个人游客都要做到文明礼貌、和谐相依,文明要从自身做起,从小事做起,从身边做起,大家要共同努力。要把文明活动具体化、日常化,文明要化在人们的日常举止中,这样才能逐步形成文明的氛围,才能汇聚起文明的海洋。总之,文明是人的素养,文明是一座城市的底色和品位。让心灵与美景相呼应,让诚信与经营相对应,构成丽江真正的美。让我们共同营造讲文明、重礼仪、崇道德、树形象、筑诚信的文明旅游环境。

丽江是一个响亮的名字,它的美丽已得到国内外游客的普遍认可。丽江深藏于青藏高原与云贵高原的接合部,是一座神奇美丽的边地旅游城市。这是一座荣誉桂冠叠加、美誉度卓著的城市,它被誉为全球最美的十个小城市之一、世界文化旅游名市、欧洲人最喜爱的中国旅游城市、中国空气质量最优的六个城市之一,等等。它的多姿多彩,它的精神文化内涵,使之成为人们向往的旅游天堂和精神文化家园。

丽江之美是立体的,多方面的,也是独特的,给人以奇异的感受和愉悦。丽江之美首先美在大的生态环境、人文环境,以及独特的地理区位。在长江上游即金沙江流域滇川藏三省区交汇的区域,是滇西北、藏东南、川西南交汇的一片净土,这里山清水秀,森林茂密,生物多样,深山峡谷,江河纵横奔腾不息。"天气常如二三月,花枝不断四时春。"奇花异草之美,大自然之美,奇山丽水之美,生物多样性之美,天设地造,得天独厚。

丽江之美美在蓝天白云。湛蓝的天空很高很高。空气清新、透明度和宁静度很高，视角穿透力很强，一眼望出去数十里、上百里。如果站在高山上，数百里群山尽收眼底，跌宕起伏，山脉向遥远的地平线延伸。在夜晚，群星璀璨，或眨着眼睛，或落下闪亮的星流之河。

丽江之美美在小桥流水。水使城充满了灵气，有了滋润。有山即有水，山高水长。玉龙雪山的雪水，周边森林涵养的水源，顺山而下，或从周边山肚里涌流而出，然后从丽江坝穿越古城，泉水叮咚，形成家家流水、户户垂杨的景观。水成为丽江古城的血脉和灵气，使人心旷神怡。

丽江之美美在古老的文化与文明。纳西族和丽江各民族创造了独树一帜的文化与文明，它是中华文化与文明的重要组成部分，有很高的文化学术价值、欣赏价值，给人一种不一样的文化感受。其中不乏精品，比如三个世界遗产、八个国家级文物保护单位、多个国家级非物质文化遗产等。历史上丽江古城创造了独特的商业文明，即以诚信为本、和气生财、互利共赢为特点的"靠八"商业经营模式，这是几百年来在茶马古道商贸经营中的文化精髓及文明彰显。丽江的文化许多是中华文化中的瑰宝和精品。这里独有的东巴文化、母系大家庭文化、茶马古道文化、古老的金沙江岩画、木氏土司文化等，还有那些承载文化与文明的自然景观、人文景观数不胜数，完全可以满足有着不同爱好兴趣的游客们的观赏需求。

丽江之美美在和谐温馨，美在各民族团结和睦亲如一家。在丽江穿着不同服饰的、说着不同语言的、信仰着不同宗教的、拥有不同肤色的人们，共住一座古城，共享幸福快乐，这是一道最亮丽的风景。自古以来，丽江造就了人与自然和谐、人与人和谐、各民族和谐、不同宗教和谐的格局，构成了一幅和平、和谐、和睦、温馨的绚丽画卷。

改革开放以来，丽江走出一条保护为先、文旅结合、促进全面发展的路子，从名不见经传的边陲小镇一跃成国内外闻名的文化旅游城市，吸引了广大游客的眼球，也成为人们关注、期待、倾情的地方。这些年各种新闻媒体频频对丽江报道，使丽江成为网络媒体聚焦的热区。丽江不仅是丽江人民的丽江，也是全国人民的丽江、世界人民的丽江，它作为大美的象征，承载着游客心灵的寄托和人们最美好的期待。丽江之美是一种大美，要让来自国内外的游客们深切感受丽江之美，这也是丽江人的一种责任、一种承诺、一种胸怀。

丽江之美是客观存在的，丽江有责任把无与伦比的美展示给广大游客，让游客感受美、享受美的真容。这就要求占领宣传舆论的制高点、争取主动权，还给人们一个客观真实的大美丽江。"爆粗口""打人""欺诈"等个别现象，极大伤害了丽江的形象，这也是丽江人最不愿意看到的。它背离了丽江优秀的民族文化传统，背离了丽江自然纯洁的文化本性，背离了丽江艺术的审美情趣。丽江是文化底蕴深厚之地、礼仪之地，社会以诚信为本。丽江古城历史上以诚信及文明著称于世，从来不是一个欺诈、野蛮的地方。一方面，我们应该看到对丽江弘扬正能量的正面宣传、美的展示上还远远不够，正本清源，以正视听的工作必须加强，这是网络时代提出的一项紧迫任务。在纷繁复杂、浩如烟海的网络信息海洋中，识别真假，理性判断，并非易事，盲从、跟风、冲动、情绪化是常有的事情。另一方面，丽江作为全国全域旅游示范区、世界民族文化旅游目的地、全国文化消费试点城市，正在创建全国文明城市和环保模范城市，我们必须正视当下存在的问题，包括旅游乱象的治理、社会治安环境的整治，要施行铁腕手段、重拳出击，同时，做到更多的担当、更多的探索、更好的总结，这样才能全面提升旅游的品质。同时以上述活动为载体，结合资源禀赋，加强正面宣传，真正树立大美丽江的形象。

民族文化之美，是丽江的底色和根基所在。一定要把弘扬文化之美放在首位。悠久而古老的优秀文化、独具魅力的民族文化，是丽江最大的特色和优势。丽江古城在历史上创造了独特的商业文明，它的商贸固然是重要的，是一个基础，也是一个传统，但决不能以商业淹没了文化、侵蚀了文化，见利而忘义。要大批量地推出丽江古城文化景观，提升古城文化品位，彰显古城内在的文化之美，形成比较完整的历史文化、民族文化、遗产文化、生态文化、民俗文化、红色文化的景观载体和体系。

让大美丽江绽放出绚丽的花朵，丽江之美要美在游客的心坎上。这就要坚持以人为本，努力打造和建设使大多数游客满意的现代服务业。让各民族的优秀传统文化发挥重要作用，弘扬崇德向善，讲究和谐，注重礼仪，彰显诚信、热情、包容、真诚的丽江优秀文化传统。还要通过弘扬和践行社会主义核心价值观，从根本上提升全体公民的素质。每个丽江人都要成为一个良好的丽江形象载体。丽江要树立起一种自豪感、使命感、责任感，还要有一种博大的胸怀，接受各个方面的批评和建议，海纳百川，改进自身的工作，改善自身的形象，用最大的热情、文明的言行举止，以及真诚之心为来自天涯海角、四面八方的游客服务。

第七章　文旅融合发展保护是前提

　　文化旅游产业是丽江发展的主导产业，保护其赖以生存发展的资源尤其重要，这也是实现文化旅游产业可持续发展的前提和基础。而在丽江的厚重民族文化中，有着宝贵的保护自然生态、重视传承民族文化传统的基因。改革开放以来，在文旅融合发展进程中，丽江始终把保护放在第一位，在实践中努力保护文化旅游资源。丽江响亮提出了保护文化遗产丽江古城、保护玉龙雪山、保护绿水青山、保护各民族优秀传统文化、保护丽江水资源地等理念，文化的保护难度更大一些，其中对非物质文化遗产，包括民俗文化的保护更是任重道远。保护优先是丽江文旅融合发展中的一条基本经验，但保护是为了更好更快地发展，不能脱离了发展这个目标。总之，要在保护中发展，在发展中更好地保护。保护和发展是对立统一、相互依存、相互促进的关系。在社会主义现代化建设新征程中，用新发展理念处理好两者关系显得更加重要。这就需要进一步全面认真贯彻新的发展理念，用新发展理念指引文旅融合发展全过程。要实现"创新、协调、绿色、开放、共享"的新发展理念,就要推动高质量发展,在经济、社会、文化、生态等各个领域都要体现高质量发展的要求。丽江要建设世界旅游目的地、最美生活目的地,"舍不得的丽江"品牌,离不开保护优先,离不开高质量发展的要求。

第一节 丽江古城的保护与可持续发展

丽江古城于 1997 年 12 月 4 日,经联合国教科文组织世界遗产委员会第二十一次大会批准列入世界遗产名录,是我国第一个入选的古城。由于申报世界遗产获得成功,丽江成为国内外著名的 5A 级旅游景区,丽江古城的保护和发展成为国内外关注的一个热点。笔者就丽江古城的保护与可持续发展作一些回顾和思考,以期抛砖引玉。

一、丽江古城保护的经验

多年来,丽江贯彻实施"文化立市、旅游强市"以及建设"文化、生态旅游名市""世界旅游目的地"的战略,把对世界遗产的保护作为丽江可持续发展的基础,把对丽江古城的保护与旅游产业的发展结合起来,让遗产更好地造福人民群众,让社区和古城的广大群众增强保护遗产的主动性和自觉性,用保护促发展,用发展促保护。在这个过程中逐步形成了丽江古城保护发展的独特经验，被誉为"丽江模式"，为世界遗产的保护和开发利用作出了积极的探索。

一是建立健全法律法规体系，做到依法规范管理。在贯彻实施《世界遗产公约》《中华人民共和国文物保护法》的同时，结合丽江本地实际情况，在原丽江纳西族自治县单行条例的基础上，相关部门于2005年制定出台了《云南省丽江古城保护条例》《云南省丽江市东巴文化保护条例》。这是我国首个单项文化遗产保护的专项法规，为依法保护提供了依据。在此基础上，相关部门先后编制了《世界遗产丽江古城保护规划》《世界遗产丽江古城管理规划》《世界遗产丽江古城传统商业文化保护管理专项规划》。其间还编制了《丽江民居修复指导手册》，作为居民修缮房屋的指导性意见。相关条例规划的制定实施，使丽江古城保护做到有法可依、有章可循，推动了古城保护管理的法治化、制度化、精细化、科学化。

二是实施保护和修复工程，保护古城的历史风貌和原真性。丽江对古城的保护和修复工程始终坚持抢救第一、规划先行、修旧如旧、不改变原状，保持历史的真实性、完整性原则。丽江各级党委政府先后投入二十多亿元用于古城的整体抢救和保护，实施了一系列重大抢救保护工程。对东大街等三条街道实施改造修复工程，拆除钢筋水泥等不协调建筑，恢复河道原貌，恢复石板路面等；实施古城排污管网，自来水、消防、三线（电力、电信、广电线）入地工程；实施木府恢复重建和丽江军分区、武警支队整体搬迁，玉河广场、白龙广场建设，黑龙潭扩建；实施古城绿化、美化、亮化等保护工程；实施古城周边不协调建筑黑白水酒店拆除工程；实施丽江古城民居修复工程，自 2003 年开始，完成 299 户居民户、236 个传统居民院的修复工程。还几次实施了星级厕所的改造提升工程等。

三是保护古城民族优秀传统文化。丽江古城是纳西族文化的重要代表，为了保护传承这一优秀传统文化，古城管理局采取了一系列有效措施。对丽江古城原住居民给予每人每月 15 元的补助，对古城重点保护民居实施定期补助，对经济困难的原住居民户给予 5000 元至 2 万元民居修缮补助。成立古城便民服务中心，无偿为居民户服务，方便古城居民的生产生活。实施民族文化特色街、修复名人故居等古城项目，对纳西古乐宫、东巴文化体验馆、和志刚书屋等民族文化项目给予扶持。还实施建设东巴造纸坊、纳西文化传习院、"走进纳西人家"等文化旅游项目。通过控制和规范古城商业活动，增加文化项目和院落，提升古城文化内涵，同时支持具有民族文化和民族风情特色的经营户。在古城的商户和学校中开展有关民族文化的培训和传承活动。成立丽江文化研究会、纳西文化研究会、丽江古城世界遗产文化研究院，加强对古城历史文化的研究，组织出版有关丽江古城和纳西文化的系列丛书。

四是完善管理机制，建设精良队伍。二十多年来，世界遗产丽江古城管理机构逐步得到完善和加强，一支精良的管理队伍忠实履行着保护管理职责。2000 年 6 月，丽江纳西族自治县设立古城保护管理委员会，作为县人民政府的议事协调机构，具体工作由大研镇和城建局承担；2002年设置由地县主要领导、地县相关部门领导组成，由地区直接领导的丽江古城管理委员会，并设置县处级管理办公室，作为常设机构；2005年10月，世界遗产丽江古城管理局正式挂牌成立，升格为市人民政府工作机构；2006年又根据《云南省丽江古城保护条例》的规定加强管理机构建设，追加人员编制，同时成立了下属古城维护费征稽支队和执法大队。现在已形成一支由两百多人组成、具有较高素质的古城保护队伍。

五是建立完善监管体系。这几年丽江对古城逐步形成了由保护、管理、监测等功能构成的完整体系。建立专家咨询制度，对古城保护管理的方方面面，尤其是项目的建设实施等首先向专家咨询，广泛征求各方意见，在充分论证和听取社区基层群众意见的基础上形成实施意见。同时成立了监测中心，对古城的各种状况进行科学监测和评估，对联合国教科文组织及国家和省的监督检查提出的意见，进行认真整改，对发现的各种情况和问题如实汇报并进行整改。对新闻媒体舆论监督高度重视，认真对待，积极回应，及时落实整改。

六是重视宣传教育，加强对外学习交流。丽江古城等世界遗产是丽江的一笔巨大的精神文化财富，是丽江可持续发展的基础。丽江古城等世界遗产的保护，关键在于基层社区和广大人民群众的积极参与，基层社区和广大人民群众才是保护的主体。所以加强宣传教育、形成保护的共识和自觉性是搞好工作的根本措施。丽江多年来所开展的"爱我丽江、护我古城""保护遗产、人人有责""文明古城从我做起""自觉爱护古城，尽一份保护责任"等系列宣传活动如今已收到良好效果。2005年8月，丽江市第一届人大常委会第十四次会议作出决定，把每年12月4日作为"丽江世界遗产日"，并于当天开展丰富多彩的活动。对古城文化保护传承的宣传教育活动，丽江做到进机关、进社区、进学校，形式多样，并收到了良好的效果。多年来，丽江古城不断加强与国际国内遗产地的交流合作，积极开展保护遗产的理论研讨活动，虚心学习借鉴各地好的经验和做法，对促进丽江古城的保护管理发挥了良好的推动作用。

回顾以往的保护管理和旅游发展，我们可以自豪地说，丽江人民对世界遗产丽江古城的保护和旅游发展，结合实际进行了大胆的实践和探索，积累了许多宝贵的经验。其中最具代表性的是丽江各级党委政府以古城老百姓利益为重，以富民为目标，坚持保护第一的方针，把遗产保护和旅游发展结合起来，在保护中促发展，在发展中促保护，实现保护和发展的双赢。古城老百姓在旅游发展中得到实惠，通过旅游发展，使保护有了正常的资金渠道，使保护的各项措施落到实处。这个经验被联合国教科文亚太组织誉为"丽江模式"，成为世界遗产城市保护典范并在亚太地区进行推广。

二、丽江古城保护存在的问题

丽江在世界遗产保护发展中取得的巨大成就和经验应该充分肯定，但在这一过程中存在的问题以及保护的难点是不容回避的，也回避不了，只能正视存在的困难和问题，积极应对，这是正确的态度，也是解决问题的最好方式。

一是丽江古城是活着的古城、活态的遗产，它不是一个静态的博物馆。古城里有大体量的居民户，每天都有大量的游客，大量的商业活动。在现代化、城市化、全球化快速发展的情况下，保护的复杂性和难度大大增加。古城的保护管理离不开活态城市这个大前提，不能管死，只能管活，还要处理好保护与发展之间的关系，既要保持文化遗产的风貌和真实性，不断提升古城文化内涵；又要与时俱进，让古城充满生机活力，这是最大的难点。

二是在新的形势下，丽江古城中非物质文化遗产的保护比物质遗产的保护难度更大。对古城的物质遗产，包括对民居建筑、街道、水系、桥梁、树木等的保护管理很重要，有不少难点，与其相比，保护传承古城中体现精神文化遗产侧面的东西即非物质文化遗产部分难度更大。民族文化是古城的灵魂，但最能代表古城文化的民族语言、民族服饰、民族节庆、民族习俗、民族优良传统、诚信经营的商业文明传统等已受到很大的冲击。保护传承这些民族的宝贵的非物质文化遗产难度越来越大，从客观上讲，保持语言、服饰、文化、习俗的大环境的良好条件正在逐步消失。

三是古城中外来常住客人比例逐年增加。大研古镇和束河古镇外来人口已达8万左右，丽江古城遗产的保护面积已扩到7.23平方公里。此外，每天还有大量游客进入古城。而外来的常住居民和经商户对古城民族文化知之甚少，如果没有进行必要的学习培训，他们难以承担起保护传承民族文化的责任。历史上外来人口和外来文化也进入过丽江古城，并很快融入当地民族文化，最终实现融合发展。其原因除当时本地民族文化相对强势外，还有一些我们今天可以借鉴的因素。

四是游客的大量增加，对古城的生态环境，包括河道、水系、风貌的影响也越来越大。随着古城客栈的增多，加大了民居建筑保护的难度，古城生态环境的压力也越来越大。

五是保护资金不足是个突出问题。自丽江古城被列入世界遗产以来，用于古城道路、水系、照明、环境整治、拆除不协调建筑等基础设施建设投入资金多为贷款，古城维护费的40%作为贷款还款准备金。当前丽江古城仍处于借贷保护管理的超负荷状态，古城的流官府、文庙、武庙、皈依堂等重点文物恢复项目难以实施。恢复生态环境的项目也处于资金不足的状态。

六是丽江古城民族文化保护传承任务艰巨。丽江古城的民族文化特色是古城的灵魂，古城如果没有了民族文化就失去了灵魂，只剩下建筑等一些物质的形态，那么它将成为一个空荡荡的躯壳。所以保护传承丽江古城的纳西民族文化特色是一项根本性的任务。

三、丽江古城保护的探索与展望

联合国教科文组织世界遗产委员会确定2012年庆祝《保护世界文化和自然遗产公约》诞生40周年的主题为"世界遗产：可持续发展"。这个主题说明，尽管有广大群众和各方的积极参与，世界遗产实现可持续发展依旧任重道远。为实现古城的可持续发展，丽江作了深入的探索，积累了宝贵的经验，现笔者从当前面临的问题和新的形势角度，提出要着重要抓好的几个问题。

一是通过坚持"保护第一、抢救第一、合理利用、加强管理"的方针，努力把世界遗产作为丽江可持续发展的基础。丽江古城作为世界遗产，其"突出意义"和"普遍价值"已得到国内外游客特别是联合国教科文组织世界遗产委员会的广泛认可和赞誉，已经成为人类共同的精神文化财富，也成为丽江可持续发展的基础。丽江古城列入世界遗产以来，其独特的民族文化及文明在国内外产生了很大影响，也推动了丽江旅游业的快速发展，给丽江经济社会的发展带来丰厚的回报。实践证明，世界遗产，尤其是城市类型的遗产对一个地方的发展有着举足轻重的影响。正因为如此，我们对丽江古城的开发利用决不可急功近利，只注重眼前的利益，而是要放眼长远，立足于永续利用，立足于可持续的发展。坚持"保护第一、抢救第一、合理利用、加强管理"的方针是可持续发展的保证，也是世界遗产保护发展上落实科学发展观的具体体现。对丽江古城进行保护管理的意义也在于这件事情关乎丽江的可持续发展，关乎丽江民族文化血脉的延续。从这个意义上讲，保护丽江古城就是保护丽江可持续发展的基础，保护丽江古城就是对未来发展的投资，保护丽江古城就是保护民族文化的灵魂。如果我们置遗产于不顾，或者进行掠夺性开发，那么将不可避免地剪断丽江发展的翅膀，剪断丽江民族文化的根基。

二是通过对世界遗产丽江古城价值意义的深入宣传教育，推动公众的积极参与并获得社会的理解和支持。丽江古城作为城市类型的世界遗产，在国内外都是为数不多的殊荣。况且这座古城承载了独特的历史文化和边地民族文化，这在列入世界遗产名录的城市中也是独树一帜的，有着很高的历史文化价值。丽江古城所体现的人与自然高度和谐统一，人与人之间亲和，各民族团结和睦，各种宗教和谐共处、相安无事，纳西人创造的商业文明，水和生态的文明，丧葬的文明、社会文明道德规范行为等都具有普遍价值。古城的文化及文明是中华文化及文明中的奇葩。对丽江古城独特文化及文明的普遍价值的宣传，我们做了许多工作，但还不够。我们需要继续努力，关键是这种宣传教育怎样才能做到入脑入心，怎样才能使广大游客心悦诚服地接受，我们要认真考虑这样一些实实在在的问题。让丽江古城的文化及文明更加深入人心，尤其需要加强对广大游客的宣传，加强对青少年的教育，让本地更多的公众参与到保护中来，让外地更多的游客和有识之士参与到保护中来，让社会各个方面更加理解我们实施的保护措施，支持我们出台的保护措施。

三是通过实现遗产保护与旅游发展的共赢，让古城基层社区和人民群众得到实惠，从而激发遗产地广大群众投入保护工作的积极性、主动性。遗产保护的根本目的在于可持续发展，而发展的根本目的是为了人民。丽江古城保护与发展共赢的模式证明，我们不能为了保护而保护，为了发展而发展，保护与发展必须与人民群众的生产生活紧密相连，与人民群众的切身利益紧密相连，让人民群众在保护发展中获得实实在在的利益，从而增强自豪感、归属感、责任感，使人民群众和世界遗产结成命运共同体，增强人民群众保护遗产的自觉性。

四是通过充分发挥政府的主导作用，提高民间社会对遗产保护的积极性和参与度。丽江的实践证明，世界遗产的申报、保护、管理是关乎全局的大事，必须得到当地各级党委政府的高度重视，纳入党委政府的重要议事日程。各世界遗产地政府作为保护管理的责任主体，相应管理局作为保护管理的执行实体，要以捍卫遗产安全和尊严为己任，以落实法律法规措施为己任，积极开展各项保护行动。丽江的各级政府对此要不遗余力。同时要重视让民间社会组织和广大有识之士积极参与，重视民间社会组织、专家学者、草根文化人的作用是很重要的事情，这也是丽江多年的经验。丽江有不少民族文化保护传承组织、文化研究组织，对丽江古城等文化遗产的保护、对民族文化的传承发挥了不可替代的作用。我们一定要保护这一群体的积极性，通过多种形式鼓励和支持他们的工作，提高他们参与的程度和工作的实效。

五是通过提高新丽江人的文化自觉意识，使他们承担起保护传承古城民族文化的一份责任。新丽江人是一支有较高素质和较广知识面的重要力量。他们给古城带来了许多新理念、新知识、新技能，是一支促进丽江经济社会发展的骨干力量。他们也完全有条件成为民族文化保护传承的骨干力量、依靠力量。丽江古城的原住民要与新丽江人为古城文化的保护传承共同承担起历史的责任。

加强古城周边生态环境和水源地的建设，保证古城的生命与活力。水是丽江古城的血脉，也是古城的灵气和活力所在。由于丽江多年干旱，降雨量大幅度减少，黑龙潭的干涸对古城产生了很大影响。所以加强丽江坝区生态环境建设，加强丽江古城水源地的保护建设，保证绿水长流至关重要。要有长期的打算，要有最坏的思想准备，即使黑龙潭不出水，也要实施保泉的生态工程，丽江古城水的景观也要保持好，古城的用水也要得到保证。唯有如此，才能保证古城的灵气，保证丽江高原水乡的特色。

第二节　丽江东巴文化的保护与传承

一百多年来，国内外专家学者对古老纳西族象形文字和典籍文献的收集、整理和深入研究，引起了国内外学界的关注，以东巴文化为内核和主干的纳西学成为一门国际性的重要学科。丽江作为我国纳西族的主要聚居区域，是东巴原生态文化的宝库和传承地。在党和国家的关心支持下，自改革开放以来，丽江对这一文化的保护传承和研究做了实实在在且卓有成效的工作，笔者在此作一个简略的回顾和展望。

一、东巴文化保护传承的举措

东巴文化的保护传承和研究历经坎坷，改革开放之前，较长时期把它当作封建迷信加以否定和批判。这个时期也有不少有识之士和领导对东巴文化的保护和研究作出了贡献，其中最为突出的是毕业于西南联合大学外语系的徐振康。1959年至1965年期间徐振康任丽江县委书记，在他的支持下，东巴经书的收集翻译工作得以开展，县财政拨出专款聘请大东巴和正才、和芳等在县文化馆翻译东巴经书几百本，石印了22本东巴经书译本。这项工作到20世纪60年代中期中断。到了改革开放新时期，东巴文化的抢救、保护传承及研究逐步走上规范化、系统化的轨道。

一是建立东巴文化研究展示机构，抢救整理翻译东巴经典，展示和宣传东巴文化。1979年，丽江县组成东巴经典翻译小组。1980年6月，丽江地区行署成立东巴经典翻译整理委员会，开始整理翻译东巴经典。在和万宝等同志的倡导下，开始成立专门研究机构，1981年5月，经中共云南省委批准成立云南省社会科学院东巴文化研究室，由省社科院和丽江行署双重领导，1990年该机构升格为东巴文化研究所，2004年更名为东巴文化研究院。丽江东巴文化博物馆原属丽江纳西族自治县，1997年更名为云南省东巴文化博物馆，成为市辖的博物馆。在东巴经典抢救翻译整理方面，经过东巴文化研究院20年艰辛努力，到2001年，《东巴经译著全集》100卷全部出齐。1990年9月，在亚运会期间，东巴文化展在北京举行，此后该展在国内多个城市举办，并先后到瑞士、日本、加拿大、美国等国家举办。丽江市东巴文化博物馆还成功举办"东巴故事—纳西族东巴文化展"，长期陈列展出，展示其丰富的文化内涵，每年接待参观者200多万。2009年7月国际人类学民族学大会在昆明召开期间，相关部门还举办了主题为"纳西文化与多彩丽江"的大型展览活动,产生了很大的影响。新的东巴文化研究院、东巴经典珍藏馆也已建成完工,东巴文化博物馆第二期工程正在启动建设之中。2003年3月,东巴古籍文献成为第一批入选的中国档案文献遗产,同年8月,东巴古籍文献经联合国教科文组织正式批准列入《世界记忆遗产名录》。

二是丽江有序组织开展东巴文化学术研究,积累了丰硕研究成果,一批有代表性的学术著作出版。多年来,丽江东巴研究机构和国内外相关学术机构组织开展了有关东巴文化的学术研讨活动。1983年3月召开东巴达巴座谈会,1989年召开了纳西族原始宗教社会思想学术研讨会,1999年10月举办国际东巴文化艺术节及文化研讨会,2004年举办第二届东巴文化艺术节,2007年举办丽江文化研讨会,2009年7月国际人类学民族学大会将"纳西学研究新视野"列入专题研讨会,2010年举办了丽江茶马古道研讨会,等等。这些研讨活动积累了不少东巴文化研究成果。改革开放以来,以东巴文化和丽江民族文化为题材的图书大量出版,除了国内外著名专家学者的论著之外,丽江本土专家学者也有一大批研究成果,前后共计五百多种著作,从不同的角度,对东巴文化及纳西文化进行了深入的研究和探索。除洛克、李霖灿等先辈们研究东巴文化的论著外,一大批重要著作陆续问世,《纳西象形文字谱》《东巴文化论集》《纳西学论集》《东巴文化揭秘》《东巴文化词典》《纳西母语和东巴文化传承与实践》等是其中的代表。被列入国家哲学社会科学成果的《东巴教通论》

等一批重要论著也陆续出版。

三是用多种形式开展东巴骨干人才的培养培训，一支百人的骨干队伍正在成长，东巴后继有人。通过多种形式的培养、培训和东巴职称的评定，经过多年的努力，一大批人才成长起来。据统计，丽江范围内共计有东巴大师、东巴传承师和学习东巴文化的学员140人左右，东巴传人出现恢复和上升的趋势。1995年，东巴文化博物馆建立东巴文化学校，先后举办8期培训班，共计250人参加培训。2008年在丽江市政府的直接领导下，历时三个多月的东巴骨干强化培训班在丽江师专举办，来自纳西族地区、东巴文化知识基础较好的近百位学员参加。从2001年开始，玉水寨公司累计投资400多万元，先后招收东巴学员44人。由玉水寨景区牵头和支持，于1999年成立东巴传承协会，此后每年都举行大型东巴法会。2009年12月，东巴文化传承学校正式成立，通过10多年不间断地开展学习培训，培养了一批东巴，取得突出成效。传承学校办有5年制的长期班，现已学习3年以上的有10多位学员。著名纳西族学者郭大烈先生主持的丽江东巴文化传习院创办10多年，在黄山小学举办的东巴文化传承班已举办5期，共有217人结业。

四是东巴文化进入大学殿堂，具有大学本科以上学历的东巴文化人才脱颖而出。在原丽江纳西族自治县和纳西文化研究会等多方努力下，经云南省教育厅批准，云南民族大学、东巴文化研究院共同开办了纳西语言文学与东巴文化方向本科班，从2002年开始招生，其间共招学生136名，其中纳西族学生113名，

2009年始加试口语，这个本科班发展态势良好。2003年，经重庆市学位委员会批准，西南大学文献研究所与东巴文化研究院共建"中国少数民族语言文学"硕士点，喻遂生教授带了多名东巴文化方向的博士生。在西南民族大学有赵心愚教授主持设立的纳西文化研究中心，培养东巴文化方面人才。与此同时，还有其他国内一些大学，从不同学科角度培养了一批纳西东巴文化方向的硕士生和博士生，为东巴文化的保护、传承、研究、开发奠定了良好的基础。

五是重视对东巴生态文化的保护，建立东巴生态文化保护区和东巴文化传承基地，东巴仪式等活动在一些地方得到恢复。20世纪80年代以来，丽江对纳西族传统文化，尤其是东巴生态文化保存有较好基础的乡和古村落进行了重点保护。1998年12月，丽江纳西族自治县政府决定将塔城、鲁甸、太安、大东、鸣音、大具等6个乡公布为首批东巴文化原始生态保护区。2012年，丽江市人民政府在玉龙纳西族自治县鲁甸乡新主村、宝山乡吾母村建立东巴文化、东巴画传承基地；2013年又批准设立白沙新尚东巴文化保护区。同时根据一些地方的特色和优势，分别在曙明、大东、塔城等地建立原生态民族歌舞传承基地。在保护区及其他一些地方的乡村恢复了东巴祭天、祭署等活动，倡导天人合一，倡导保护生态、人与自然和谐，将东巴原始宗教活动转变为有益的民俗文化活动。

六是积极引导民间社会力量参与东巴等民族文化的保护传承活动，民间群众性的东巴文化保护传承活动取得突破。丽江市人民政府制定了《丽江市社会力量参与文化遗产保护实施方案》，在各级党委政府的支持下，一批保护传承东巴文化的民间社会组织蓬勃发展，各种民间传习院、传习馆、东巴文化协会、民族文化研究会等民间机构相继成立，已设立纳西文化研究会等50多个文化保护协会，其中专门保护研究东巴文化的有10多个。东巴文化保护传承与旅游业发展相结合，许多旅游景区景点在发展过程中融入弘扬民族文化的理念，把保护传承民族传统文化作为一项基础性工作，比如玉水寨景区牵头成立了东巴文化传承协会，东巴谷景区、丽江东巴文化传习院、玉龙纳西族自治县东巴史博物馆也是其中的代表。有些地方则由基层村社组织开展东巴文化活动等民俗活动并进行保护传承。

七是以东巴文化研究院为主，通过录制影像资料保存重要的东巴仪式，整理编写东巴文化资料，实施东巴文化科技创新项目等。相关机构相继完成了云南省社科院"九五"课题——"纳西东巴教29种仪式资料整理"，云南社科院"十五"课题——"东巴占卜、典籍研究""东巴医学研究""东巴文化与森林保护"等项目，与日本技术评论社合作完成"纳西东巴象形文字计算机图像化处理"项目，2005年还承担教育部、国家语言文字工作委员会批准立项的"纳西东巴文国际标准化"项目，现在正着手实施"纳西东巴文数字化与国际传播项目"等。同时国家哲学社会科学基金项目"纳西族东巴大词典"正在实施。

八是广泛开展与国内外合作的交流活动和东巴文化艺术展览，扩大了东巴文化的影响。各级文化部门、学术研究机构广泛组织开展国际性和全国范围的东巴文化学术研讨和交流活动，多次到瑞士、美国、德国、加拿大、英国、意大利等国家进行东巴文化学术交流活动，或进行东巴绘画艺术展览和学术研讨活动。东巴文研究院和东巴文化博物馆 10 多名研究人员先后应邀到美国、瑞士等 10 多个国家进行访问和讲学，与美国哈佛大学、法国远东学院合作进行东巴经典的翻译工作。东巴文化研究院还接受 10 多个国家研究东巴文化的博士生完成学业，辅导撰写毕业论文，并与国际上一些学术研究机构建立了合作关系。

九是制定保护条例，进行立法保护。用法律进行保护是根本性的措施。2001 年 3 月 10 日，丽江纳西族自治县十二届人大四次会议通过了《云南省丽江纳西族自治县东巴文化保护条例》，并于同年 6 月 1 日经云南省九届人大常委会第二十二次会议批准后施行。丽江撤地设市后，市人大常委会配合云南省人大常委会，在原来民族自治单行条例基础上，制定了《云南省纳西族东巴文化保护条例》，经云南省十届人大常委会第十九次会议审议通过，上升为省级的地方性法规，并于 2006 年 1 月 1 日起开始施行。这一条例经丽江市人大常委会牵头，广泛征求各方意见建议，根据面临的新情况、新问题，云南省人大常委会对条例进行修改完善，增加了不少内容，并经省十三届人大常委会第十六次会议审议通过，予以公布，自 2020 年 5 月 1 日起施行。2005 年 8 月 30 日，丽江市人大常委会还在全国率先作出开展文化遗产日活动的决定。每年文化遗产日，丽江都坚持开展丰富多彩的保护遗产公益活动，从而增强人们对东巴文化等民族文化遗产保护的自觉性。

十是结合旅游产业的发展，东巴文化创新创意发展和产业得到开发利用。东巴造纸是和东巴象形文字紧密相连的一门民间传统技术，从20世纪90年代开始得以恢复，比如在丽江古城建立了东巴纸坊，在玉龙纳西族自治县大具乡、塔城乡设立了东巴纸定点生产作坊，为东巴文化的传承、为市场需求的满足提供了保障。传统的东巴绘画、东巴雕刻等艺术得到传承并发展，形成了现代东巴绘画雕刻艺术流派，产生了较大的影响。以东巴文化等民族文化为特色的旅游景区景点得到开发，以东巴文化等民族文化为支撑的演艺业得到发展，以东巴文化等民族文化为特色的旅游纪念品、工艺品产业也得到较大发展，东巴文化产业蓬勃发展，并走向市场，产生了很好的经济效益和社会效益。

党的十八大以来，东巴文化保护传承取得很大进展。国家高度重视东巴经书的保护传承，中国国家博物馆于2017年12月7日正式收藏100卷《纳西东巴古籍译注全集》和《云南丽江纳西族一百五十卷东巴经手抄本》。经书由36位云南籍和四川籍东巴手抄而成，配有纳西族书法家用汉字楷书写成的内容提要。东巴经书类型和内容全面，有很高的艺术价值，是为国家博物馆收藏定制，与此同时，东巴经书进入国家文化殿堂对东巴文化的保护传承起到了极大的推动作用。党的十八大以来，经过丽江市人民政府举办东巴文化骨干加强培训班，东巴文化研究院、各类东巴文化学校、相关东巴文化传承协会、各地民间社会及文化企事业单位共同努力，东巴文化保护传承取得成效，并出现了玉水寨等一批保护传承的基地。由玉龙纳西族自治县人民政府授权委托，东巴学位授予仪式两次在玉水寨举行，授予云南、四川等地区东巴大师 11 名、东巴师 62 名、东巴传承员 100 名。这批东巴文化保护传承的骨干对保护传承东巴文化将起到重要推动作用。

东巴文化保护传承之所以取得成效，其一是由于党和国家对少数民族文化保护传承高度重视，给予多个方面的关心和支持的结果，这也是最根本的。丽江市委市政府、区县委政府高度重视这项工作，有较强的文化自觉意识，把保护文化遗产始终贯穿经济建设的全过程，始终坚持"保护为主、抢救第一、合理利用、继承发展"的方针，这是丽江做好保护传承工作的重要保障。其二是东巴文化保护传承的政策措施到位，鼓励资金多方投入，保护工作多方参与，调动了各个方面的积极性和创造性。基本做法是：国家扶持，政府主导，专家策划，群众参与，民间运作，多方协调。其三是得益于一大批对民族文化有着深厚感情、有较高保护传承意识的干部群众，一批带头奋斗、勇于奉献、乐于奉献的骨干和文化传人。其四，有一批关心支持保护传承东巴文化的国内外专家学者和有识之士，对丽江东巴文化等民族文化保护传承工作给予指导和帮助。

二、东巴文化面临的危机

进入 21 世纪以来，因经济社会快速发展，城镇化、市场化不断加速，加之外来文化的冲击，东巴文化保护传承工作面临的形势十分严峻。

其一，东巴文化存活发展的原始自然生态环境和文化生态环境受到很大削弱和破坏。传统生产、生活方式发生了很大变化，年轻一代的思想观念也发生深刻变化，许多年轻人进入城市、脱离乡村。纳西母语、民族服饰、传统习俗、传统伦理道德正在面临消失。对东巴文化基础较好的古村落加以整体保护的难度不断加大。

其二，真正意义上的东巴急剧减少，东巴和东巴文化的高素质专业人才青黄不接是个严重的问题。纳西族地区在历史上东巴达千人以上，其中有不少学问高深的大东巴，他们精通语言，能诵读所有经书，娴熟地掌握各种东巴仪式，对东巴象形文字和艺术有很高的造诣。但这些东巴相继去世，剩下的真正东巴已经很少。现在世的东巴，新中国成立初期只是青少年，先天不足、基础不牢，能诵读的东巴经书有限，对东巴字、东巴绘画、东巴仪式以及其他东巴知识的掌握都有限。现在年轻一代的东巴基本上是改革开放之后才开始学习，全面掌握东巴文化知识及各种仪式受到很大制约。

其三，保护传承和研究经费不足是个突出问题。国家和云南省对东巴文化保护传承和研究经费投入还不多。东巴文化作为中华绝学和世界记忆文献遗产，至今未能被列为国家学科体系中的独立单位和门类，因而经费扶持受到很大制约。丽江属于西部欠发达地区，财力弱小，尽管对东巴文化等的保护传承投入很大财力，甚至不惜贷款保护，但这不是长远的办法。让各级政府尤其是国家和省级加大投入是需要解决的一个突出问题。

其四，年轻一代东巴文化学者在纳西语言、民俗文化等领域的基本功亟待加强。由于东巴文化是一种古老而特殊的原始宗教文化、民俗文化，与纳西族历史文化、语言文字、生产生活、民间民俗等有着直接的联系，所以掌握纳西文化的基本功显得很重要，这是深入研究东巴文化的前提和基础。当年美籍奥地利学者洛克、汉族东巴文化大家李霖灿先生之所以在研究上卓有建树，开了一代先河，与他们长期深入纳西族地区，熟悉纳西族语言、文字、民俗等打下扎实的基础功底有关。

其五，东巴文化资料和文物的抢救、收集、整理工作任务繁重，尤其在滇川藏接合部区域这个薄弱环节。东巴文化保护传承的政策措施，包括保护区的政策措施都还需要配套完善。东巴文字的书写、使用、翻译也需要进一步规范，监督检查及规范的机制也需要建立完善。

三、东巴文化保护传承的展望

面对新形势、新情况，我们该怎样继续搞好东巴文化的保护传承？这是关心东巴文化保护传承的人们提出的问题。我们既要充分肯定和重视改革开放以来所积累的宝贵经验和做法，又要看到面临的挑战和困难，增强信心，与时俱进，不断探索，迎难而上。改革开放以来，丽江对东巴文化等优秀民族文化的保护传承高度重视，在实践中进行了一系列的探索，探索出许多好的做法和形式。尤其在发展旅游产业的过程中，把文化当作旅游业的灵魂，把保护民族文化作为持续发展的根基，自觉把保护传承优秀民族文化放在重要位置。文化与旅游有机结合，相互推动，最终会实现双赢。同时在保护传承的形式和内容上，有许多创新的做法。总之，我们的经验和做法得到国家层面、云南省和专家学者的充分肯定，我们不能轻视这些经验和做法。这是一笔宝贵的精神财富，我们一定要继承和发展。同时东巴文化的保护传承面临着许多挑战和问题，这也是不容回避的事实。但是面对困难和问题，我们也要看到有利的条件，尤其是党的十七届六中全会把文化的发展繁荣提到建设文化强国的战略高度，党的十八大以来，党中央和习近平总书记更加重视和关心民族文化的保护传承。这是最根本的保障。我们必须以高度的民族自豪感和责任感，以文化自觉的精神，乘着建设文化强国的东风，深入做好与优秀民族文化的保护传承有关的各项工作。

搞好东巴文化的保护传承是一项系统工程，也是一项宏大的文化工程。涉及方方面面，要在当地党委政府的领导下，积极主动地搞好工作，尤其要调动各个方面的积极性和创造性，搞好协调、整合力量，形成强大的合力。要搞好"六个结合"，即政府主导和民间社会的保护传承的结合，专门研究机构和民间组织的工作的结合，专门研究者和草根民间研究者的结合，纳西族学者和汉族及其他各民族学者的研究的结合，国内外东巴文化学者的研究的结合，各种形式、各种层次的研究的结合。总之，要善于发挥多个方面的积极性，发挥各个方面的特色优势、互为补充，形成强大的合力、全力推动与东巴文化保护传承相关的各项工作。当前尤其要抓好几件具有影响的事情：

一是积极推动申报国家级东巴文化生态保护区工作。建立国家级民族民间文化生态保护区是国家科学保护非物质文化遗产的一个重大举措，也是保护传承优秀民族文化的一个创举，建立以纳西族东巴文化为特征和主体的民族文化国家级保护区是十分必要的。这一独特民族文化在国内外享有很高的声誉，有很高的历史文化价值和学术价值，丽江只有通过申报国家级文化生态保护区，才能真正增强对这一独特的民族文化的保护力度，这也是切合丽江实际的措施。由于丽江经济发展滞后，财力困难，通过申报国家级民族民间文化生态保护区，获得国家和省更大的支持和帮助，进而增强保护的实力，这是搞好东巴文化保护传承的必由之路。

二是加大力度，要多渠道、多层次培养东巴传人及东巴文化人才。在丽江本土可依托现有东巴文化传承基地、传习院、传承学校，一方面大量培养普及型的，能掌握东巴文化基本知识，能主持开展祭天、祭署、祭风等重大仪式的乡土东巴人才；另一方面则培养提高型的，能熟练掌握东巴文化的各种知识，能识读翻译大部分东巴经典，对各种形式的东巴艺术有较高造诣的东巴文化人才。此外，要继续在大专院校培养一批具有博士、硕士学历水平的高级东巴文化人才。这些人才要熟悉纳西族母语、东巴文字、民间民俗等本民族文化，能融会贯通中西及纳西文化学科。上述多个层面人才的培养，可以使东巴文化在丽江乡村得到较大普及，且在学术研究层面产生一定的影响。

三是继续加强东巴文化研究院和东巴文化博物馆的建设。增加投入，改善条件，聚集人才；抢救翻译，搞好研究，多出成果。

当前，东巴文化研究院在抢救翻译国内外东巴经典方面的任务仍然繁重，保护传承的基础性工作还没有完成。同时可提出和承担一些重大的省级、国家级的研究课题。东巴文化博物馆要继续做好滇川藏交汇区域东巴文物的征集工作，在利用和展示文物方面也要有新的进展。研究院与博物馆作为国家权威专门研究展示机构，在东巴文化的传承传播中，还要承担起象形文字的规范等重要工作。

四是鼓励和支持民间社会文化组织保护传承东巴文化，充分发挥民间的积极性。各级政府要在政策措施、方便民间社会组织发展壮大等多个方面给予鼓励和支持，尤其要做好必要的经费扶持。同时民间社会也要依靠社会各方力量，多方筹措资金改善条件，积极开展各项活动。

五是立足丽江东巴文化资源和优势，以东巴文化研究院、东巴文化博物馆为基础在丽江建设国际东巴文化研究展示中心。丽江是东巴文化的故乡，东巴文化的根基在丽江，研究和识读东巴经典的东巴大师都在丽江。改革开放以来，丽江在保护传承和研究东巴文化方面取得重大成果，国际研究者都要求提供共享信息，共享研究成果，推动形成共同深入研究的一个国际性平台。因此，丽江要承担起这样一个责任，建立起这样一个研究平台，这是推动东巴文化在国内外深入研究的一项必要措施。

六是东巴文化传承要在纳西族聚居地区进入学校和课堂。东巴文化保护传承要从幼儿园和小学开始，要有个正常学习传承的渠道。丽江几个学校的传承实践经验证明，只要合理安排，科学把握，学校国民教育与东巴文化学习传承活动就可以做到相统一、不矛盾，不仅不影响正常教学秩序，而且可提升学生德智水平，促进正常的学习和教育。

七是在丽江定期举办国际东巴文化旅游节和世界遗产论坛，促进地方经济社会发展，不断推动东巴文化的研究和开发进程。同时把举办国际东巴文化旅游节与推动旅游文化产业的发展结合起来，为创意产业的大发展提供更大的平台和发展空间，把文化的保护传承转化为文化创意产业的壮大和效益的提升。

八是勇于开拓创新，进一步推动东巴文化等民族文化创新创意产业的发展，通过国内外市场，让东巴文化更好地走向世界。东巴文化艺术品创意产业发展前景看好，雕刻绘画艺术产业、东巴文化艺术品加工业发展迅速，其产品受到广大顾客特别是游客的喜爱。实践证明，只有通过不断创新，才能开发出更多更好的新产品。

第三节　加强对原生态文化保护的一些思考：以丽江古城及周边古村落为例

当前，原生态文化生存发展状况令人担忧，原生态文化亟待保护，尤其是民族地区的原生态文化受到的冲击和侵蚀更为严重，流失也更多，这是不争的事实。原生态文化的理念，越来越得到社会和专家们的广泛认可，原生态文化的保护传承也引起了各个方面的高度关注，搞好这件事情，应该说是保护中华文化遗产之根的一项基础性工作。在此，笔者着重围绕丽江古城及其周边古村落原生态文化保护谈一些看法。

一、原生态文化的概念及特点

我们国家幅员辽阔，历史悠久，有56个民族，是个多民族的和谐大家庭。新中国成立前，全国各地千差万别，边疆民族地区社会发育参差不齐，加之许多地方交通阻塞，因而一些丰富多彩的原生态文化得以保留。"原生态"原本是指生物和环境之间相和谐的状态，是个自然科学的概念，借鉴到文化领域则指没有刻意雕饰、原始古朴、存于民间、原汁原味、散发着民族和乡土气息的文化形态。千百年来，它融合在中华民族大家庭中各个民族本身所具有的传统的自发形成的表达情感的古老语言文字、风俗习惯、民族歌舞、民族体育、民族手工艺绝活、婚丧嫁娶仪式及生产生活场景等。原生态文化其实质就是原汁原味的、独具特色的民俗文化，它要求原生态的环境，长期存活于民间社会，与老百姓生产生活息息相关。在非物质文化遗产的视野下，原生态文化又是各民族珍贵非物质文化遗产中的精髓，是最值得我们保护传承的瑰宝。

原生态文化作为一种文化现象是客观存在的，而且这几年越来越引起社会和专家学者们的重视。这一概念的提出和流行与人类保护自然和文化的自觉意识的提升及其行动的广泛开展分不开，也与联合国教科文组织通过的保护非物质文化遗产公约、我国通过的《非物质文化遗产法》、国家实施国家级文化生态保护区等重大举措分不开。在这种情况下，原生态的呼声越来越高，原生态概念的应用也越来越广泛，比如，原生态食品、原生态农业、原生态音乐等。

原生态文化具有民族性、自然生态性、融合性、珍稀性等特点。其一，原生态文化源自各民族先民的创造，深深扎根于各民族生产生活的沃土之中，体现民族的特质和精神，因而有着广泛深刻的民族性。越是民族的东西就越能得到这个民族稳定有力的保护和传承，就越具有旺盛的生命力。其二，原生态文化具有自然生态性。原生态文化是在一个稳定的自然生态环境中形成，保持了古风古貌、原汁原味，从而显示出自然、原始、古朴、形象、生动等特点。其三，原生态文化具有融合性。任何一个民族在发展进程中不可能绝对地封闭起来，古往今来，我国各民族的历史就是大交流、大融合的历史。在经济社会发展中相互往来、相互学习、相互借鉴、相互渗透、相互整合，你中有我，我中有你，即使在东西方文化之间，也是存在交流合作的。那种纯而又纯的文化是不存在的，原生态文化的融合性也是不容置疑的。其四，原生态文化具有独特性和珍稀性。原生态文化是历史文化演进的大浪淘沙中留下来的珍宝，保持了古老文化的原始风貌，这些保存至今的东西已成为珍贵稀有的文化遗产，极为罕见，已经成为一个民族一个国家宝贵的精神财富。

当前，在非物质文化遗产视野下的原生态文化，获得了"人类杰出的文化"评价，从文化遗产的角度登上大雅之堂，受到联合国教科文组织的充分肯定。就我们国家而言，原生态文化作为非物质文化遗产的重要组成部分，对非物质文化遗产的保护也采取了一系列重大有效的措施，尤其通过立法，使保护走上了法治化的轨道。原生态文化概念的提出和应用，更多地针对仍存活于民族民间社会的优秀传统文化，原始古朴的民俗文化和珍稀的民族民间艺术形态，在现实生活中警示人们、教育人们且形象而生动，更贴近普通群众。所以，这个概念对认识古老民族文化之根、提升对民族文化的自信、增强保护的自觉意识和责任意识无疑是很有好处的。

二、丽江原生态文化的特点

丽江处在滇川藏交汇区域，这里江河纵横，山高谷深，融生物多样性、民族多样性、文化多样性于一体。从客观上讲，有利于原生态文化的积淀和存活。而丽江古城和周边古村落是纳西族、汉族、白族、彝族、傈僳族、藏族、普米族等各民族原生态文化的载体，具有多元一体的整体性特点。它既是纳西族先民的创造，集中了纳西族原生态文化的精华，同时又包容了其他多个民族的原生态文化精髓。丽江古城和周边古村落是相互联系的一个整体。古村落是古城民族文化的补充和延伸，而且更加原汁原味，更具有原生态性，丽江古城则承担了原生态文化积淀和发展引领者的角色。我们感到欣慰的是，尽管经过历史的变迁，经过文化的大浪淘沙，丽江古城及周边古村落至今仍保存了丰富多彩的原生态文化。

一是各个少数民族的语言、服饰、民俗得以保存。民族语言还在普遍使用，民族服饰在许多地方仍然穿戴，民族习俗普遍传承。更为可喜的是，古老的东巴象形文字在改革开放以后得以保存并得到进一步弘扬，普及使用的范围有所扩大。

二是在古老东巴文化中体现敬畏自然、呵护自然、社会和谐精神的祭天、祭署、祭风等祭祀活动仪式在许多古村落得以恢复，这些仪式其实就是纳西族地区原生态的民俗文化活动。

三是在丽江古城周边川滇藏交汇区域有着最为独特的原生态文化，即纳西族东巴文化、彝族毕摩文化、白族本主文化、傈僳族毕扒文化、普米族韩规文化、摩梭人母系大家庭文化等，这些是历经变迁保存至今的独特且宝贵的原生态民族文化。

四是千百年来在纳西族社会生产生活中起到重要法规作用的村规、山规、水规、古城商业文明规范，以及爱水、护水、爱护环境的民间规范，约定俗成的村规民约，至今还在民间社会发挥着重要作用。

五是原生态的民族民间音乐歌舞艺术得以传承。比如古老的民歌、山歌、东巴舞、勒巴舞。

六是独特的各种民俗活动仍在继续。如纳西族的三多节、彝族的火把节、傈僳族的阔时节、普米族的吾昔节等，以及各民族特有的婚丧嫁娶仪式等。

七是原生态的民间工艺技术仍在延续。比如东巴造纸、东巴绘画、东巴雕刻、东巴泥塑，金、银、铜器制作，皮革、木泥石、民族刺绣，还有各种民间绝活绝技等。

八是各种民族民间体育活动仍在开展。比如鹰猎、斗牛、赛马、荡秋千、野炊、射箭、远足、上树、登山等活动。

丽江区域的原生态文化彰显了突出的价值和特色。首先是它的独特性和高品位。这里保存的原生态文化，在许多方面独树一帜，是非常珍稀的人类共同遗产，包括东巴文化、象形文字、各种祭祀活动，成为世界遗产的重要组成部分，还有其他一些内容，即便放眼世界也是独一无二的。东巴雕刻绘画等民间艺术在国内外引起很大的关注。原生态民族民间音乐歌舞艺术在国内外产生很大影响，比如中央电视台青年歌手大奖赛中，纳西族姐妹组合的《嫁女调》获得银奖，受到观众的喜爱和专家的肯定。与此同时，各种民间艺术展示在国内外多次获奖。其次是它多姿多彩的多元性特点。由于民族的多样性，生态环境的多样性，也就带来了原生态文化的多样性。这些民族有着悠久的历史，独特的生产生活方式，因而构成了个性鲜明、绚丽多彩的文化多样性。再次是它包容性、融合性的特点。丽江各种文化相互融合，长期和谐共生。纳西族文化在历史上虽然处在主体地位，但它是一个开放包容的文化，吸收和包容了其他各民族的文化，包容多种宗教的文化，包容了域外的文化。

三、对丽江原生态文化保护的思考

随着时代的发展和社会的进步，尤其是改革开放以来，在工业化、城镇化、现代化迅猛发展的情况下，原生态文化生存发展的环境受到很大破坏，而且正继续受到多个方面的挑战，原生态文化正面临着消失的危险，亟待加强保护。对原生态文化和民族文化的保护传承，当前认识上出现了不少误区，工作上也有许多缺失，客观环境也带来许多不利因素。比如一些人把民族地区的原生态文化看成落后的东西、封建迷信的东西、无用的东西，更有甚者把它看成不利于青少年成长的东西，看不到它的积极作用和意义。因而许多少数民族家庭放弃了对本民族文化的教育和传承，现在能讲民族语言、写民族文字的人越来越少，很多人对本民族的许多民俗文化也不甚了解。由于经济发展滞后，财力困难，对民族文化保护传承的资金投入不足，加上外来文化的冲击，民族地区原生态文化的传承和保护受到影响。

尽管有许多不利因素，但许多原生态文化历经风风雨雨保存了下来，说明这一文化仍然是有生命力的。我们应该对保护传承增强信心，因为有国家的重视，因为从根本上讲原生态文化代表了我们中华文化之根，代表了我们民族文化的精华，搞好保护传承是我们神圣的使命。

一是增强对原生态民族文化的认识和自信，消除各种认识上的误区。丽江多年来发展的实践和经验证明，原生态民族文化是极其宝贵的资源，是我们赖以生存发展的基础。独特的民族文化成就了丽江，使丽江成为享誉海内外的文化旅游名市。丽江近百年来人才辈出，主要得益于民族文化的熏陶，得益于"天雨流芳"的传统。丽江土生土长的少数民族文化人才在汉文化方面造诣也很深，这些都证明，民族语言、民族文字这些东西不可能阻碍我们对现代科技文化知识的学习掌握，不可能影响学习汉族等其他民族的先进文化。学习传承本民族文化其实是增加一种智慧，启迪一种思维，开阔一种视野，是一件好事。

二是通过设立保护区的模式进行整体保护。设立保护区是一个有效的措施，20世纪90年代，当时的丽江纳西族自治县设立了六个民族文化保护区，对纳西族原生态文化进行了有效保护，是一个好的经验。国家在"十一五"期间也出台设立国家级文化生态保护区的重大举措，对独特原生态文化进行区域性整体性保护，取得了良好效果。在这个大背景下，丽江要继续推动市区县保护区的建设工作。与此同时，一定要使申报国家级东巴文化生态保护区这件大事落到实处、获得成功。这将是丽江市最大最有效的原生态民族文化的保护措施。

三是要加强民族文化的教育传承，提高普及率和实际效果。在民族地区进行民族语言、民族文字、民族习俗的教育传承是国家关心少数民族的一项基本政策，也是一项基础性的民族文化教育工程。只有这样，民族文化才能代代相传，否则，随着文化的消失民族也就不存在了。所以这件事情关系到一个民族的生存发展，要理直气壮地做好民族文化的传承教育，并从娃娃抓起，从幼儿教育和小学教育抓起，着力进行双语教育、民族文化的基础教育，并作为日常教育教学的重要组成部分。

四是鼓励和支持民间社会和个人多渠道、多形式地投入到保护民族文化的工作中。政府是投入的主要渠道，要逐步加大投入，但重要的是全社会的关心和支持，发挥广大人民群众的积极性，确立起本民族广大群众保护传承民族文化的主体地位。

五是加强对自然生态环境的保护，用绿色家园支撑原生态文化家园。原生态文化离不开绿色生态家园和良好的原生态自然环境，这两者是孪生兄弟，相辅相成。保护自然生态环境，就等于保护原生态文化赖以生存的基础。构筑绿色生态防线就是保护生产力，要把保护生态环境作为原生态文化保护建设的基本出发点和落脚点。

六是鼓励艺术创新，让原生态文化更好地走向全国、走向世界。原生态文化有个开发利用的问题，通过开发利用促进保护，坚持对原生态文化的艺术创作和创新，并与现代文化的各种艺术形式相结合，这样原生态文化就有了更多的生机活力。《丽水金沙》《印象丽江》《丽江千古情》就是原生态文化创新创作的成功范例。原生态文化通过艺术创作和创新，才能彰显出它的艺术魅力，进而受到国内外观众的青睐。丽江许多原生态民族音乐和歌舞在国内外屡屡获奖，收到意想不到的效果。我们要在这个基础上吸收和借鉴各种现代艺术元素，大胆创新，不断探索，更好地实现原生态民族文化的现代表达和世界表达。

第八章 文旅融合发展的成功典范

榜样的力量是无穷的。用典型示范引领，带动全域加快发展，这是一个必然的趋势。古城木府、玉水寨、东巴谷这三个景区是丽江文旅融合发展的典范，也是丽江文旅融合发展的一个缩影。在它们身上充分彰显了文旅融合发展的内涵和外延。在具体做法上，它们虽然各有千秋，各有亮点，但以文塑旅、以旅彰文、融合发展、实现双赢，这是一致的。在以文塑魂、以文赋能、提升旅游业品质品位、提质增效、实现共同发展方面，也有共同的经验。总之，文旅融合发展的路子宽广，各地也有好的做法和经验，但这三家的做法有一定的代表性，可提供借鉴。

第一节 木府：穿越时空的民族文化品牌

木府作为丽江文化旅游融合发展的一张大名片，有着很高的知名度和美誉度。游客们评价说:"北有故宫,南有木府。""到丽江古城,不进木府,等于没到丽江古城。"这充分说明木府是丽江旅游的一张王牌。这张王牌的核心是文化,灵魂是文化,其永久魅力也是文化。要不断挖掘优秀历史文化、民族文化,用优秀传统文化塑魂赋能,不断推出文化新亮点,这是木府文旅融合发展的基本经验。

木府恢复重建对外开放以来,游客纷至沓来,都想一睹木府风采,感受木府美轮美奂的建筑及灿烂的文化。应该说,木府的对外开放创造了良好的社会效益、文化效益和经济效益,对国家作出了贡献。2019 年,游客达 94 万人,总收入达 2800 多万元,上缴利税 160 多万元。2020 年因疫情影响游客量有所下降,但总体保持平稳。

一、恢复重建——为丽江民族历史文化树起一座丰碑

1996 年"2·3"大地震对丽江而言无疑是一场大灾难,但丽江人民在党的领导下,以震不倒、压不垮的大无畏精神,在废墟上重新站立起来,描绘新的图画,重建美好未来,实现凤凰涅槃、浴火重生。在地震恢复重建进程中,用世界银行贷款,恢复重建木府,是神来之笔,于是木府在恢复重建中横空出世。怎样恢复木府,怎样让恢复重建的木府更具有历史文化的风貌和真实性,当年恢复重建工作的总指挥黄乃镇说:木府是丽江的木府,其建筑群背后蕴藏着纳西族和丽江当时的政治、经济、军事、文

化诸多内容，我们在恢复重建中大量翻阅资料，实地考察，"挖地三尺"地探索文化深层，尽可能多地找到证据及有价值的史料。

丽江当时正在推动旅游业的发展，发展旅游业没有文化品牌不行，没有文化支撑不行。而木氏土司从元代以来，历经元、明、清3个朝代，共470年，成为滇川藏区域忠君爱国、维护国家统一和边疆安宁、团结各民族向往国家的主导力量。以诚心报国为根本行为准则，而且这一爱国主义精神贯穿始终，也体现了纳西族的爱国主义传统，所以恢复重建木府一开始就抓住其文化的内核，决心造就这个文化的品牌，这一点很明确。作为木府第一大门的忠义坊是历史的见证。所以恢复重建木府，宣传和弘扬优秀民族文化，始终保持了这一主题，这是恢复重建木府的历史文脉和根基。黄乃镇说："一座土司府，半部民族史。"这是很有道理的。一个民族的发展进步，与这个民族历史上的领袖人物是分不开的。所以广大游客参观木府，看到的、听到的、接受的是正能量，是优秀民族文化的瑰宝。

历史上的木府占地100多亩，现在恢复的木府占地46亩，但也形成了气势恢宏的巍峨格局。木府中轴线长369米，整个建筑群坐西朝东，体现"紫气东来"与"迎旭日而得木气"之意，颇有文化气息。木府前门外一座木牌坊的匾额书有"天雨流芳"四个大字，是完美的纳西语与汉语的结合体，纳西语意为"读书去"，即将学习中原汉文化作为纳西人的志向，汉语"天雨流芳"也有大吉大旺之意，得天地特别垂青，皇恩浩荡带来吉祥幸福之意。忠义坊又称为石牌坊，通体皆白玉之石，三层结构，工艺精湛,是石建筑中的上乘之作。议事厅气势恢宏,"诚心报国"匾额高悬,前面广场开阔,是历史上土司议政之殿。万卷楼汇集了文脉之精品、翰林之珍奇、千卷东巴经、百卷大藏经、六公诗词文赋、众多名画、学海之瑰宝。护法殿又称后议事厅,是木氏土司议家政、执家法之殿。过街楼,其意味深长。光碧楼乃后花园门楼,史载其建筑"称甲滇西"。玉音楼是接皇帝圣旨并供奉的场所,"玉"为"御"的谐音。三清殿隐于狮山古柏,是木氏土司推崇道教道家精神的产物,也是多元文化的见证。狮山古柏深处历史上是木氏土司进行祭天、祭祖、祭署等活动的场所。

木府依山就势,背靠玄武(狮子山),东览龟山、蛇山等众多小山,俨然一方风水宝地。整个建筑群,气势非凡,布局严谨,构思巧妙,独具匠心,民族文化特色浓郁,同时吸收了中原建筑特色,把纳西族等民族建筑风格与中原建筑风格相结合,把北方园林和南方园林特点相融汇,形成木府独特的建筑和园林。木府建筑构架穿斗,飞檐斗拱,雕梁画栋,彩绘飘逸,曲径通幽,高低错落,还配有花木广场,路桥走廊相互通连,古城之水绕入木府,形成小桥流水、鸟语花香的园林景观。

木府建筑与园林景观相互映衬,集中了许多名贵林木、奇花异草,这里绿树掩映,花开四季,一派生机盎然的景象。木府在历史上就存有许多古树名木,都有数百年历史。三清殿旁那棵奇特的古柏树,见证了木府的历史风云,其树枝倒着长,快垂到地上了。还有玉花园夜合花(山玉兰)、银杏树、紫薇、山茶花、十里香、杜鹃花、桂花等,家院里还有观音柳、紫藤等,茶花杜鹃品种也特别多。万卷楼附近特别种植了松、竹、梅、兰。以后又精心培育了很多盆花、盆景，都是上乘精品，数不胜数，它们点缀在木府各个角落。2000年8月，费孝通先生不顾高龄再次来到丽江，我有幸陪同他考察木府。考察之后，费孝通先生欣然命笔题词："纳西古建世称绝"，"木府园林、民族奇葩"。费先生是江南人，他对木府的评价是很高的。

二、连续打出几张文化牌

第一，40集电视连续剧《木府风云》是木府打出的一张文旅融合的大牌。2012年《木府风云》播出后，引起了极大的轰动，对影视界乃至文化界都是一件大事，创造了当年电视剧收视率的冠军，得到各界人士的喜爱及好评，尤其得到广大普通老百姓的好评。中央电视台一套和八套先后在黄金时段播出，各省市电视台又轮流播出，盛况空前，这是非常罕见的。在第13届全国精神文明建设"五个一工程"评奖中，《木府风云》及其主题曲《净土》获得优秀作品奖。此后该剧又获得各种奖项。这部作品取得如此成果，概括起来就是"五个有"：有一个好的基础，有一个好的题材，有一个好的故事，有一个好的艺术品位，有一支好的编导及演员阵容。

《木府风云》的拍摄乃是一次机缘巧合。20世纪90年代，于荣光先生到丽江拍《钱王》，把木府作为场景，被木府所震撼，产生拍一部电视连续剧的想法。这与木府黄乃镇院长的想法不谋而合。真正拍木府题材的电视连续剧的想法自木府恢复重建完成后就开始着手准备了，不仅有构思，而且写出了初步的剧本。于荣光先生的到来达到了强强联手的效果，使这件事情很快提上议事日程。通过各方反复协商讨论，反复构思，反复修改，反复打磨，反复提炼，到 2011 年 3 月剧本定稿了，2011 年秋天投入拍摄。丽江古城博物院（木府）全体员工全力以赴配合做好拍摄相关工作。2012 年 6 月 2 日，《木府风云》专家研讨会在北京召开，专家们给予高度评价，认为这部电视剧拍得这么成功，始料未及。至今《木府风云》已在 70 多个国家地区发行播出，包括在韩国、新加坡、美国、加拿大等国家和地区。这部电视连续剧在央视播出，收视率创新高，在中国大地上掀起"木府热"。

《木府风云》打出的是一张文化的牌，对木府旅游起到了巨大的引领和带动作用。自 2012 年热播以来，许多游客看了电视连续剧后慕名而来，有人甚至特地来造访木府，木府一时门庭若市。《木府风云》演绎的故事，不仅反映了木氏土司家族的兴衰，而且折射出整个纳西族的发展进步、家国情怀，那种强烈的爱国主义精神和国家的认同，体现了对民族团结及社会和谐的追求，同时蕴含着人间的大爱、人性的光辉，以及对和为贵、真善美理想境界的向往。剧中木增和阿勒邱生死相依的爱情故事，感人至深，可歌可泣。总之，整部电视剧不落俗套，故事跌宕起伏，引人入胜，高潮迭起，真正体现民族文化的无穷魅力。

第二，五卷本百万字《木府通论》于 2019 年出版发行，这是木府打出的另一张文化牌。这部书论的是什么？笔者认为，论的是木府文化，论的是纳西族的文化，论的是滇川藏交汇区域的历史文化。这部论著以木府恢复重建为重要线索，展开对木府前世今生的解读和彰显，内容丰富，应该说涉及木府历史文化及现今的方方面面。笔者认为《木府通论》的主题是极为鲜明的：反映了木氏土司和整个纳西族生存发展的智慧和远见卓识。木氏土司紧紧依靠中央王朝，成为滇川藏交汇区域维护国家统一、边疆稳定、团结各少数民族心向中央政府的主导力量，成为这个区域努力学习中原文化，吸纳中原先进生产力、先进技术工艺的一个优秀代表。木氏土司控制了这个区域的食盐、黄金、银矿等矿产资源，大力发展开矿业、农业、手工业、茶马古道商贸业等，"富冠诸土郡"。在此情况下，家国情怀更加彰显，在国家危难的情况下，木府向中央政府进贡大量黄金、白银、马匹等物资。上述这些史实成为当年恢复重建的底气。黄乃镇先生与笔者多次交流，他谈到木土司"凤诏每来红日近，鹤书不到白云闲"的诗句，以及中央政府对木氏"诚心报国""南国干城""辑宁边境""西北藩篱""益笃忠贞"等评价和肯定，说明恢复重建木府是很有意义的事情。《木府通论》涉及纳西族的历史文化、民俗、艺术、典故、传说等，涉及多个学科，包括历史学、人类学、文学、民俗学、建筑学、园林学、宗教学等，范围是广泛的。作者黄乃镇是一位善于把握民族及历史各种复杂关系，又能独立思考，有独到见解的丽江本土民族文化学者。

应该说恢复重建木府不是一件容易的事情。《木府通论》从木府恢复重建切入，由此及彼，由此拓展，这是必然的。在丽江各级政府的领导下，黄乃镇及其团队充分发挥了创造精神和担当精神。尤其是对木府建筑群的特点、风格及其反映的民俗、文化等方面的把握，对文化内涵的思考及具体实施，整个过程艰难曲折，需要面对许多复杂而实际的问题。其间，黄乃镇及其团队发挥了聪明才智，集思广益，以一种大无畏的精神开拓创新，披荆斩棘，勇往直前。《木府通论》解读了民族文化的内涵外延，尤其对木府注入了文化内涵，成为一张深入解读木府文化的名片。

第三，"徐霞客与丽江"是木府力推的又一张文化牌。木增土司与徐霞客的友谊是千古佳话，他们的交往是中国文化交流史上，尤其是中原文化与边地少数民族文化交流史上的不朽篇章，也是民族团结的典范和不朽篇章。木府建成后，丽江与江阴的交流更加频繁，以木府为主要阵地，丽江成立了徐霞客研究会，搭起了两地文化交流和研究的平台。丽江和江阴在文化交流和研究上进行合作所做的几件实事是值得充分肯定的。2004年10月，"徐霞客与丽江"国际学术研讨会在木府举办，在徐学研究和社会上反响热烈。2005年、2012年、2014年，丽江先后三次派文化界人士参加在江阴和南京举行的徐学研讨会。2015年9月，在丽江"天雨流芳"广场举行徐木友谊铜像《情谊》揭幕仪式，当年10月在江阴徐霞客故居举行木徐友谊铜像、木徐友谊厅落成仪式。2015年10月玉龙纳西族自治县、江阴市在江阴签订了友好关系协议。2018年，徐霞客《溯江纪源》铜像落成仪式在长江第一湾石鼓举行。2019年3月1日，是徐霞客到邱塘关暨进入丽江380周年。纪念座谈会在邱塘关召开，与会人员考察了修复后的邱塘关、明代石狮子及古道保护情况。同年9月，木徐友谊纪念馆在丽江古城木府附近落成,相关部门举行了开馆仪式和座谈会。总之,徐霞客在地理学研究考察中,西南万里遐征是时间最长、考察地区最多、科学成就最高的时期,而在丽江达到高峰,具有重大政治文化意义。徐霞客也是一位来自中原的民族团结的使者。徐霞客最后在鸡足山"双足俱废",木增派8个纳西族壮士抬着竹滑竿,用150多天时间,把他送回家乡。许多游客听了这个故事后深受教育和启迪,认为这是感天动地的壮举和传奇。

三、把提高服务质量、提升员工及讲解员素养素质作为立足之本

面对来自祖国大江南北和世界各地的广大游客,丽江古城博物院(木府)领导班子认为员工特别是讲解员的服务质量、文化素养、文明素养决定着文旅融合发展的成效,也关系到木府未来的发展。所以木府自对外开放以来,就把培养一支精良的、过硬的员工队伍及高素质、高水平的讲解员队伍作为首要任务,作为基础性工作抓住不放,深入推进。

丽江古城博物院(木府)领导班子认为,所有进入木府的员工都要具备一种精神、一种素养、一种高的文化品位和道德情操,所以立足于员工素质的提升,特别重视对员工进行教育、培训、考察,这是他们的基本做法,也成为他们常抓不懈的工作。丽江古城博物院(木府)原院长黄乃镇说:"你要进入木府,成为木府的员工,就要提倡一种精神,要忠于职守、敬业奉献。""你要理

解木府、认识木府、保护木府，一切都以木府为重。"这样一种好的精神及风气，应成为木府全员共同的追求、共同的理想，这样木府才会有凝聚力。木府现有100多位员工，讲解员近50位。丽江古城博物院（木府）领导班子认为，对讲解员的要求要更严格，要对她们进行更深层的培训教育。木府是博物院，是文化单位，木府的讲解员不是一般的导游，也不是吃青春饭的，要不断进行文化的学习，提升对文化的认识和理解，尤其要掌握木府文化的精髓要义。所以黄乃镇时常给讲解员讲课，有时一边啃面包，一边讲木府的文化理论和历史。木府讲解员是纳西文化的传播者，纳西文化的小研究者。他还风趣地说："木府这批讲解员，不是导游，是文化战线的一名战士，是民族文化的小研究员，也是民族文化的传播者。你们年轻的时候可以靠美丽外貌打动游客，年纪大了就要靠你掌握的知识去打动游客，这种打动更有魅力。"根据上述理念和要求，木府造就了一批精良的员工队伍，造就了一批高素质的讲解员队伍，她们有知识，她们有修养，她们忠于职守，她们热情服务，一丝不苟的敬业精神受到广大游客的赞赏。同时对讲解员队伍的讲解服务进行有效监督，时常抽查，建立了游客意见反馈及服务质量跟踪监督机制，成立了游客专门咨询、投诉办公室，狠抓服务质量，保障游客权益。对讲解员进行严格考核，包括人文历史、传统民俗、宗教文化、历史风貌建筑、爱国主义传统等内容；对讲解员的着装、仪表、服务等方面定期向游客进行满意度调查。

四、开展"四创"活动,提升品牌文化内涵

这几年在丽江古城博物院(木府)新领导班子率领下,木府文化品牌继续提升和发展。其间,木府深入开展了"平安木府""书香木府""善美木府""文明木府"创建活动。"四创"活动是个重要平台,丽江古城博物馆以"四创"为抓手,深入挖掘木府文化内涵,提升员工素质,工作上精益求精,推动了木府文旅融合发展品牌全面发展。

"平安木府"建设就是要做到安全无事故。丽江古城和木府都是土木、砖木结构的传统建筑,搞好消防工作是头等大事,水火无情,安全重于泰山。新领导班子认为,全面完善落实木府设施安全措施,增强责任感,不仅治安保卫、消防安全等部门有责任,全体员工都有责任,都要关心这件大事。所以除治安保卫、消防安全部门有一套严密规章制度外,丽江古城博物院(木府)党支部发动全体员工、光义社区党员群众及周边商户共同成立了"平安木府"志愿突击队,重点围绕消防安全开展志愿服务。对木府院内建筑及周边环境安全隐患进行反复盘查,形成制度,防患于未然;木府警务亭以"守点、巡线、防片、管面"作为工作基础,还与古城消防支队共建消防安全网络,提升了对点和社会面的管控能力,实现了警力前置、安全防护前置。

"书香木府"建设就是多措并举深入学习、深入挖掘和彰显木府民族文化内涵,将优秀民族文化、优秀民族传统融入员工心里脑里,尤其是爱国主义传统、民族团结和睦传统、与人为善、

敬畏自然等文化精髓。同时组织丽江各中小学开展"走进木府，感受文化"活动，努力建设政德教育及爱国主义教育基地，设立"书香木府"阅读角，学习新时代新思想，开展党群共建共享文化活动，把基层党建植根于民族文化沃土，以民族文化底蕴激活党建活力，又以党建活力促进文化繁荣。以文化引领家国情怀，引领民族团结，维护国家统一，以鲜明的时代精神和厚重的民族文化气息感染教育游客特别是青少年。

"善美木府"建设就是将优秀传统文化与时代精神相结合，进行创造性转化和创新性发展。将优秀传统文化中的"真善美"与社会主义核心价值观相结合，做践行社会主义核心价值观的先锋。带头结合时代精神与实际讲好木府故事，在开展扶贫工作中传递爱心、送去温暖、践行党的宗旨。用敬畏自然、呵护自然、"人与自然是兄弟"的理念保护环境、呵护木府花草树木。

"文明木府"活动就是要提高文明素养，践行文明理念，做文明行动的带头人，做旅游服务的"文明人"。丽江古城博物院（木府）专门设立了党员责任区，悬挂"党员温馨提示牌"，要求党员要做好先锋模范，发挥示范引领作用，从而树立"丽江文化旅游从业人员的新形象"。通过木府文化品牌优势，使之成为干部党员充电补钙的"精神加油站"。通过"四创"活动，全体党员起到了模范带头作用，大家争当排头兵，带领全体员工对标一流、争先进，全面提升景区管理水平和服务质量，进一步擦亮了木府文旅融合品牌。

当前，木府文旅融合发展正向着更高目标前行。不进则退，木府沐浴着新时代的阳光雨露，深入学习习近平新时代中国特色社会主义思想，按照新发展理念，谋划着新的发展进步，即把木府真正建成进行爱国主义教育的培训基地，建成青少年政德教育、践行社会主义核心价值观的基地。同时用新的科技、新的信息化手段支撑文旅融合发展，提高信息化管理水平、信息化服务水平，用科技应对突发事件能力等。同时为了更好地展示木府文化特色和优势，更好地满足广大游客的需求，丽江古城博物院（木府）将和相关单位合作，进行"梦立方"及"夜游木府"新型科技文化旅游项目，丰富丽江旅游产品供给，让科技更好支撑文旅融合发展，为丽江文旅转型升级提供新的经验和模式。

第二节 玉水寨：着力开发民族文化产业，推动建设文旅融合发展的一个成功典范

玉水寨把旅游发展与民族文化保护传承基地建设有机结合起来，既培养了一批旅游管理人才，又培养了本民族文化保护传承艺术人才；既有良好的社会效益，又推动景区发展，旅游经济效益显著，受到各方面的高度关注，取得诸多荣誉，包括：全国休闲农业与乡村旅游示范点、全国休闲农业与乡村旅游五星级示范创建企业（园区）、全国工人先锋号、东巴文化传承基地、云南省文明单位、云南旅游产业发展突出贡献先进集体等。董事长和长红获第六届全国民族团结进步模范个人、云南旅游产业发展突

出贡献先进个人等荣誉。公司自成立以来累计上缴国家税收1.3亿元，仅2019年就达905.40万元。

玉水寨景区是以纳西文化为核心、以古老东巴文化为特色、以人与自然和谐相处为主题的自然文化景区。它深刻体现纳西族东巴文化中的"人与自然是兄弟"，是和谐与共、相依相存的生命共同体这一文化理念的典范。在文旅融合发展过程中，玉水寨一直秉持这一理念，是丽江文旅融合发展中独具特色的一张名片。

玉水寨的创始人和长红是本土本乡的白沙镇新善村人，这个区域在历史上曾经是东巴文化发祥地之一，他从小受到纳西族传统文化、东巴文化的熏陶，有着很深的民族文化情结。开发建设之前的玉水寨是一片荒山荒坡，还有被山洪冲刷所形成的砂石滩。这个地方原来叫"歌吉本"，是白沙新善村的一处水源地。由于山泉水涌流，水量不小，所以自古以来是本地老百姓祭拜自然神的地方。水源地有两棵八百年左右树龄的五角枫，因为是水源地，又是东巴祭祀的地方，所以没有人敢动这两棵树，一直得以保护。两棵古树长得枝繁叶茂，冠状的枝叶盖住水源地，泉水从两棵树根部流出。创业之初，这是最大的自然资源，当然还有山泉背后的玉龙雪山。水是玉水寨的灵气，绿是玉水寨的生命。在玉水寨开发建设中把绿色作为底色，把治理水土流失、塘坝建设、水系设计、河道梳理和植树培花融入"流水满塘迎丰年，绿树满山承福泽"的民族文化理念中。从上述情况不难看出，玉水寨的开发建设是从恢复生态、植树播绿、保护水源开始的，在荒山荒坡上成千上万棵地种植常青树，种植适宜本地气候的树种，还有果木花卉。在烂石滩上治理水土，拦土筑坝，用长条石垒砌成塘水塘坝，形成重重叠叠的山泉瀑布，从上而下，一路欢歌笑语地流到下部站，成为灵动的水景观。玉水寨占地208亩，周边连着无尽的森林、草甸、湿地，加上连年绿化美化，现今呈现绿树成荫、满目苍翠、山泉满塘、鱼翔浅底的美好自然生态景观，充满了生机与灵气。

玉水寨旅游如何定位？打造建设成为什么样的景区和品牌？这是和长红反复思考的一个主题。在改革开放和思想解放的大潮中，思想的解放程度决定认识的高度，创新的思维决定创新的思路，而创新的思路又决定一个企业的出路。和长红是勇于开拓创新的人，也是勇于探索实践的闯将。把玉水寨建设成为体现展示纳西特色文化的基地，建成"东巴圣地"的思路，是他解放思想、立足实际、开拓创新的结晶，也是他调查研究、广泛听取各方意见的结果，很重要的一点是，他对民族优秀传统文化，尤其是对东巴文化特殊的情结和自信。于是从1998年开始，玉水寨把建设重心放到打造传承展示东巴文化人文景观上来，系统实施了一系列的文化项目工程：先后建成了展示东巴祭祀的祭天场、祭署（自然神）场、祭风场、东巴比法场等。其一，1999年10月，在丽江举办第一届国际东巴文化艺术节期间，作为分会场，大型祭天仪式在玉水寨举行，吸引了大批中外游客和学者专家，产生了巨大震撼性效果。其二，于2007年将神泉口的自然神像放大重塑，一尊人与自然合一化身的自然神署呈现在游客面前，让游客直观地感受到倡导"人与自然是同父异母兄弟关系"的东巴文化的深刻内涵。祭天、祭署、祭风是纳西族三大祭祀活动，祈求人与自然、人与人、人与社会之间和合和谐，蕴含着古朴而深刻的文化理念。其三，进行象征纳西文化精髓的和合院景观建设。2004年，全面展示体验纳西东巴文化内涵的和合院竣工。和合院的主体是呈现东巴文化特色的玉水缘大殿建筑，大殿里供奉着与国内外任何宗教场所都不同的神灵，有着特殊的文化寓意。这里塑有东巴始祖东巴什罗、纳西族保护神阿普三多、祖先崇忍利恩和他的两个天女妻子三个儿子以及自然神三兄弟。通过这些生动的塑像，可一窥纳西文化的众多内涵。其四，把玉水寨建成东巴文化的传承基地。成立东巴文化传承协会开展传承工作，这是丽江民间社会最大的保护传承基地。开办了东巴文化传承学校，系统培养年轻的东巴文化传承人，举办各种类型的东巴文化传承班。从2002年开始恢复东巴日（农历三月初五），即开展一年一度的盛大东巴法会活动等。其五，进行纳西民俗文化民俗景观的建设，让游客深度体验纳西族古老的歌、舞、乐，以及民俗节庆和日常生产生活，感受民族文化蕴含的生活气息。

在夯实基础、进行东巴文化保护传承基地全面建设基础上，玉水寨开展了一系列保护传承方面的创新活动，探索活动形式内容和开展实践活动，并不断总结经验，持续改进工作，取得了开创性的成果。

其一，开办东巴学校。玉水寨作为东巴文化保护传承基地，聘请大东巴杨文吉作为讲师，并购买《纳西东巴古籍译注全集》

100卷作为教材。与此同时，招收有志于学习传承东巴文化的人员进行长期和短期培训，并承担费用，给予学员员工待遇或生活补助。培训结束后，有的学员被吸收为玉水寨员工，专事东巴文化传承和展示工作。截至2021年，玉水寨的东巴学校取得了较好的教学成果：全日制培训5年以上的共8名，培训半年以上的44名，成绩优异的6人进入高级研修班学习。通过上述方式，玉水寨培养了一批东巴文化骨干人才。玉水寨通过自身的实践，积累了经验，为各地纳西族地区开展东巴文化培训活动给予资金扶持、师资支持和悉心指导。

其二，2003年秋天，玉水寨及丽江市东巴文化博物馆发起组建了丽江市纳西东巴文化传承协会。2004年4月，在玉水寨举行的挂牌仪式暨第四届东巴法会期间，和长红被推举为会长。于是把丽江境内以及川滇地区从事东巴文化研究的人员和东巴们吸引聚集到协会里，相关活动经费由玉水寨无偿支持。近20年来，玉水寨资助协会开展相关工作共投入1600多万元，大大促进了丽江东巴文化保护与传承各项工作的有效开展，取得很大成效。

其三，推动东巴文化保护区建设。2006年，在玉龙纳西族自治县县委、县政府支持下，玉水寨牵头在塔城署明尝试创建原生态东巴文化保护区，并在探索实践基础上，从2010年开始在白沙镇新善村着手建设。2012年12月，玉龙纳西族自治县人民政府同意建立这个保护区。这个区域有600多户2000多纳西族人口，纳西文化底蕴深厚，域内有保留东巴文化传统的古村落。

其四，受玉龙纳西族自治县人民政府委托，积极开展东巴（达巴）学位评定工作。评定工作于 2012 年和 2016 年分两次进行，共评定出 11 位东巴（达巴）大师、62 位东巴（达巴）师、100 位东巴（达巴）传承员，并向他们授予学位证书，按三个学位等级分别给予每人每年 6000 元、4000 元、2000 元的传承补助金。这在东巴文化保护传承和发展史上是具有里程碑意义的事情。

其五，着力保护纳西族民俗文化和民间艺术。积极推动塔城署明片区（含 6 个自然村）的民族文化保护工作，招收 6 名民间艺术骨干在玉水寨培训半年，累计投入 50 多万元。支持鲁甸新主村开展祭天古仪民俗传承活动，支持东巴学校建设，资助建设东巴什罗殿等场所和日常管理经费。1999 年开始聘请白沙细乐传人和茂根为老师，成立第一支全日制从事白沙细乐培训和演奏的古乐队。聘请和冬月、李文艺等老师开展纳西族民间艺术勒巴舞、"谷气"等民族民间艺术的传承保护工作。二十多年如一日支持白沙新善民族民间艺术队开展活动，珍贵的民族民间艺术得以保护和传承。由玉水寨牵头开展的一系列民族文化保护知识竞赛活动，包括纳西文化知识、东巴文化知识、纳西母语、"文脉金沙"丽江文化知识和"和合杯"东巴书画竞赛活动，奖励学习传承母语、传统文化的人士，实施传统文脉"保根促苗工程"。

通过多年的发展，玉水寨集团公司现拥有 4A 级景区玉水寨、丽江纳西文化旅游网站、丽江美鲁高原生态农业有限公司、剑川闲林文化生态旅游有限公司、丽江和合文化传播公司等经营实体，投资设立东巴文化生态保护区，开建中国纳西文化传承基地。2019年，玉水寨景区接待海内外游客250多万人次。总之，经过艰苦创业，不断开拓创新，坚持文化自信，埋头苦干，玉水寨走出了一条文化、生态、旅游、乡村有机结合、互动发展的成功之路。玉水寨已建设成为体现人与自然和谐的"生态天堂、东巴圣地"，成为纳西文化传承保护基地及民族文化产业发展基地，成为充分展示民族优秀传统文化的文旅品牌和成功典范。玉水寨所积累的宝贵经验是很值得认真加以总结的，概括起来，主要有四个方面：

一是文化自信，用民族文化熔铸灵魂，打造品牌。玉水寨的成功，首先得益于对民族文化的深刻认识和文化自信，始终把优秀民族文化作为景区的灵魂和企业的核心竞争力。玉水寨的创始人和长红出生的白沙镇新善村，纳西语叫"崩石本古"，即白沙坝最上头的村落。白沙是纳西族和木氏土司的发祥地之一，有着悠久历史和众多文化遗存，比如北岳庙、白沙摩崖、白沙陶罐火葬遗址、木氏家族岩脚村院等。新善村有着浓郁的原生态东巴文化底蕴，有着东巴世家——东氏家族，明代公认东巴王久知腊即是新善村人，相传太安、鲁甸新主、塔城的一些东巴家族就是从这里走出去的。东巴文化专家和志武先生指出："丽江塔城乡巴甸村和姓东巴家族，始祖'久知腊'，即东初东呷，是白沙迁过去的。"[①] 改革开放以来，丽江掀起了东巴文化热，各地民族文

---

① 和志武：《纳西东巴文化》，吉林教育出版社1989年版，第57页。

化、东巴文化和人类学方面的专家云集丽江，众多国内外游客参与到东巴文化主题活动中来。在这个背景下，和长红更坚定了打造建设"东巴圣地"及文化传承基地的信心。于是进一步加大东巴文化景观建设，按照目标定位，精心策划，突出特色，认真打造，建立品牌。事实证明，中外游客来到玉水寨的确可以领略到、体验到与其他地方不一样的文化特色和民族风情。

二是民族文化保护传承和开发利用"两手抓"。玉水寨一方面全力推进民族文化传承基地的建设，同时又全面加强旅游景区的建设和提升，尤其重视旅游标准化建设和旅游服务品质提升。玉水寨领导班子认为保护传承民族文化与旅游企业发展可以做到齐头并进，相互依托，相互促进，相得益彰。实践证明，玉水寨成功做到了旅游发展与民族文化保护传承水乳交融，互为基础，相辅相成，共同发展。通过长期的不懈努力和艰苦奋斗，玉水寨已成为东巴文化保护传承、培训展示以及开展东巴大型活动的基地和中心，成为名闻遐迩的"东巴文化圣地"，成为感受"人与自然和谐相处"的自然生态景观。作为传承基地和一年一度东巴大法会的举办地，玉水寨的影响除在丽江市外，还吸引了迪庆州及藏区，四川木里、盐源、冕宁等县东巴（达巴）和群众不远千里前来参加活动。玉水寨景区建设也取得长足发展，2001年被评定为国家 2A 级景区，2005 年成功跻身国家 4A 级景区行列。目前正处在规划建设 5A 级景区进程中。

三是遵从"人与自然是兄弟"的纳西古训及和谐理念，做到自然景观与人文景观相统一，建设体验"人与自然和谐"的典范。

通过二十多年的建设，玉水寨成为最美的自然景观之一，一个风景如画的地方。景区背靠玉龙大雪山，周边有茂密的森林，有中英共建的生物多样性高山植物园，有玉峰寺的万朵山茶，有"玉柱擎天"人文自然景观，还有东巴王国、万神园等人文景观。这个区域是丽江坝区的水源涵养地，玉水寨及其周边有众多的泉眼泉水，也形成一片片湿地。同时这个区域得山水之灵气，野花遍地，山花烂漫，说不出名字的高原山花特别夺人眼球。今天，玉水寨原来的荒山荒坡早已披上绿装，各种名贵苗木、本土树种长成绿色的原野，加上玉水寨这股山泉因源自玉龙雪山而终年不老，在这片坡地上形成层叠瀑布和山泉清幽的迷人景观。众多的人文景观让游客们尽情体验纳西族特色鲜明、深厚久远的民族文化，尤其是体悟东巴文化的真谛。各种形象生动的自然神像、祭署的水源地、各种祭祀活动场所、东巴画廊、东巴文物厅和玉水缘大殿等，让人们领悟到纳西族东巴经中人与自然神署是"同父异母的兄弟"这一古老的哲学理念，让人感受到古老东巴文化的博大精深，为中华文化中有这样一个世界遗产而感到自豪。

四是带动周边乡村经济社会发展，惠及百姓。和长红作为土生土长的白沙乡农家子弟，对家乡有着特殊的感情，对乡亲有着深厚的情谊，他创建的玉水寨一直是周边乡村发展的一个重要依托。回报社会、回报乡亲是他的初衷，也是他的梦想。玉水寨创业成功了，报答乡亲就有了条件和基础，这一点他牢记心间。他从白沙乡农村带出一批乡亲，成为玉水寨的员工，成为玉水寨的骨干。和长红常说："玉水寨的成功首先得到了父老乡亲的支持和帮助，企业发展了首先要回报父老乡亲。""我要做一个不愧于祖先和子孙、不愧于今生、不愧于乡亲的新时代纳西人。"与此同时，玉水寨集团也惠及各族同胞，和长红的企业遍及各地，吸收了各地各族的父老乡亲，在企业管理层中有纳西、白、汉、彝、傈僳等各族兄弟姐妹。

玉水寨企业每年带动 1000 多户村民，提供就业岗位 300 多个，员工月平均收入 3000 多元，旅游反哺农业资金 150 万元。民族文化保护传承资金累计投入 5000 多万元。帮助新善村总体规划、申报东巴文化生态保护区和文化惠民示范村累计投入 32 万多元，新善村被成功列入省级文化惠民示范村并获得 45 万元的资金扶持。自 2016 年起，玉水寨每年向新善村支持 5 万元新农村建设费。此外，玉水寨还一直资助扶持白沙细乐民间艺术队，20 多年如一日，有力推进了乡村民族民间艺术持续发展。2015 年 8 月开始，根据丽江市及玉龙纳西族自治县相关要求，玉水寨把新善村作为"挂包帮"定点扶贫单位，派出人员，投入资金，开展精准扶贫，现已全部实现脱贫摘帽。仅 2016 年，玉水寨向新善村、甲子村投入帮扶资金达 157.06 万元。玉水寨及其创业者在获得自身发展进步的同时，努力带动和辐射周边乡村的发展，不忘回报社会和父老乡亲，无愧于"云南省农村创业之星"等荣誉称号。

第三节 东巴谷：文旅融合，不断开拓创新发展的典范

东巴谷旅游景区位于丽江古城与玉龙雪山之间，距丽江古城十五六公里，交通便捷，在丽江黄金旅游线上。它得益于巍峨壮观的玉龙雪山的守护，得益于玉龙雪山脚下无数个泉眼泉水的滋润，得益于丽江古城、白沙古镇古老文化气息的熏陶。通过近20年的发展，东巴谷已成为丽江坚持文旅融合、改革创新、后来居上、积极推进旅游业转型升级的一大品牌和典范。

现在的东巴谷旅游景区是由东巴谷生态文化旅游服务有限公司进行整合的景区，包括东巴谷原生态民族村、东巴秘境、东巴谷汽车旅游营地、GF婕珞芙健康养生酒店、八珍玉食餐厅、木村集市及"雪山神话"等业态和实体。它们的目标是继续坚定不移地把民族文化作为企业发展的灵魂和动力，因地制宜实现"文旅+生态+科技+健康生活目的地"有机结合，匠心独具地打造中国优秀的旅游休闲体验度假综合体项目。笔者作为这个项目发展的关注者、见证者，实实在在目睹了参与者艰苦创业、开拓创新、奋发有为、发展进步的全过程。

一、神秘的东巴谷

东巴谷是一块有着深厚民族文化底蕴和自然生态奇观的宝地。它的特点在于深藏不露，就是丽江本地人也很少到过这个地方。1992年邓小平南方谈话后，丽江各族干部群众都坐不住

了，纷纷要求解放思想，大胆改革，大力推进旅游业发展的热情空前高涨。当时我担任中共丽江地委委员、地区纪委书记，也积极参与解放思想大讨论，鉴于从小对文化的酷爱，也曾组织一些人员考察过有开发前景的一些地方。那一年的五六月份，在杨美堂（此时他从白沙乡书记的岗位上调地区纪委宣教室工作）的建议下，我们一行人在白沙乡党委书记周鸿、乡长和笑春等人的陪同下，由白沙乡老乡带领专门考察了"罗美洛"（东巴谷）。当时这里还是一块处女地，条件比较差，谷的两边是荒山沙坝，树木还不多，从远处望根本看不到有个山谷，也没有什么知名度。我们一行很艰难地下到大峡谷之中，这才发现大峡谷别有洞天，惊叹之余，我们在这里又转悠了半天多时间。这是一个神奇的世界，深有几十米、上百米，宽有几十到上千米不等，有茂密的林木，森林覆盖率很高，松树为主加上灌木丛生，整个大峡谷苍翠欲滴，两边悬崖峭壁，还有石壁、石柱、石洞、钟乳石，有的岩壁还滴着水，还有野花、野果、植物药。令我们感到奇怪的是，这里没有风，很温暖，不少名贵的动植物在此繁衍生息，很少受到外界的干扰。整个峡谷长十七八公里，现在开发的是其中七八公里的主要地段。这里是几百万年前大自然造山运动过程中，玉龙山隆起的自然地理奇观，也有人说是距今两三百万年的第四纪冰川期造山运动时期陷落的峡谷。据说历史上曾有一条河从北向南流出这个峡谷。

这个地方纳西人世世代代叫"罗美洛"，属于白沙乡太平村。这个名字有着深刻的文化内涵，现在很少有人知道其中的奥秘。

"罗"纳西语意为"大峡谷","美"纳西语意为母亲,"洛"指"这样一个峡谷的地方"。"罗美洛"纳西语意为"像母亲般伟大的峡谷"。在纳西族的历史文化中,以女性为大,以母亲为大,这是很大的文化特色。在纳西族的古老语言中,"母"或"女人"是大的象征,"男子""父亲"是小的象征,由此引申出"大""小"的概念。比如大树、小树,大石头、小石头、主房、侧房等都是与女性男性相关联的。比如大树纳西语为"籽美",意为"母亲大树",其中"美"指"母";小树纳西语为"籽若",意为男子,"若"指男。大的东西,主要的东西与"母""女人"相关联,小的东西、次要的东西与"男人"相关联。这个大峡谷两头窄,中间一段开阔,很像女性的子宫。人类童年时期是母系社会,女性的地位作用很突出,对女性的生殖崇拜很盛行,所以"罗美洛"是对女性崇拜的图腾之地。这次考察我还特意嘱咐白沙乡周鸿他们加大对"罗美洛"的宣传力度,将来可能会有很大的开发价值。

此后在丽江对外宣传中"罗美洛"改称"裸美乐",这样更有诗情画意,更有吸引力,效果更好,于是被社会和大众接受了。一段时间之后,"裸美乐"这样一个神奇之地不仅引起了本土人士的关注,也引起了外地各方人士的好奇,后发展至东巴谷景区成为网络热搜词。从"裸美乐"又到东巴谷,笔者认为更名"东巴谷"更为贴切,更接近纳西语的本意,更有文化意涵,更有号召力和宣传效果。

白沙是一个古老的地方,这里地域广阔,纳西风情浓郁。白沙人自古有内田外田之分,村落大都在东巴谷西边的山脚下,内田地也在附近，外田地或其他地域则一直延伸到东巴谷东边的山脚下。东巴谷这一带自古属于白沙新善太平村。白沙被称为纳西族文化的"古都"，这不无道理，这里是木氏土司的发祥地，也是纳西文化的重要发祥地之一。白沙有着众多的古文化、古遗址、古遗存，是上天给予纳西人的恩赐。

根据东巴经典和《丽江木氏家谱》等文献记载，学术界一般认纳西族到高来秋（高勒趣）一代，即开始确立了父系家庭。所生四子买、何、束、叶，分衍为古代四大父系氏族。①"束、叶不分离，一马奔平川，来到丽江坝"②，木氏土司属于叶氏族的后代。束、叶一开始住在白沙一带，由于历史上部落首领、民族首领要牢控原始东巴教，所以丽江坝纳西族在发展进程中，在白沙自然形成了东巴氏家，出了不少大东巴。传说中塔城、鲁甸一带的东巴家族都是从白沙搬迁去的。

东巴文化专家和志武先生论证说：丽江塔城乡巴甸村和姓东巴家族，始祖久之老，后改为四音即"东初东呷"，是从白沙搬去的。东巴谷初创时期王化新就请了白沙东巴世家和振伟大东巴主持东巴院，他是丽江白沙东巴鼻祖久知腊的第三十三代传人。他的祖父和诚曾是美籍奥地利学者约瑟夫·洛克的东巴老师。而东巴谷这一自然奇观、生态奇观，按照东巴经典的说法，这里是自然神署掌管的区域，大东巴和诚在这里举办过规模盛大的祭署、祭山神活动，所以说这个峡谷与东巴文化有着很深

---

①② 和志武：《纳西学论集》，民族出版社 2009 年版，第 8 页。

的渊源。东巴谷开发以来有了东巴文化院落,成为东巴们祭祀的重要场所,东巴谷也因此名副其实。

二、东巴谷的开发建设

东巴谷的开发是从建设生态民族村开始的,这为后来的发展奠定了基础,提供了重要文化支撑,也成为文旅融合发展的起点。为了更好推动旅游发展,东巴谷打造的生态民族村选择了最能体现丽江文化底蕴、最能体现原生态文化、最能体现民族团结和谐、最具代表性的民俗文化。概括起来就是由一个民族文化广场、一条匠人工艺街、五个特色民族文化院落组成,当然还有生态自然景观的配套。

来到民族文化风情村,首先会进入东巴文化广场。这是一个综合性展示民族文化风情、民族歌舞艺术的广场。在这里游客可领略古老质朴原始的文化形态,领略到几个少数民族古老的民族民间音乐歌舞艺术,有纳西族的勒巴舞、藏族的弦子舞等,民间艺人在这里展示"树叶吹歌""鼻子吹笛"等独具民族特色的技艺活动。同时广大游客还可参与到打跳等活动之中,体验少数民族歌舞艺术之魅力。

东巴广场用东巴文化中的神灵和图腾展示其特色,尤其着力用东巴原始绘画进行点缀。东巴绘画是纳西族东巴文化的重要组成部分,是古老的文字和绘画相结合的艺术。木牌画称为"课标",在众多祭祀礼仪中使用,这是一种特殊的古老的文化艺术现象,在其他民族中并不多见。东巴绘画与东巴文字、祭祀活动相结合，与东巴原始祭祀仪式相生相依相存。东巴绘画包括木牌画、纸牌画、卷轴画、经文画等，主要表现古代纳西族社会所信仰的各种神灵鬼怪和理想世界。木牌画造型原始古朴，线条流畅，极具原始先民艺术特点。木牌画下端尖细，可插入地下，上边有尖头和平头两种，尖头画各种神灵之像，平头则画鬼怪形象。尖头的要插在上方神坛之前，平头的要插在下方鬼蜮之地。东巴广场采用了各种各样的木牌画，使其增添了神秘的艺术特色。

匠人街展示了许多古老的工艺技术及技巧，使人耳目一新。这里有木匠、石匠、皮匠、铜匠、铁匠、银匠、裁缝，有搞纺织的、弹棉花的、炸米花的、做豆腐的、加工皮子的，展示了丽江古老的民间技艺。丽江皮匠在历史上很出名，各种皮制品大量销往藏区，他们通过搓揉加工，让羊皮软下来，制成褂子或皮靴、皮口袋等；丽江铜器也很出名，其中铜锁是畅销各地的产品；银制品历史上也深受各族群众的欢迎，有各种日常用品用件，尤其是饰物饰件；木雕工艺品很精致，也有广泛的市场。总之，匠人街民族风情极浓，游客来到这里所见所闻对了解感受和传承民族民俗文化是很有意义的。

匠人街两边的几个民族院落颇具特色，从建筑到内部设施都很值得一看，可增加许多民族文化知识。东巴神院是纳西族三坊一照壁形式的四合院。这里展示了纳西族古老象形文字的符号艺术，院落两侧是纳西族古老建筑木楞房，由圆木构建，还有祖母房、火塘等。院落里主要展示古老的东巴经书、艺术绘画等，旨在体现东巴文化中人与自然、人与社会、人与人之间和谐和美关系的文化内涵。

傈僳族是丽江古老的民族,有着独特的民风民俗。一进入这个山寨,游客的目光就会被两根高耸的粗木杆所吸引。这是长20多米、由28把锋利长刀组成"上刀山"的梯架,主要进行"上刀山、下火海"技艺绝活表演,给游客惊险神秘的艺术感受。

他留人家村寨很是神秘。他留人属彝族支系,有着独特的风情,主要居住在永胜他留山。村寨里主要展示独特的"青春棚""过七关""睡着谈恋爱"等他留人独特的婚恋生活。还可品尝到他留粑粑,每年农历六月二十四日是他留人的粑粑节。

普米院落称为"普米金窝"。在民族院落中是最大的,有三幢木楞老房,木板盖顶,冬暖夏凉,房屋内四角竖有柱子,中间有六个大方柱(普米人称为"擎天柱"),有火塘(锅庄)、三脚架,火塘边置有神龛,展示普米族古老的生活习俗。

摩梭风情山寨,都由木楞房组成。祖母房是正房,是老祖母起居之地,也是一家人饮食起居、接人待客、共享天伦之乐的场所。院子两侧建有经堂和花楼。经堂是庄严神圣之地,摩梭人深受佛教影响,从唐代起逐步信奉佛教,经堂里供奉佛祖和各教派大师。花楼是阿注走婚幽会的地方,充满了神秘、自由、浪漫的色彩。

近年来东巴谷周边生态建设取得很大成效,这里形成了森林、冰蚀地貌、山峰、沟壑、水塘、湖泊、潺潺溪流,成为青山绿水、各类高山花卉、灌木丛林、湖泊坝塘等众多小景点相互匹配的景区。这里的乔木以云南松、铁杉、华山松、柏树、黄背栎为主,灌木丛有青刺果、三棵针、小铁仔、小石积、矮刺栎、杜鹃花、报春花、马先蒿等,还有众多药用植物和花草,是一块充满灵气的风水宝地。

东巴谷生态民族村建设把民族文化和原生态景观融为一体,对保护原生态民族文化起到了很大的作用,成为民族文化展示体验的重要基地,受到许多文化研究机构和大专院校的青睐。这里先后成为云南省民族文化研究基地、云南民族大学"傈僳族文化传承基地"、云南省高职大专院校省级示范实习实训教学基地,并被授予丽江市全国文化消费试点企业等称号。东巴谷在近20年发展中,生态民族村始终是一个基础,始终是立足的文化基点,在今后的发展中,这些村落将逐步发展成为一个非遗保护传承基地。

三、东巴谷的开发转型

东巴谷将"东巴秘境+《雪山神话》+《木府风云》+休闲度假"作为开发及转型的重点。东巴秘境的开发和文旅转型升级是东巴谷旅游景区开创性发展的大手笔。在发展过程中,景区着力注入更多文化内涵,旨在提升景区的文化品位。

2010年4月,开发建设东巴秘境和后续演艺品牌建设拉开了序幕。通过开发7.5公里的大峡谷景观,东巴秘境以新的容颜和内容展现在游客面前。开发中始终坚持保护的初衷,坚持原汁原味的原生态理念,同时坚持不断开拓创新的思想。首先在"裸美乐"峡谷两岸植树种草养花,形成一条野草、野花、绿树、灌木丛林的自然生态景区和步道。游客们在这条步道上仿佛置身于玉龙雪山的环抱中,雪山给人们滋润和灵气,同时人们也能感受到雪山的博大胸怀和神秘。漫步在这里,人们会向往美好的玉龙第三国,浮想联翩。在步道两边的雪山、牧场、草甸间又点缀着许许多多小湖泊,它们在阳光照耀下闪烁着向游人致意。这里所展现的是大自然之美、原生态之美。

架设在大峡谷上空的玻璃栈道则是由现代科技支撑的一个景观,最原始的生态峡谷与最新的现代科技的结合成为旅游的新宠。峡谷很深,玻璃栈道犹如一条飘在空中的彩虹,从栈道俯瞰脚下的峡谷,人们好像在绿色峡谷上空飘荡。需要说明的是,走玻璃栈道要有一个好的身体,还要有意志力。我看到有恐高症的人在中途退缩了,但这也是一种体验。穿过玻璃栈道,可沿着陡峭崖壁的栈道下到谷底,这就进入了东巴谷神秘的境界——深藏于大峡谷中的梦幻世界,这里深沉、恬静、祥和。在保护原生态前提下,东巴谷在余下的一些空地上进行若干景点和休闲场地的建设,比如空谷花海、龙潭飞瀑、许愿灵池、爱情花园、林中仙境、图腾秘阵等。峡谷口还设有美食集市,修建了颇有气势和档次的雪山神话剧场。各种植物和动物在峡谷世界里自由自在地繁衍生息,造就了一个绿色的峡谷、一个生机盎然的峡谷。绿色之中有悬崖峭壁,有岩洞、钟乳石等山石景观,同时利用峡谷的地形地场,东巴谷开发建设了蛋生广场、善神崖、"众神共荣"等人文景观。东巴谷让游客们流连于自然美景之中,徜徉在民族文化体验之中，同时参与到打跳等民族文化娱乐之中，还为游客准备了攀岩、探险、溜索等项目。在这里，人们真真切切有了人与自然休戚与共、生命同体的感受。

东巴谷景区新推出的两台演出产生了震撼性效果，这是时尚的精品演出，是对优秀传统文化的转型创新发展，也是大胆探索和尝试的成果。演艺作品的成功推出，对挖掘东巴谷景区文化的内涵和外延，实现文化演艺业与旅游业有机结合，是一条值得探索的新路子。

游览完东巴秘境大峡谷，大型史诗玄幻情景剧《雪山神话》就接着把游客带入古老博大的民族文化体验中。这是2019年，东巴谷力邀中外知名艺术家联袂打造的新一代旅游时尚秀品牌。《雪山神话》是对纳西族优秀传统文化进行创造性转化、创新性发展，并融声光电等科技为一体的剧作，包含了武术、杂技、舞蹈、打击乐、铜管舞等多种表演艺术形式。以纳西文化为核心，以现代科技为支撑，采用世界潮流舞台剧的形式，酣畅淋漓地彰显了纳西文化对真善美和理想境界的追求。《雪山神话》以东巴史诗《创世纪》《黑白之战》《鲁般鲁饶》为依托，以国际化、艺术多元化视角，将新的演艺理念融为一体，用专业团队打造丽江文化IP，并开发出各种衍生文创产品。这是丽江文化演艺类项目的再创新，呈现了新的艺术形式和品牌。

建设雪山峡谷演艺公司，在东巴谷景区推出《木府风云》山水情景剧，这是文旅融合发展的又一个创新，一个全新的探索和实践。该公司由云南怡美实业控股集团、丽江旅游、丽江文旅共同投资建设。《木府风云》是具有重大影响力的影视名作,东巴谷景区携手导演于荣光先生将影视作品应运到景区,将《木府风云》中的传奇故事及深厚民族文化植入广阔的自然山水之中,与东巴谷自然景区同行,以情景化、故事化生动演绎民族文化,让游客融入其中,拥有耳目一新的体验感。

根据广大游客的需求和市场的变化,不断推出新产品、新业态,做到与时俱进、创新发展,这是东巴谷成功的秘诀所在。紧紧围绕云南省提出的打造"健康旅游目的地"及丽江市提出的"建设国际精品旅游目的地"、观光旅游向休闲度假转变的要求,东巴谷景区进入了调整和组合,匠心独具地把建设民族文化、自然生态、现代康养理念有机融合,打造旅游、休闲、康养、度假综合体项目。

2019年10月,作为全国3家"院士科学家康养基地"之一的东巴谷迎来5位中国科学院院士、41位青年科学家,他们在东巴谷康养基地康养的同时进行科普交流活动。这次"科学家丽江行"活动,开展了11场"科普进校园"活动,为3000多名学生和老师作了精彩科普报告,并参加"面向2035科学素养培育"研讨会,为丽江科技人才培养教育提供意见。

这是一次很成功的尝试,院士和青年科学家都认为,东巴谷是一个非常神奇的康养之地,雪山、峡谷、森林、湖泊、草甸融为一体,给人以奇妙和舒适的享受。由于周边有良好的自然生态环境,东巴谷其实是一个森林氧吧,这里负氧离子含量高,空气纯净度高,有益于身心健康。所以东巴谷打出的是

"丽江氧养""健康康养"休闲主题,以"圣洁、纯净、神秘"生态景区为基础,以独特民族文化风情为内涵,适应多元化、多层次的市场需求。这个康养基地独树一帜,区别于其他康养场所。它隐藏在山间峡谷,隐秘于森林之中,外表是原始古朴的自然生态,进入景区则别有洞天。这里食宿之地内部高端,设施现代,服务一流,围绕着养生、养心、养神和舒适,设施配套完善。康养基地在涵盖"吃、住、行、游、购、娱"传统旅游六大要素的同时,延伸发展新的旅游发展六大要素,即满足"商、养、学、闲、情、奇"等现代时尚需求。

打造精品酒店综合体,营造和提供身心健康的自在旅居体验地,打造民族文化到商业融会贯通的全新文化 IP。现在正建设的半山酒店项目,计划用地 110 亩,将建设 28 幢 104 间半山酒店、10 幢 50 间民俗别墅、46 间康养酒店,建筑面积 1 万平方米。该项目将以产业化、景区化、生活化、智慧化理念,不断丰富完善新业态,围绕大健康主题,紧紧依托玉龙雪山、"裸美乐"大峡谷、森林氧吧、高原特色植被、高山花卉提供服务,使游客置身于全新环境及文化康养之旅中。目前已完成一期 46 间康养酒店建设及 16 幢半山酒店木屋别墅、4 幢帐篷别墅、14 幢房车别墅、24 幢青年旅社度假帐篷及民俗帐篷等。

东巴谷将汽车旅游营地与景区建设相结合,从单一的自然人文景观向多元的休闲、体验、康养、健身发展,拓展观光、探险、旅游拍摄、休闲、体育、户外运动等体验内涵。作为云南省旅游转型升级的代表性项目,东巴谷先后被评为"中国科普产学研创新联盟示范基地""中国最美露营地""云南省体育旅游精品景区",2014年10月通过中汽摩联盟四星级营地评审,成为云南省首家四星级营地。2020年8月,东巴谷营地通过五星级营地评定,成为云南省首家五星级营地。此外,东巴谷景区还积极开展研学旅游基地、户外体育基地、智慧化小镇等建设。研学旅游方面,东巴谷将民族民间传统节日、民族节庆、体育赛事、夏令营、趣味集市和各种创新活动有机结合起来,有效提升了活动内涵。户外体育基地方面,东巴谷根据景区特点优势,挑战极限,开展攀岩、蹦极、速降、滑道、地向运动、徒步穿越等户外项目。智慧小镇建设方面,东巴谷着力加强科技支撑力度,旨在提升景区智慧化信息服务等水平。

四、东巴谷开发的经验

东巴谷景区走过了近20年极不平凡的发展历程,是丽江文旅融合发展中不断开拓创新、转型升级,实现创新发展、高质量跨越发展的一个典范,其在探索实践中积累了许多宝贵的经验,值得我们认真加以总结。东巴谷景区在企业不断发展壮大、景区业态不断丰富、经营效益不断提高的基础上,由东巴谷生态文化旅游股份有限公司控股整合,成为丽江具有影响力的民营文旅龙头企业。2019年,员工人数达337人,营业收入8766万元,实现营业利润2236万元,创造了良好经济社会效益。该企业于2015年12月23日成功登陆中国新三板(股票简称:丽江文旅),成为丽江市第一家新三板挂牌企业,也是继丽江市玉龙股份（联票简称：丽江旅游）后第二家在全国性证券公司市场核准上市的企业。东巴谷景区根据云南省和丽江市的要求，深入进行旅游革命和旅游业转型升级，正从观光型旅游向休闲、体验、度假、康养综合体转型升级。

东巴谷景区的发展进步离不开它的创业者、开拓者、引领奋进者——公司董事长王化新。他从事文旅工作二十余年，是丽江文化旅游融合发展的探索者、实践者、见证人，并取得了成功。他曾参与丽江一系列文旅发展进程，也是决策的参谋者、推动者之一，他先后参与制定和实施丽江旅游诚信监理、"一卡通"旅游结算业务、旅游行业自律规范行为等，参与旅游规范性地方法规的制定，在培养旅游人才等方面做了卓有成效的工作。他的努力和成绩也被社会认可，先后被某高等院校聘为客座教授、研究员，成为丽江旅游协会会长、云南省旅游协会副会长，先后荣获"云南省旅游产业突出贡献先进个人""云南省优秀企业家""丽江市文化产业领军人才"等称号。

东巴谷景区拥有良好的生态环境气候条件，完美融合了"裸美乐"大峡谷美丽险峻景观、古老神秘的东巴文化、悠闲舒适的购物消费模式、自然健康养生之道四大核心优势。这几年在持续保护自然生态环境、保护传承民族文化的同时，景区认真进行旅游革命和转型升级，在行业中起到了引领示范作用，他们的做法和经验值得高度重视和借鉴。

第一，坚持探索实践，勇于开拓创新。不断探索、不断实践和总结、不断创新发展是东巴谷景区的一大特色，也是一条重要的基本经验。王化新认为,企业发展首先要牢牢把握住国家的政策和产业导向,紧紧瞄准市场的需求和发展变化的情况,这是最重要最基本的原则,在此基础上开拓创新才会有正确的方向、产生好的经济社会效果。东巴谷在发展进程中审时度势,在探索实践中不断总结经验,抓住机遇,不断开拓创新,不断前行。1984年秋天,王化新作为西南林业学院的优秀毕业生,被组织上作为第三梯队人选分配到丽江地区林业局工作,从基层做起,先后担任丽江地区木材综合加工厂副厂长,丽江地区林业局党委委员、办公室主任等职务;1992年邓小平发表南方谈话后,他响应号召"下海"创办企业。他是学林业的,一开始即参与创办丽江林产品公司,其间,他深入到林区,走遍了丽江山山水水,被丽江林业生态资源和美丽景色、各民族独特民俗文化所震撼。他因此对丽江这方家乡的土地有了深层次的认识,对民族文化有了更深切的感受。1994年10月,云南省滇西北旅游规划会议在丽江召开。省长和志强提出了开发丽江旅游的动议,宣布作为滇西北一个拳头打出去,并决定丽江古城启动申报世界遗产流程,丽江因此掀起了发展文化旅游的巨大浪潮。这次会议使王化新心潮澎湃,夜不能寐,这年底他策划创办绿韵酒店,两年后的1996年7月,绿韵酒店被评为二星级酒店,应该说他是丽江较早涉及旅游业发展的一名开拓者。1998年,他又创办了大自然旅行社。他边实践、边探索、边总结,以敏锐的眼光看到了"裸美乐"这块风水宝地,于是从2003年开始筹办东巴谷生态民族村,2005年2月16日,在丽江春暖花开时节,东巴谷生态民族村正式开业了，当年就赢利100多万元。2010年开发东巴秘境，"裸美乐"彰显出更加绚丽的风采。2017年，云南省和丽江市旅游业发展再次面临转型升级和质的飞跃时期，他义无反顾地按照省市国际化、高端化、智慧化、标准化的要求，找差距、补短板、谋发展，抓住云南省滇西北旅游环线建设的思路，全力向休闲、体验、康养、度假等方向转型。总之，把握大势，瞄准市场，提升文化，尽量满足游客和市场需求，使王化新的路子越走越宽广。

第二，坚持文化塑魂，贯穿发展全进程。东巴谷发展的过程就是文旅融合发展的过程，也是优秀民族文化塑魂赋能、实现跨越发展的过程。王化新对此感受很深刻。他认为，东巴谷的发展离不开文化的支撑，丽江旅游也得益于民族文化的魅力。他回顾文旅融合发展的历程时感慨地说："20世纪90年代初，云南省滇西北旅游规划会议在丽江召开，丽江旅游发展翻开了崭新的一页。丽江古城、三江并流区域、东巴古籍文献，申报世界遗产成功之后，我们更加清醒地认识到，民族优秀传统文化是不可再生的宝贵资源，丽江民族文化景观的价值远大于能衡量的经济指标。东巴谷最早开发的理念，就是要以丽江独特的民族文化，吸引全世界的目光，吸引全世界的游客。旅游业的持续发展，需要不断注入民族文化的新鲜血液。"王化新对笔者说："任何一个旅游景点都有一定的生命周期，丽江也不例外，东巴谷也是如此。实践证明，旅游景点景区的竞争其实是文化的竞争。只有不断输入新的文化血液，才能保持发展竞争力，延续生命周期，实现丽江旅游的可持续发展，形成了良性循环。"

东巴谷一开始打造建设的生态民族村，是经过反复筛选比较，把濒临失传的纳西东巴文化、他留人有趣的婚恋民俗文化、傈僳族"上刀山、下火海"的民族风情、摩梭人阿注婚姻及母系大家族文化，同时注入创新创意的品格，使民族民俗文化更具直观性、可视性，使古老民族文化焕发出生机活力。传统文化要与时代同行，使许多民族民俗文化及宝贵的民间工艺得以恢复和弘扬，从实质上对民族民间文化、传统民族工艺加以保护传承，这是一件大事情。比如纳西古乐、东巴歌舞、东巴字画等民间艺术得以复兴；打铜、制陶、制革、民族服饰制作等也获得新生；一些传统建筑、传统饮食等得到了恢复和再现。总之，游客得到了文化的体验和感受，民族传统文化的保护传承也有了好的平台。

第三，坚持不断发展，搞好"四个结合"。要坚持做到旅游景区的可持续发展，就需要不断注入新的文化内涵，增加新的支撑动力。东巴谷在近20年的持续发展中，以扩容、提质、升级、增效为主要内容，通过治乱象、建机制、增供给、提品位、强管理、优服务，围绕推进景区转型升级、加快发展这个主题，提高企业经济和社会效益，努力做到"四个结合"：一是民族文化与旅游观光深度结合。旅游观光是大众旅游的重要形式之一，游客的层次不同、需求不同是客观存在的。尤其我国扶贫攻坚战取得全面胜利后，原来比较贫困地方的人民群众总会有一批人走出大山，出来走一走，看一看。当然观光旅游也要不断提高品位，这就需要不断注入文化内涵。二是传统旅游观光与休闲度假相结合。传统旅游观光与休闲度假有深度融合的问题，两者之间不存在根本对立。东巴谷景区的目标就是打造既满足不同层次需求又能深度融合的模式。这在大众旅游时代是必需品，两者只有深度融合才能充分满足广大游客的不同爱好、不同需求。这也是旅游市场的客观需求，虽然正在着力进行着转型升级，但不能"一刀切"，要辩证地看待旅游发展的态势，辩证地看待不同层次、不同需求这个客观存在。三是业态升级与旅游可持续发展深度结合。旅游业态要不断有所变化、不断有所调整、不断有所创新，这是旅游发展的客观要求，也是广大游客的需求。如果一个地方多少年没有什么变化，都是老面孔，对游客的吸引力就会降低了，就没有了新鲜感。再美的容颜和面孔，也要有个化妆和服饰的配套，这样才会有新鲜感。总之，旅游业的可持续发展离不开新鲜的业态，离不开业态的升级模式。四是传统旅游模式与体验式、沉浸式旅游模式相结合。传统旅游模式是大众化的模式，比如组团观光旅游的模式，除此之外，自驾游、自由行、亲子游、家庭游等形式正在兴起。传统的模式不可能完全消亡，在现行条件下，还有一定市场需求。而体验式、沉浸式旅游则是较高层次的旅游，游客需要有较宽较深的知识层次、有较高的品位和相应的经济条件。东巴谷景区既是大众旅游的景区，又是深入体验民族文化、体验自然生态奇观的景区，也是沉浸式旅游的最佳选择地之一。

第四，坚持生态为基，筑梦诗和远方。习近平总书记指出："原生态是旅游的资本，发展旅游不能牺牲生态环境"，"要抓住乡村旅游兴起的时机，把资源变资产，实践好绿水青山就是金山银山的理念"。这个论述充分体现了旅游高质量发展的本质内涵。东巴谷景区在发展进程中，始终坚持以保护生态为基础，同时提出要以建设纯洁生态景区为核心，做到圣洁、纯净、神秘的境界，这是一个很好的理念。东巴谷是上天赐予丽江的礼物，它在白沙坝的东北部，在雪山牧场东面，是一个隐藏着的南北走向的母亲一样伟大的大峡谷。站在大峡谷之畔，眼前是高耸入云的玉龙雪山，周边是青山绿水和水草丰茂的原野，加上蓝天、白云、飞鸟、湖泊、野花、山崖的映衬，让人们不禁产生"此景只应天上有，为何散落在人间"的感慨。除了纯自然、原生态之外，东巴谷景区高度重视绿化美化工作，在生态修复和建设方面也是卓有成效的。值得一提的是，目前正推进的高原生态芳香花卉园区建设，充分利用了特殊优势条件。2020年5月，包括兰科、菊科、蔷薇科、杜鹃等在内的392.6克云南高原特色观赏园艺植物种子随长征五号B运载火箭一起进入太空，开启了太空育种进程。在相关科研院所协调配合下，由丽江东巴谷组织落实的代表丽江生物多样性特点的高山杜鹃、报春花等四个高山花卉品种，还有丽江高山植物研究所参试的云木香、乌头、秦艽等地道中药材及藜麦种子随长征五号B运载火箭一起飞天，开启了丽江文旅企业参与航天太空育种先河。搞好这个生态园区建设不仅是科普与旅游的结合项目，同时也将东巴谷景区的生态建设提高到新的水平。东巴谷正在成为一个更加神奇美丽的地方，这里将是很多人筑梦诗和远方的地方。

第九章　依法治旅、依法兴旅是保障

依法治旅、依法兴旅是丽江在文化旅游中如何实现高质量发展的积极探索和实践，在实际工作中是很有成效的，这也是符合习近平法治思想的。法治兴则国兴，法治强则国强。充分发挥法治在国家治理体系中的重要作用，就要不断增强全民的法治意识，各级领导干部法治观念则更为重要，各行各业都要做到依法治理、依法办事。在全社会都形成尊崇法律、敬畏法律、严格执法、依法办事的风气后，社会各方面才能得到有效治理。加强法治教育、增强法治观念是长期的事情，是系统工程，但这种教育要结合实际才能更有效。随着大众旅游时代的到来，旅游产业发展中产生各种矛盾和纠纷不可避免，所以依法治旅和依法兴旅有很强的现实意义。各地的实践证明，通过加强法治可以有效化解大众旅游发展中的众多矛盾和纠纷。

党的十八届四中全会作出全面推进依法治国的战略部署。加强旅游业的法治化建设及法治保障是必然的事情，其中依法治旅、依法兴旅是一个现实的重大课题，是全面实施依法治国的重要内容，对于以旅游业为龙头支柱产业的丽江而言，更有着特殊而重大的意义。为此，丽江市政法委正在深入进行这方面的专题调研，并要开展研讨活动。笔者结合丽江旅游业发展的实际，就依法治旅、依法兴旅的时代性、重要性、紧迫性，丽江对依法治旅、依法兴旅的积极探索及成果，如何推进丽江市依法治旅、依法兴旅提出一些思考和看法，以飨读者。

一、依法治旅、依法兴旅的重要性

我国旅游业经过三十多年的发展，成绩斐然，对拉动居民消费、扩大劳动就业，增加城乡居民收入，推动科学发展，保护生态环境，促进文化交流和社会和谐，发挥了重要作用。现在国家提出要把旅游业培育成为国民经济战略性支柱产业和人民群众更加满意的现代服务业，这个产业定位以及旅游业的迅猛发展呼唤着加强法治保障和依法治理，加上当前正面临着全面依法治国的深入推进，两个方面的结合为提升依法治旅、依法兴旅水平提供了良好的大环境。

对依法治旅、依法兴旅要有个整体的把握。依法治旅、依法兴旅应该是一个统一体，是旅游业法治化建设进程中的两个不同侧面。前者侧重于治理、整顿、规范旅游业，后者侧重于振兴和发展旅游业。"治"是手段，是保障措施；"兴"是目的，也是依法治旅更高的目标追求。旅游业涉及城乡广大群众，涉及面广、产业链长、牵涉部门多，是一个综合性很强的行业，需要旅游、公安、发改、工商、交通、商务、卫生、质检、价格、林业、农业、城建、法检等部门以及居民、游客和媒体的广泛参与。这就要求旅游业融入国家法治化轨道，共同以法律法规为准绳，跟上时代发展的步伐，高度重视依法治旅、依法兴旅。

旅游业自身的发展以及发展方式的转变也迫切需要法治的保障。通过三十多年的发展，我国正进入人人参与旅游、享受旅游快乐的大众旅游新时代。2016年《政府工作报告》指出："落实带薪休假制度，加强旅游交通、景区景点、自驾车营地等设施建设，规范旅游市场秩序，迎接正在兴起的大众旅游时代。"这主要体现在旅游消费大众化、常态化方面，以及紧随其后的产业链发展。随着经济社会的发展，人民生活水平不断提高，旅游成为不少人的常态化生活方式。旅游需求的日益增多，推动旅游业就业和创业的大众化，旅游业是扩大就业的重要行业，旅游成为大众创业、万众创新最活跃的领域之一。旅游市场、旅游产品、旅游中的文明行为成为大众和舆论关注的热点，旅游也成为大众的经常性话题。旅游业与互联网、高铁、高速公路、航空等领域的联系日益紧密，关联度、融合度日益增强，这其中有代表性的就是趋于大众化、常态化的出境旅游等。随着旅游业的迅速发展，旅游的发展方式、运作内容也正在发生大的变化，组团式的旅游吸引力相对下降，自由行、自驾游、体验游、自主休闲度假逐步增多。在大众旅游兴起和旅游发展方式转型的情况下，全域旅游理念和实践、"旅游+文化+互联网"等融合发展模式被提上议事日程，并得以快速发展。总之，旅游业日渐扩大的发展空间及影响力，对依法治旅、依法兴旅提出了更多更高的要求。

丽江是我国旅游业发展中起步较早、产业发展最快、知名度最高的地区之一。从1994年4月云南省滇西北旅游规划会议开始，丽江旅游的发展辉煌了二十多年，丽江创造的"文化旅游融合发展，保护与发展双赢"模式，在全国产生了很大影响，被称为"丽江模式"。丽江还经历了旅游标准化建设、二次创业，也较早提出了行业自律、转型升级等思路，更为重要的是，我认为丽江现在正处于旅游业大改革、大转型、大提升、大发展的又一关键时期（也可表述为深化改革、转型升级、扩大融合、做强产业、促进发展）。旅游业已成为丽江市的龙头支柱产业，对丽江经济社会发展的引领带动作用十分明显，可以说举足轻重。游客量从1995年的84.5万人次增加到2015年的3056万人次，20年间增长了35.2倍。其间，旅游总收入从3.3亿元增加到483.48亿元，增长了145.5倍。"十二五"期间，以旅游业为主的第三产业增加值从62.5亿元增加到129.8亿元，增长107.7%，以旅游业为主的第三产业对经济增长贡献率在50%以上。全市直接从事旅游业的人员约6万人，间接从事的超过15万人，旅游业对丽江经济社会的持续发展起到了至关重要的作用。从这个意义上讲，依法治旅、依法兴旅关系到丽江市发展的大局和本地人民的切身利益。

2013年4月25日，全国人大常委会表决通过了《中华人民共和国旅游法》，为依法治旅、依法兴旅奠定了法律基础。旅游法的颁布实施是我国旅游业发展进程中具有里程碑意义的大事，为促进旅游业持续健康发展提供了法治保障。这部法律为充分发挥旅游业在综合推动我国经济建设、文化建设、社会建设、生态建设方面起了重要作用，同时也是完善旅游业法治建设的迫切需要，是规范治理旅游市场的迫切需要，是促进境外旅游的迫切需要。

二、丽江依法治旅、依法兴旅的实践

实践出真知，实践结硕果。丽江在推进文化旅游产业融合发展过程中，以积极的姿态，敢闯敢试、勇于探索、勇于实践，不断推进旅游业的法治化建设进程。在旅游法还未出台时，丽江结合自身实际，认真贯彻国家和云南省的相关法规，制定了完善的地方法规体系和规范，为实现依法治旅、依法兴旅进行努力探索。抓住实际工作中的重点难点，丽江严格遵守相关法律法规，不等不靠，探索前进。其间，丽江努力建立各部门相互配合联动的机制，积极争取建立依法治旅的专业队伍和相关机制，推动各项工作落到实处。

丽江通过地方民族立法工作，依托云南省人大常委会积极推进地方民族自治条例或单行条例的制定，开展地方民族法治建设，实施对民族文化资源、旅游资源、生态环境的保护举措，尤其是加强对世界遗产丽江古城和东巴文化的保护。这些举措促进了丽江文化旅游业的发展，并取得了良好成效，积累了许多宝贵经验。丽江在20世纪90年代就把旅游产业确定为先导产业，把保护放在优先位置，注重加强对丽江古城、东巴文化、玉龙雪山、老君山、泸沽湖的保护，通过地方立法，加强旅游法治建设，为文化旅游产业发展保驾护航，创造了以世界遗产保护带动旅游业发展，通过旅游业发展反哺遗产保护的模式，被称为"丽江模式"。丽江走出的文化旅游融合发展之路以及在创建"丽江模式"过程中，引入法治理念和法治精神，积极推动地方法规建设，为旅游业的跨越发展撑起保护伞，提供助推器。1994年3月3日丽江纳西族自治县第十一届人民代表大会第二次会议通过了《云南省丽江历史文化名城保护管理条例》，并于是年6月2日经云南省第八届人民代表大会常务委员会第七次会议批准后实施。2001年3月10日，丽江纳西族自治县第十二届人民代表大会第四次会议通过了《云南省丽江纳西族自治县东巴文化保护条例》，并于是年6月6日经云南省第九届人民代表大会常务委员会第二十二次会议批准后施行。2003年6月，随着丽江实现撤地设市，情况发生了很大变化，于是通过丽江市人大常委会和省市相关部门的共同努力，原自治县的两个单行条例上升为云南省的两个条例。《云南省丽江古城保护条例》于2005年12月2日经省第十届人民代表大会常务委员会第十九次会议通过，2006年3月1日起施行。《云南省纳西族东巴文化保护条例》也由上述会议通过，2006年1月1日起施行。这是丽江通过云南省人大常委会率先在全国制定的专门保护世界文化遗产的重要地方性法规。20世纪90年代，国家层面的旅游法律法规还不健全，丽江已开始着力探索地方旅游的规章制度，并逐步形成规范。在旅游行业管理、旅游执法、市场规范、部门协同配合等方面，丽江都有许多好的经验和做法，比如旅游监理制度、导游培训管理制度、联合执法制度、一卡通收费管理制度、旅游标准化建设制度等。在原来探索积累的基础上，丽江形成了《丽江旅游管理办法》《旅行社管理办法》《旅游购物店管理办法》及考核细则、《丽江市导游服务规范》等；在玉龙雪山、丽江古城等5A级景区，相关部门制定出台了相应旅游监督管理、文化保护的规范制度和措施，做到了旅游法和国务院旅游方面的规范及地方规章制度相结合。丽江在推进旅游业发展进程中，始终重视法治建设，崇尚法治，注重制定地方性法律法规及相关制度，把法律作为最有力的武器、最可靠的保障，在学法、用法、执法、守法、广泛宣传上下功夫，并取得了明显成效。

法律的生命在于实施，其重点难点也在于实施。丽江在依法治旅、依法兴旅的探索中，始终把执法作为关键，抓住重点难点问题，以铁的手腕、零容忍的态度，依法对相关问题加以整治和突破，这是一条重要经验。丽江古城既是世界遗产，又是旅游的品牌，也是国内外游客心驰神往的旅游目的地。2015年10月9日，丽江古城景区因出现缺乏诚信、欺客宰客情况严重、许多商店铺面未能明码标价、餐饮场所价格虚高、出租车普遍不打表、环境卫生脏乱差、消防设施不完备等十个问题而受到国家旅游局的严重警告，并要求限期整改。对此，丽江市委、市政府高度重视，古城管理局等相关部门面对巨大压力，不埋怨，不气馁，反而振作精神，正视问题，积极制定整改方案及措施，组成6个方面的专项整改工作组，从 13 个方面进行拉网式大检查大整治。坚持标本兼治抓整改，依法治理抓提升，形成"领导督检督办，各部门协同配合抓落实，广大居民和经营户广泛参与"的工作格局。通过分组划片、分片包干、定岗定责，一方面进行有关法律法规及政策、行业规范的宣传教育，提出整改的具体要求；另一方面又深入相关单位和经营户上门服务，帮助整顿、帮助行业及经营户规范行为。其重点是以诚信经营、加强价格检查指导的方式加大对食品加工企业、餐饮行业的整治；加大查处、治理垃圾乱堆乱放力度，搞好卫生整治，提高卫生水平；改进旅游市场治安管理服务，整治拉客、揽客行为，整治酒托、药托，加强酒吧行业自律，对客栈、餐饮、酒吧等经营场所进行全面整治规范，并对相关人员进行消防培训；规范出租车经营，处理出租车拉客投诉 500 多件，查处 50 多家违法经营户，还处分问责 47 名干部。通过整治，丽江为各行各业制定形成了一批规章和规范，旅游环境得到很大改观。国家旅游局对丽江市的整改情况作了高度评价，认为整改力度是史无前例的，是一次社会性、革命性的蜕变，对丽江旅游市场进行了一场暴风雨般的洗礼，效果十分明显。

泸沽湖景区的整治整改也是一个典型的案例、一个成功范例。泸沽湖景区是摩梭母系文化及自然生态文化高度融合的特色景区，2014 年以来依法整治，依法管理，规范旅游景区秩序，使景区品质得到很大提升，其社会效益、经济效益已经显现。一是高水准引领和抓规划。根据云南省政府提出的"高起点规划、高标准建设、高水平管理"要求,景区在原来规划基础上,按照国际化、高端化、特色化总目标,向国际一流的设计公司招标。上海同济城市规划设计院编制完成《泸沽湖景区保护发展概念总体规划》,其他如《泸沽湖景区供水工程规划》《泸沽湖景区排污工程规划》《泸沽湖景区旅游交通规划》《泸沽湖流域水环境总体规划》等也陆续完成,相关规定和制度也在不断完善中。二是大力开展对旅游环境和市场秩序的治理,净化旅游经营环境,加大执法力度,旅游环境综合整治工作取得突破性进展。对未严格按照审批手续建设的整改户64户,对无手续"两违"建筑户45户,进行了全面整治。截至2016年底,"两违"整治工作基本结束,有手续的64户已进行风貌整改,无手续的45户已全部拆除。此次整改共拆除景区"两违"建筑20722平方米,恢复土地面积7842平方米。对存在违法经营的酒店、客栈进行了处罚,它们有的被责令停业整顿,有的被移送公安机关,综合整治在当地引起很大震动。三是为了长远发展,根据泸沽湖景区涉及滇川两省的实际,探索形成"滇川共建共管共治"的思路,制定和推进泸沽湖环境污水收集处理系统项目规划,还拓展蒗放片区发展项目。总之,泸沽湖的整治建设是依法治旅、依法兴旅的一次成功实践。

在全面推进依法治国和把旅游业建设成为国民经济战略性支柱产业的大背景下,旅游警察支队、旅游法庭(旅游巡回法庭)应运而生,这是依法治旅、依法兴旅的关键性组织制度保障,是旅游法治化建设的重大突破,也是具有开创性的改革举措和法治措施。丽江是我国最负盛名的旅游目的地之一，每年游客达几千万人次，在国家和云南省的关心支持下，2016年2月，丽江成立了旅游警察支队，这在全国是继海南三亚之后的第二家。同时根据云南省高级人民法院的部署，旅游专门法庭和旅游巡回法庭相继成立。通过一段时间的探索和实践，丽江积累了不少好的做法和经验，实际效果突出，深受广大游客和相关执法部门的好评。

首先，针对旅游治安问题频发、旅游乱象突出的情况，旅游警察支队在实践中充分发挥职能作用，严格执法，积极作为，主动服务，取得良好效果。结合涉旅警情、舆情、游客投诉，认真分析研究旅游市场治安形势，严厉打击涉旅违法犯罪，集中查处了一批案件。截至2016年底，支队出动警力1600多人次，查处、侦办涉及游客人身、财产安全，扰乱旅游市场秩序、公共秩序，诈骗、酒托、药托、违反旅游酒店管理条例等治安案件70起、刑事案件4起，处理违法人员98人，采取刑事强制措施11人，接办各种涉旅交办案件38起；检查旅游行业场所1700多家次，受理旅游投诉70余起，排查化解旅游纠纷38起。上述举措的实施，有力维护了丽江旅游秩序，保护了游客及当事人的权益，受到各方面的赞誉。

其次，旅游警察支队与涉旅执法单位和部门密切配合联动，形成合力。支队与当地旅发委、古管局、发改委、工商局、交通局、文广局、玉龙雪山管委会（办事处）、拉市海管理局等形成联动配合机制，有效查处旅游市场的各种违法违规行为，联合执法270余次，检查行业场所2300余家，清查黑团3000余人次，处理舆情87起。协助查处违规经营旅行社、购物店30多家。同时强化公安机关内部各警种之间通联协作，在采集案件线索、网络舆情、游客投诉等信息资源方面互通共享，全面、及时、准确掌握并对涉旅警情、舆情、投诉等及时作出反应。

最后，在丽江市委、市政府高度重视下，关于进一步加强旅游市场治安管理服务工作的意见制定出台，明确了旅游警察大队机构、队伍的职能定位，强化了工作保障。同时在旅游重点区域古城、玉龙、宁蒗三县区成立了旅游警察大队，重点景区景点设立中队，旅游警察机构体制逐步完善，依法治旅有了强有力的保障。注重提升支队干警的政治思想水平和业务素质，不断增强他们对这份工作的责任感、使命感。大家在实践中深切体会到执法和服务要以人为本，充满爱心，要通过执法和服务，让来丽江旅游的每一位游客带着美好期待而来，让他们在丽江感受到快乐、和谐、幸福，享受丽江的自然和文化之美，满载而归。

丽江市区、县设立旅游专门法庭和巡回法庭，及时审理解决导游打人、强制消费、房东毁约、酒托药托出没等旅游中的各种问题。由于旅游纠纷案件涉诉标的小，争议不大，权利义务关系比较明确等特点，旅游专门法庭和巡回法庭的设立，达到了旅游案件快立、快审、快结的效果，有效维护了游客和旅游参与者的合法权益，及时化解了景区发生的各种纠纷，解决了各种矛盾问题，受到各方面普遍称赞和认可。

三、实现依法治旅、依法兴旅的举措

依法治旅、依法兴旅是个系统工程，要常抓不懈、久久为功。面对丽江旅游业发展大局和实际情况，怎样才能充分发挥法治的作用？怎样才能深入推进依法治旅、依法兴旅？笔者认为要做的事情很多，关键要抓好以下六项工作。

第一，服务旅游发展大局和目标任务，主动提供法律法治保障。依法治旅、依法兴旅离不开丽江市旅游发展这个大局，围绕中心、服务大局、发挥职责、促进发展是根本任务。经过几十年的发展，丽江旅游发展又处在一个新的起点上。"十三五"时期及今后一个时期，丽江旅游发展要融入国家和省的发展大战略，抓住千载难逢的历史机遇，以大改革、大创新、大转型、大提升、大发展的气势，推动旅游产业与相关产业发展；从景区景点旅游向全域旅游转变；从单纯门票经济向综合消费经济转变；打造丽江旅游经济升级版，继续争当旅游发展的排头兵和引领者，继续做大做强做优旅游支柱产业。回顾丽江旅游业的发展历程及走过的路子，我们积累了许多宝贵经验，所打造的文化旅游融合的金字招牌仍具有很强的竞争力、影响力。丽江古城虽然受到国家旅游局严重警告，但坏事转化为好事，丽江的影响力还在继续提升，还在不断得到许多荣誉，游客还在增加，人气不减。我们要增强丽江民族文化、自然生态、地理气候等特色优势的自信，"人无我有、人有我特"，我们的资源的广度、丰富度、禀赋度都是很突出的，这就是丽江旅游得天独厚的基础。国家对丽江旅游发展寄予厚望，丽江被列为全域旅游示范区、国家旅游改革创新先行区、中国国际民族文化旅游目的地、国家文化消费试点城市。以此为契机，把丽江建设成为世界精品旅游城市、世界文化名市，成为滇川藏大香格里拉区域旅游中心、世界著名的旅游目的地。面对这些宏伟目标和艰巨任务，丽江要主动围绕中心，服务大局，提供强有力的法律支持和法治保障。我们必须用法治的理念、法治的方式、法治的措施，加强旅游市场管理、规范市场秩序，为旅游业的发展壮大营造良好的外部环境，建立一个文明、有序、安全、便利、和谐的旅游市场，保障旅游业成为人民群众满意的共享的服务业。

第二，为深化改革、创新发展保驾护航，营造良好的法治环境。当前旅游发展是一个千帆竞发、百舸争流、你追我赶的局面，丽江旅游业发展不进则退，慢进也是退。出路在于深化改革、创新发展，我们必须抓住这个牛鼻子。深化改革、创新发展就是要倡导敢于担当、敢闯敢试的精神，敢于作为、有所作为，依法治旅、依法兴旅有利于营造稳定的发展环境。如何深化改革，需要做多个方面的工作，首先要推进旅游供给侧改革，让供给侧和需求侧相互对应、相互协调，说到底就是要围绕市场需求及游客爱好，让旅游产品供给不断适应需求的变化和游客的爱好。要做到理念创新、产品创新、业态创新、市场主体创新，提供更多新产品，大力发展生态、康体、避暑、艺术、民族文化、红色旅游、婚纱摄影、观光农业等新项目。全域旅游是一个新理念，也是当前旅游业深化改革的重要内容，丽江作为全国首批实验示范地区要闯出一条路子来。所谓全域旅游就是说将特定区域，比如把丽江作为完整旅游目的地进行整体规划布局，综合统筹管理，一体化营销推广，促进旅游业形成全域共建、全域共融、全域共享的发展模式。这是贯彻新发展理念、适应旅游业发展新形势、遵循旅游发展内在规律的需要，是转变旅游发展方式、优化旅游发展空间配置、开展旅游发展空间的有效途径。丽江民族文化丰富，自然地理奇特，处处是景，为全域旅游奠定了坚实的基础。丽江要通过发展乡村旅游、拓展"一体两翼"布局、搞好金沙江油画走廊建设、开发宝山石头城等一批景观来推进全域旅游的发展。被列为全国首批文化消费试点城市，是丽江旅游深化改革、创新发展的一大机遇。文化旅游融合发展是丽江的经验，把文旅融合这篇文章做大做强对文化消费至关重要，同时旅游也要同互联网、交通、农业、林业、科技等行业相融合，要实现促进融合发展，也需要在深化改革在实践中不断创新。三十多年丽江旅游业发展的根本性经验，就是要以一种大无畏的精神勇于探索，勇于改革，在创新中发展，在发展中创新。丽江在旅游业的发展中创造了许多"第一"的经验，今天仍然要倡导这种精神，这就需要为改革创新者撑起一把保护伞，建立容错机制，为敢于担当、敢于创新的改革者担当，既要惩办腐败者，也要理直气壮地保护改革者、创新者。这是依法治旅、依法兴旅的重要职责。

第三，以旅游法等法律为武器，提升依法治旅、依法兴旅水平。旅游法来之不易，是改革开放以来我国旅游业发展的实践总结、法律总结。依法治旅、依法兴旅必须以法律为基础，以法律为武器，进行广泛而深入的法律宣传教育。坚持把全民普法和守法作为依法治国的长期基础性工作。旅游法是一部综合性法律，共有10章112条。它是旅游业的促进法，体现国家从宏观上鼓励促进旅游业的发展，建成国民经济的战略性支柱产业，属于经济法方面的规范；它是旅游业的合同法，调整旅游活动当事人之间的民事关系，明确规定旅游服务合同各方当事人的权利义务关系，以及违法赔偿、侵犯赔偿等，属于民法方面的规范；它是旅游行业法，对旅游行业的监督管理作出规定，调整管理者与被管理者之间的关系，通过政府有效有度的管理，维护市场正常秩序，属于行政法方面的规范。这部法律坚持以人为本，切实维护旅游者的合法权益，反映人民的呼声，同时规定旅游活动当事人的权利义务，以此来调整整体旅游活动。此外，这部法律坚持市场导向，充分体现政府职能转变要求，对旅游市场中的一系列问题作出了明确规定。总之，旅游法是我国旅游业发展三十多年的一个法律总结，其针对性、实用性、可操作性都是很强的。对这部法律进行广泛深入的宣传，做到人人皆知，是依法治旅、依法兴旅的基础。从实际情况看，这是当务之急，而且对旅游执法人员来讲，也是锐利的武器和根本的准则。一定要吃透《中华人民共和国旅游法》《国务院关于促进旅游业改革发展的若干意见》，并且要与消费者权益保障法、合同法等法律充分对接，形成可靠的旅游法律法规体系，并让其渗透到旅游业的方方面面。结合旅游业发展的实际，相关部门要充分运用好法律手段，总结旅游执法经验，提高执法水平。依法治旅、依法兴旅一定要立足于丽江市发展大局和各族人民的切身利益这个根本，要让旅游法结合实际成为促进产业发展的强大动力和助推器。

第四，完善旅游市场综合治理机制，加大监管治理力度。旅游业的发展、旅游市场的监管治理是一项复杂的系统工程，旅游产业又是涉及面极宽且庞大的产业体系，必须树立大旅游、大治理、大发展的理念，运用法治思维、法治方式解决存在的问题和各种矛盾，加大综合治理、综合监管、专项治理的力度，并使之常态化。2015年底，丽江在云南省率先成立由市长任指挥长，常务副市长、副市长兼公安局局长任副指挥长的旅游市场监管综合指挥部及调度中心，统一履行四个方面的职能。按照旅游法的规定，要对本行政区域的旅游发展和监管治理进行统筹协调，所以要把促进旅游业综合发展，包括旅游业基础设施建设、旅游业大项目、招商引资、对外联系、市场开拓等作为统筹协调的重要内容。要继续解决好当前还存着的"小马拉大车"，配合不力、协调机制不落实，部门之间、上下之间职能交叉、责权不明、条框分割、整治合力不强，散客市场管理"无法可依"、跨地区执法配合机制未形成，旅游大项目不足、市场主体"弱小散"、旅游企业竞争力不强等问题。要进一步加强旅游综合执法协调机制，加强旅游投诉统一平台建设，真正做到统一受理、分别办理、高效运行。要尽快研究制定针对散客旅游活动的有效监管措施办法，以及保障散客合法权益的地方性法规措施。指挥部成员单位之间协调配合、指挥中心办公机制及运作效率要加强，要保证参加中心工作人员均具有较高的职业素养，增强办事能力及成效。当前要继续加大专项整治力度，规范旅游市场，比如对不合理低价团的整治；对不诚信、不信守合同、服务质量不达标、卫生条件不达标的整治；对安全旅游、消防措施不达标等的整治；严厉打击"黑社、黑车、黑店、黑导"及对酒托、药托等不法行为的专项整治。与此同时，其他综合性整治也要做到常抓不懈。

第五，要将法治与德治相结合，发挥民族文化在德治中的独特作用。习近平总书记指出，"法安天下、德润人心"①。法律的有效实施有赖于道德的支持，道德践行也离不开法律的约束。法治和德治不可分离，不可偏废，国家治理需要法律道德协同发力。丽江有着众多优秀的民族文化和道德传统，这是我们宝贵的精神文化财富，依法治旅、依法兴旅就要重视民族文化和传统道德的教化作用，营造讲法治、守法治，讲道德、崇道德的良好人文环境。要坚持法治和德治相结合，强调法治和德治两手抓、两手都要硬，努力使两者相互衔接、相互支撑、相互协调、相互促进。要通过长期的普法和守法宣传教育，以社会主义核心价值观和道德思想为基础，在实践中培育和提高人们的法律意识、法律信仰、法治观念，自觉履行法定义务、承担社会责任；要充分发挥优秀民族文化和传统道德在德治中的特殊作用，通过与践行和弘扬社会主义核心价值观结合起来，使依法治旅、依法兴旅成为有

---

① 习近平：《在会见全国社会治安综合治理表彰大会代表时的讲话》，《人民日报》2017年9月20日。

文化内涵的良法善治。丽江历史上各民族崇德向善、忠厚善良、诚实守信、遵纪守法、热情好客、助人为乐，以纳西文化为代表的区域主体文化包容和谐，倡导民族团结和睦；倡导人与自然和谐相处，爱护自然，顺应自然；倡导文明礼貌，扶贫济困，尊老爱幼等，这是一笔宝贵的精神财富。2015年丽江古城受到国家旅游局的严重警告，固然有多个方面的原因，但最根本的是民族文化的缺失和传统美德的沦陷。丽江古城在历史上是以诚信为本、诚信为大，创造了商业文明的地方，曾经出现的问题其实就是因为背离了古城优秀传统文化和道德底线，弘扬社会主义核心价值观、恢复和弘扬优秀民族文化才是治本的措施。这也是对法治的思想道德的支撑。

第六，建设一支高素质的综合执法队伍。全面推进依法治旅、依法兴旅工作，建设一支德才兼备的高素质执法队伍至关重要。要把思想政治及道德建设放在第一位，加强理想信念教育，不断提高思想政治及道德素养、业务工作能力、职业道德水准和廉洁自律意识，做忠于党、忠于国家、忠于人民、忠于法律的执法队伍。要加强旅游执法队伍编制，把优秀人员调整充实到执法队伍中来；要完善旅游执法人员考核评优、奖励表彰制度，充分调动他们的积极性；要做到经费保障到位，工作条件不断改善，营造良好工作氛围；要加强"三化"建设，即精细化管理、亲民化服务、形象化打造，不断探索新的协调配合机制和工作举措；要加强旅游综合执法人员的教育培训工作，聘请有水平的专家、学者、法律工作者，以及相关职能部门的专业人士，对涉及旅游法律、法规、规章以及行政执法等方面的工作人员进行系统的培训，开展专题讲座、案例讲解、学术研讨等，从而提高旅游业执法水平，保证办案质量。

附录 丽江古城及周边主要文化院落、文化景观名录

一、丽江古城文化院落

1. 方国瑜故居
2. 王丕震纪念馆
3. 恒裕公民居博物馆
4. 雪山书院
5. 手道丽江民间手工艺术馆
6. 王家庄基督教堂遗址
7. 文昌宫（洛克印象馆）
8. 喜鹤·纳西人家
9. 顾彼得旧居
10. 纳西象形文字绘画体验馆
11. 天地院

12. 丽江古城银文化院落

13. 周霖艺术馆

14. 丽江古城历史文化展示馆（南馆）

15. 老木艺术空间

16. 红军长征过丽江指挥部纪念馆

17. 滇西北革命根据地边纵七支队纪念馆

18. 十月文学馆

19. 丽江古城历史文化展示馆（北馆）

20. 徐霞客纪念馆

21. 接风楼

22. 天青阁东巴青花瓷器馆

23. 三联韬奋书店

24. 洛克纪念馆

25. 东巴纸坊

26. 同心阜马帮博物馆

27. 诗云书社

28. 丽江解放纪念碑

二、丽江古城文化景观

1. 四方街

2. 木府

3. 万古楼

4. 黑龙潭

5. 五凤楼

6. 双石桥（大水车）

7. 净莲寺

8. 普贤寺

9. 文峰寺

10. 金塔寺

11. 木家桥

12. 邱塘关

13. 玉河书院

14. 东山庙

三、束河古镇文化景观

1. 束河四方街

2. 九鼎龙潭

3. 北泉寺（三圣宫楼阁）

4. 茶马古道博物馆（馆址原为木氏土司束河院组成部分，其中有大觉宫壁画）

5. 束河古石桥——青龙桥、石莲寺、普济寺

6. 束河八景：烟柳平桥、夜市萤火、断碑敲音、西山红叶、鱼水亲人、龙门望月、雪山倒映、石莲夜读

四、白沙古镇文化景观

1. 北岳庙（三多阁）

2. 白沙壁画

3. 白沙四方街牌楼

4. 白沙大石桥

5. 福国寺（木氏土司家庙）

6. 玉峰寺

7. 积善铜匠铺

8. 白沙锦绣艺术院

9. 岩脚院遗址

10. 番字崖遗址

11. 白沙岩脚摩岩

12. "玉柱擎天"摩岩

13. 白沙古墓群

14. 洛克故居

15. 吾鲁肯（玉湖古村落）

16. 香港同胞捐助丽江地震灾区纪念碑

17. 玉龙本草诊所

五、文化景区

1. 玉水寨

2. 东巴谷

3. 东巴王国

4. 东巴万神园

六、丽江周边红色革命遗址及纪念地

1. 红太阳广场

2. 拉市镜湖学会遗址

3. 奎林寺

4. 开南研习所

5. 杨尚志故居

6. 和万宝故居

七、丽江古城正修复建设文化景观

1. 流官府衙

2. 文庙

3. 武庙

跋　丽江文旅融合发展实践再解读

　　历史昭示未来，经验启迪后人。杨国清同志退休十多年来，对丽江改革开放以来探索和实践特色发展之路的艰辛历程，特别是文旅融合发展的实践和经验不断进行深入研究思考，坚持笔耕不辍，在相继出版了《守望家园——丽江发展探索与实践》《丽江旅游生态文化随笔》《丽江文化旅游崛起解读》等专著之后，进一步深入调查研究，以一个探索者、实践者、思想者厚实精深的理论与文化思考，深入总结近十年来丽江文旅融合发展的新探索、新实践，又推出了《丽江文旅融合发展再登攀》这一精品力作，针对丽江当前面临的新问题、新机遇、新挑战，提出了与时俱进、迎难而上、创新发展，实现丽江文旅融合发展再登攀的诸多思考及建议。该书思想厚重、观点新颖、重点突出、特色鲜明，对于推动丽江文旅融合新发展具有很强的针对性和指导性意义。同时，对于当前贯彻落实云南省委、省政府丽江现场办公会提出的打造世界文化旅游名城、打造乡村振兴示范区、筑牢长江上游重要生态安全屏障的"三个定位"也具有积极的借鉴意义。

国清同志自幼勤奋好学,青少年时期从九河乡村考入丽江一中,高中毕业后又考入军校,在激情燃烧的岁月中成长成才。改革开放初期,他转业回到故乡丽江工作,先后在丽江行署、地委(市委)、纪委、市人大工作,担任丽江市(地)级领导二十多年。其间,他始终"不忘初心、牢记使命",勇于担当奉献,尽职尽责,善于从实际出发创造性地开展工作,他的业绩、人品、学识有口皆碑。他也是20世纪80年代以来丽江文化旅游融合发展实践的参与者、决策者、见证者、研究者。从丽江市人大常委会主任岗位退休之后,他老有所为,勇于担当,乐于奉献,根据丽江市委、市政府的要求和安排,担任了丽江文化研究会、纳西文化研究会会长,丽江市政府"三湖"(程海、泸沽湖、拉市海)督导组组长,云南省政府九湖督导组成员,丽江市老体协主席等职,十多年如一日,无私无畏,无怨无悔,不辞辛劳,默默奉献,凭借丰富人生阅历取得的经验和智慧,不断献计出力,为丽江发展鼓与呼:一是为传承弘扬丽江优秀生态文化传统,守护青山绿水、保护高原湖泊、促进生态文明建设,加快建设长江上游重要生态安全屏障,他通过深入调研督导,先后提出了关于保护治理高原湖泊的近百条意见建议和措施,有力地推动了湖泊污染防治保护和长江经济带生态安全屏障建设工作。二是按照"五个结合、五个抓好"思路积极开展丽江市老体协工作,力求老体协活动与促进民族团结传承、弘扬各民族优秀文化相结合,体育健身与旅游等户外健身相结合,城市与乡村老体协相结合,平时活动与节庆活动相结合,竞技比赛与普遍参与相结合,市老体协因此先后获得全省"老体协先进集体"、"老龄工作先进集体"和"全国群众体育先进单位"等荣誉,杨国清同志也被国家老体协评为"老年体育工作先进个人"。三是为进一步增强文化自觉、文化自信,丽江文化研究会团结带领丽江文化学者、乡村民族文化传承人、关注和热爱丽江文化的人士,努力把丽江文化放到全国、全世界的大背景、历史发展的潮流中加以认识和研究,深入保护传承弘扬优秀民族文化,始终把丽江文化研究与增强各民族群众的国家认同、中华民族认同、中华文化认同、中国特色社会主义道路认同、铸牢中华民族共同体意识相结合,努力挖掘与阐发富有永恒魅力、具有当代价值的民族文化资源。杨国清同志先后组织并主编出版了《丽江:民族团结和睦的家园》《古城记忆——丽江古城口述史》《文化丽江之梦》《简明丽江读本》《三多文化文集》《古宝山州文集》《生态文化论文集》等40多部作品。

《丽江文旅融合发展再登攀》可称为《丽江文化旅游崛起解读》之续篇。《丽江文化旅游崛起解读》由"丽江文化旅游崛起论""丽江文化旅游特色论""丽江文化旅游典型论"三辑组成。其中,"崛起论"分为5篇,重点对丽江文化旅游崛起的标志、崛起的天时地利人和因素和丽江文化旅游的基本经验、基本做法、普遍价值及启示意义、未来的发展走向等进行了深入的论述。"特色论"分为12篇,重点对发挥丽江得天独厚的特色优势、坚持保护与开发良性互动、文化与旅游结合互动发展、生态建设与经济发展结合、坚持特色是发展文化旅游的前提和基础、突出特色是保持丽江文化旅游魅力的关键等课题在实践与理论结合上进行了深入的研究。"典型论"共计35篇，对丽江成功申报世界遗产、遗产保护与开发互动的"丽江模式"、滇西北生物多样性保护的"丽江宣言"、宣科及纳西古乐、"丽水金沙"、"印象丽江"、木府重建、机场建设、玉龙山景区开发、边屯文化等在丽江文化旅游发展进程中具有代表性的事件和人物进行评析，生动具体地阐述了丽江文化旅游崛起的丰富内涵。书中还附有关于丽江经济社会发展、全市人文旅游资源、全市主要旅游景区、全市世界遗产及文物保护单位、全市非物质文化遗产项目及传承人一览表等有关资料，一册在手，尽观丽江文化旅游发展之大略。徐荣凯同志在该书序言中指出，《丽江文化旅游崛起解读》对丽江文化旅游发展进行了深层次、多角度、宽领域的研究。首次对丽江文化旅游崛起的历史必然性、客观存在性、及其来龙去脉、经验和做法，丽江文化旅游结合推动经济社会持续发展的普遍意义进行了全面深入的研究和总结，出版后社会反响强烈，获得普遍好评，获丽江市社科作品一等奖。应该说，《丽江文化旅游崛起解读》对于丽江文旅融合实践的研究具有开创之功。

《丽江文旅融合发展再登攀》是作者对近十年来丽江文旅融合发展新实践的再总结、再解读、再思考。该书针对近年来丽江文旅融合发展进程中出现的新困难、新问题，面临的新机遇、新挑战，提出要大力弘扬"世上无难事，只要肯登攀"的大无畏精神，坚持以问题为导向，以新的理念、新的目标、新的追求为引领，深入开展旅游革命，不断向上登攀，与时俱进，创新发展，实现丽江文旅融合新发展。《丽江文旅融合发展再登攀》由九章组成，即"用新发展理念促旅游转型升级高质量发展""品味感悟丽江特色文化""推动丽江全域旅游发展""在全域旅游发展中建设和推出新品牌""乡村旅游在乡村振兴中大有可为""以爱心和诚信带动文明旅游再提升""文旅融合发展保护是前提""文旅融合发展的成功典范""依法治旅、依法兴旅是保障"。从思想理论和文化的视野，进一步总结了丽江文旅融合发展的实践经验和价值意义，指出了推动丽江文旅融合新发展的方向及有关对策。

第一，要进一步统一思想，认清形势，增强信心，把握大势，创新发展。这是该书的出发点和落脚点。书中对当前丽江文旅融合发展的形势进行了客观冷静的分析与展望，就丽江文旅融合发展的起步、崛起到再创新发展的艰难历程、基本经验、价值意义、未来的发展走向等问题进行了深刻的理论总结与文化思考。作者认为，面对新形势新征程，首先要进一步认清形势，切实增强信心，认真总结经验和教训，立足当前、面向未来，把握大势，激活新优势、开创新局面。要更加自觉地坚持"创新、协调、绿色、开放、共享"的新发展理念，坚定不移走从丽江实际出发的特色发展之路，不断推进文旅融合发展、转型升级、提质增效，实现高质量发展，切实加快建设世界文化旅游名市的进程。

第二，进一步增强文化自觉、文化自信，高举文化旗帜。这是贯穿《丽江文旅融合发展再登攀》的一条红线。文化自信，本质上就是对传统文化、传统思想价值体系的认同与尊崇，以及由此带来的对外来文化的包容与融合。丽江各民族文化是中华文化的重要组成部分，文化自信也是丽江文旅融合发展最基本、最关键、最深沉、最持久的力量。《丽江文旅融合发展再登攀》深入论述了丽江文化丰富独特的深厚内涵、文化精神以及当代价值，其中包括纳西族自觉的国家认同、中华民族认同、中华文化认同、社会主义道路认同等流淌于民族血脉中的文化基因。作者在书中进一步对丽江古城文化、玉龙雪山文化、泸沽湖文化、金沙江文化、程海文化、丽江红色文化、三多节等节庆文化，以及永胜、华坪、宁蒗各地丰富多彩的文化资源进行了深入挖掘与阐发。书中的不少观点和研究成果让人眼前一亮，比如，关于世界遗产丽江古城文化研究中的"善与和"文化、"尊重女性"文化、"爱水护水"文化；关于玉龙雪山文化蕴含的三多文化、殉情（爱情）文化、爱国爱乡文化、生态（动植物王国）文化；关于积极组织申报泸沽湖母系文化为国家非遗项目、世界遗产项目的研究及建议；关于永胜清水等古村落文化保护与开发等研究与建议等。这些重要观点及思考，值得深入发掘研究与宣传，以不断促进丽江优秀传统文化的保护传承弘扬，在文旅融合发展的新实践中不断推进创造性转化、创新性发展。作者鲜明地指出：丽江最大资源优势是独树一帜的文化。改革开放以来，文化始终是贯穿丽江发展的一条主线、一面旗帜，也是丽江发展之魂、丽江旅游之魂。实现丽江文旅融合发展再登攀，必须进一步高举文化旗帜。

第三，进一步擦亮老品牌，打造新品牌，推动丽江全域旅游新发展。要在进一步深入实施"一体两翼"战略的基础上，全面实施全域发展新格局，在发展全域旅游新实践中，不断擦亮丽江古城、玉龙雪山、泸沽湖等老品牌，努力打造永胜、华坪等地新品牌。其中，永胜要以"四位一体"建设丽江全域旅游新高地，华坪要创建丽江全域旅游中的新亮点——"康养华坪"。随着大滇西旅游环线的建设，丽江的交通等条件得到极大改善，发挥区域内独特的生态环境优势和文化资源优势，不断推出丽江旅游新品牌，实现全域旅游新突破成为可能。

第四，大力发展乡村旅游，推进乡村振兴。丽江具有进一步发展乡村旅游的特色资源优势和较好的基础条件，乡村旅游在乡村振兴建设中大有可为。作者在"用特色文化撑起乡村旅游这片天地""积极推动金沙江乡村文化生态油画走廊建设"等论述中，对丽江最早开展乡村旅游的白华村、玉湖村，以及后起之秀三股水宏文村等实践进行了深入研究和总结，并提出当前发展乡村旅游要抓好"六个结合"：一是同提升乡村水、电、路、环境等基础设施建设相结合；二是同乡村文明卫生建设相结合，如农村厕所的改造提升等；三是同传承弘扬农耕文明、因地制宜发展绿色产业，推动乡村经济发展相结合；四是同保护传承弘扬优秀乡风民俗，发掘传承乡村非物质文化遗产相结合；五是同保护改善乡村自然生态环境，发展生态文明相结合；六是同培养乡村人才，尤其是乡村旅游人才相结合。这些都是很有见地的观点。大力发展乡村旅游，必将成为丽江建设乡村振兴示范区的重要抓手和突破口。

第五，不断营造有温度、重诚信的文明旅游环境。"丽江之美要润在游客的心坎上",作者指出,丽江之美是立体的,美在生态环境,美在历史文化,更美在有爱心讲诚信。让旅游成为一种快乐和享受,是旅游目的地的一种责任与义务。因此,必须结合丽江实际大力践行社会主义核心价值观,以爱心和诚信带动丽江文明旅游再提升,重塑丽江讲文明、懂礼仪、重诚信、崇道德的茶马古道重镇形象,营造有爱心、讲诚信、有温度的文明旅游环境。

第六,坚持保护优先是文旅融合发展的前提与保障。保护丽江以世界文化、自然、记忆遗产为代表的文化与自然资源,事关丽江可持续发展大局,同时也是丽江对全省全国乃至对世界承担的一份重要责任与义务,更是贯彻落实云南省委、省政府提出打造世界文化旅游名城、打造乡村振兴示范区、筑牢长江上游重要生态安全屏障三个定位的基础和条件。丽江加快建设世界文化旅游名城和重要旅游目的地,必须坚定不移贯彻保护优先的方针。文旅融合发展,保护是前提,保护丽江文旅产业赖以生存发展的资源,是丽江文旅融合发展的前提和基础。因此,丽江在文旅融合发展数十年的探索和实践中,始终把保护放在第一位,重点保护好以东巴文化、丽江古城为代表的优秀传统文化,保护好以玉龙山、老君山、金沙江(曾率先停止金沙江流域天然林砍伐)、泸沽湖为代表的青山绿水,坚持在保护中发展,在发展中保护,正确认识和处理保护与发展的关系。为进一步认真贯彻新的发展理念,作者就丽江古城的保护与可持续发展、丽江东巴文化保护传承回顾与展望、加强对原生态文化的保护等课题,进行了深入调研与思考，提出了必须坚持保护与开发良性互动、文化与旅游融合互动、生态建设与经济发展互动发展的许多切实可行的意见建议。作者特别强调了立法保护、依法保护的问题，指出依法治旅、依法兴旅，是丽江文旅融合发展实践取得的一条重要经验，也是当前进一步推进文旅融合健康发展的重要保障。在认真总结丽江多年来文旅融合发展取得成绩的基础上，进一步提出了当前丽江要抓好的六项工作，具有一定的指导意义。

第七，典型示范引领，推动融合发展。作者通过深入调研，对木府、玉水寨、东巴谷等以文塑旅、以旅彰文、文旅融合、实现双赢成功实践的科学总结，令人信服。丽江"2·3"大地震后恢复重建的木府，传承弘扬木氏土司"诚心报国"的文化传统，打出了系列文化牌，其中包括四十集电视连续剧《木府风云》、五卷本《木府通论》、"徐霞客与丽江"学术研讨会等，取得了良好的社会效益与经济效益，发展成为国内文旅融合发展的一个著名品牌。玉水寨，坚定民族文化自信，通过优美的生态环境与深厚的东巴文化相结合，实现生态环境保护与民族文化保护互动、保护与开发双赢，成为全国休闲农业与乡村旅游示范点、全国休闲农业与乡村旅游五星级示范创建企业（园区）、东巴文化传承基地、省级文明单位等。东巴谷旅游景区，二十年如一日，坚持探索和实践文旅融合发展之路，从建设生态民族村起步，把民族文化与原生态景观融为一体，建设具有丽江各民族文化各美其美、美人之美、美美与共的多元文化特色，集休闲、体验、度假、康养于一体的著名景区，成为国家五星级营地、院士科学家康养基地、中国森林康养建设实验基地、云南省文明旅游景区等。这些成功经验及做法值得进一步深入总结和推广，要充分发挥它们的典型示范引领作用，不断推进丽江文旅融合新发展。

文以载道，文如其人。古人说好的作品有见之于风雨江山之外的"词心"。《丽江文旅融合发展再登攀》的字里行间，让我深深感受到作者"不忘初心、牢记使命"，用尽全力守护美丽家园，自强不息，勇于探索，勇往直前，担当奉献，至真至情的家国情怀。我认为，这就是书中见之于文旅产业之外的"词心"，是该书有高度、有温度、接地气，让人产生共鸣的最重要原因。

李群育

2021年5月

（李群育，曾任丽江县委常委、宣传部部长，《丽江日报》总编辑、社长，丽江市人大副巡视员，丽江文化研究会、纳西文化研究会副会长，现任丽江文化研究会、纳西文化研究会顾问。）

后 记

当我的这本书稿交付出版社后，2021年6月18日，云南省委、省政府召开了丽江发展现场办公会议，省委书记、省长、副书记等齐集丽江，强调丽江要努力建设成为世界文化旅游名城、乡村振兴示范区、长江上游重要生态安全屏障。尤其对丽江文旅融合发展实现新的突破和提升抱有极大期待，要求丽江立足新发展阶段、贯彻新发展理念、构建新发展格局，瞄准高端化、国际化方向，高水平、大手笔全面重塑丽江旅游，高层次策划、高位推动、高水平建设，打造世界文化旅游名城。我的这本著述应该说与这次现场办公会议精神不谋而合，很有契合度。我想这本书在推动发展进程中作为借鉴，如能尽到绵薄之力，那就实现了我的初衷。

这本书的写作出版汇集了各个方面的研究成果和智慧，也凝聚了各方面的心血，在此我真诚地表达感激之情。和少英、木基元、李群育三位老师分别写了序言和跋语，他们三位对丽江文化旅游发展情况了如指掌，并且有很深的认识，也是很著名的专家学者，他们的评价和肯定无疑对我是一种激励。世界文化遗产丽江古城管理局在我担任丽江文化研究会、纳西文化研究会会长的 14 年中，一如既往地给予支持和帮助，出版此书没有得到他们的支持和帮助也是不可能的，所以在此要感谢古管局的各位领导。同时出版此书得到古管局文化研究院王莹、和卫芳、石绍雄、王秀平等同志的热诚帮助，摄影家李丽川还提供了精美的照片，在此一并致以谢意。木琛、和华强两位东巴师用东巴形象文字题写了书名，为本书增色不少，很有韵味。总之，本书的出版是各方面热心帮助的结果，感激之情发自内心，其他情况在此不再一一赘述。最后希望此书的问世能得到读者们的认可和指正。

杨国清
2021 年 5 月于丽江